LA CAMPAGNE
N'EST PAS UN JARDIN

STÉPHANE FIÈRE

LA CAMPAGNE N'EST PAS UN JARDIN

roman

PHÉBUS
LITTÉRATURE FRANÇAISE

ISBN : 978-2-7529-1199-5

Ils ont rallié Dorlange au milieu de la nuit.

Le minibus s'est arrêté tous feux éteints derrière la voiture banalisée de la gendarmerie départementale, garée juste en face de la résidence choisie par le préfet : la maison de la Béate.

La maison de la Béate.

Au milieu de la nuit parce que la date exacte et l'heure précise de leur arrivée avaient été soigneusement tenues secrètes.

Le chauffeur a ouvert la porte sans faire de bruit et leur a annoncé à voix basse : « C'est la fin du voyage tout le monde descend », mais comme personne ne bougeait il leur a indiqué par gestes le chemin de la sortie. Ils se sont levés sans hâte, les yeux mal réveillés. Dans la soute ils ont récupéré les bagages : des valises, des cartons maintenus par des ficelles, des sacs en toile multicolores et une trottinette pliée en deux. Les enfants ont commencé à pleurer, l'un des gendarmes en civil a fait Chut et comme ils ne saisissaient pas il a mis un doigt devant ses lèvres. Les parents les ont calmés et sur un signe d'un autre gendarme ils ont traversé la route vers la maison aux volets clos, perdue dans le noir, tandis que le minibus manœuvrait discrètement autour du monument aux morts pour repartir en sens inverse. Une dame les attendait sur le perron. Sans un mot elle s'est écartée pour qu'ils puissent entrer, elle souriait et leur a dit sur un ton presque confidentiel : « Je vous fais visiter, ce ne sera pas long, vous devez être fatigués ». Ils la dévisageaient sans comprendre. « Suivez-moi, après je vous laisserai tranquilles. » Comme ils ne comprenaient toujours pas elle leur a désigné les lieux : «Voici le rez-de-chaussée, qui vous servira de salon et de salle à manger, le canapé contre la fenêtre se déplie pour coucher deux personnes, il suffit de tirer la poignée, comme ceci. » Elle se baissa pour leur montrer : « La télévision a été programmée, vous pouvez accéder aux chaînes internationales et Internet devrait être connecté dans la semaine ; la salle de bain est à gauche, à côté de la kitchenette, la table de cuisson et le four fonctionnent à l'électricité, attention nous avons souvent des coupures dans la région, le compteur est là, au-dessus de cette table, si ça saute, regardez, il faut appuyer sur ce bouton. » Elle leur indiqua lequel et mima le geste. L'un d'eux leva son pouce droit. Ils montèrent au premier étage : «Trois chambres au total, vous vous les partagez comme vous l'entendez, les lits sont faits, il y a des couvertures supplémentaires dans les placards, les nuits peuvent être froides par ici, même en été; il se fait tard, installez-vous, nous reviendrons dans la matinée, d'accord?» Ils ne disaient rien. «Ah, et pensez à verrouiller la porte d'entrée.» Le plus jeune des adultes a dû deviner le sens de ses paroles, il a bredouillé un *Merci* qui sembla la rassurer, pas d'ambiguïtés ni de malentendus, mais par précaution elle insista: «Fermez bien la porte et n'ouvrez pas les volets, vous comprenez n'est-ce pas?» Il hocha la tête. Elle quitta la maison pour gagner la voiture banalisée qui stationnait maintenant devant la grille du cimetière; la petite fille lui courut après en pleurant: «أنا باردة كتير هون, بدي أرجع علبيت[1].» Elle se retourna et la regarda d'un air désolé: «Je ne sais pas ce que tu veux me dire ma chérie», la petite continuait à sangloter, son père sortit à son tour dans la rue et vint la chercher: «تعالي باهيا يلا علنوم[2].» Il jeta un coup d'œil vers la dame en train de s'asseoir sur la banquette arrière, il haussa les épaules comme si ce n'était pas très grave, vous voyez bien ce n'est qu'une enfant, elle lui répondit d'une moue manifestant sans doute son impuissance, claqua la portière et lui fit un au revoir derrière la vitre. Il regagna la maison avec sa fille dans les bras et la voiture démarra alors silencieusement avant de s'éloigner à petite vitesse sur la route en direction de Pontbrac.

1. J'ai froid, je veux rentrer chez moi.
2. Viens, va te coucher, Bahia.

I

Dorlange, perché à douze cents mètres d'altitude. Ici ils appellent ça la moyenne montagne. Comme s'il y en avait une grande et une petite ! Ils cherchent à se différencier, pour prouver qu'ils existent, ou plutôt qu'ils survivent, oubliés, isolés, enclavés au sein d'un territoire que ne relieront jamais la RN ni le TER. À l'époque des anciens, quand ils devaient vendre une paire de génisses, une demi-journée pour descendre au chef-lieu de l'arrondissement et ensuite il fallait remonter, c'était plus rapide, mais non dépourvu d'embûches : les étapes cafés bars, deux tables et trois tabourets, avec le coup de gnôle, un tord-boyaux à base de prunes réputé vous faire trembler des pieds à la tête, ou de gentiane, réservé à ceux qui rougissaient dans les bals ; les bonnes amies qui faisaient des clins d'œil sur le pas de leur porte, aujourd'hui je ne suis pas seule, mais tu sais où me trouver la prochaine fois que tu passes. C'était le bon temps. Ils travaillaient dur, l'oisiveté rend fou et ils ne l'ont jamais été. Si l'un voulait plaindre sa peine il s'exilait là-bas, loin dans les vallées, et ils ne le revoyaient plus, il était devenu l'autre, celui qui n'était pas eux.

Le Florimond est le dernier vestige d'un âge révolu, celui d'avant la voiture et la télévision, celui de la solidarité sans atermoiements et des travaux collectifs à la belle saison, même si la nuit chacun déplaçait des pierres sur un muret cadastral pour récupérer quelques mètres de pré, ou détournait des mottes de terre sur une razze pour irriguer un champ mitoyen, ça entretenait les haines ancestrales, les guerres de clans et les querelles sans fin. Intérêts contradictoires et parfois incompatibles. Mais destin commun et tous rassemblés pour les moissons, les foins et la messe du dimanche.

La messe du dimanche, impossible de s'y soustraire, Dieu ne tolérait pas les absences et puis on avait besoin de lui, pour bénir les fruits des récoltes et la naissance des bêtes. Dans ces montagnes on y croit, mais sans plus, si ça peut pas faire de bien ça peut pas faire de mal non plus, le grand-père ironisait si c'était pas bon pour les cochons c'était pas bon pour les humains, car ici on est d'abord païen, c'est plus sûr, et plus naturel et c'était déjà là avant. Le Florimond, la messe il en rigole encore, le Très-Haut nous honore avec sa tournée dominicale pour vérifier l'état du cheptel avant d'ordonner les sacrifices, prenons l'air apeuré. Il arrivait après l'homélie du curé qui moralisait en pointant du doigt les mauvais sujets assez sots pour être sincères en confession et partait avant la fin; il attendait les gars à La Bonne Trempée, le bistroquet sur la place du village, c'était la Rosalie, dite Cuisse de Nymphe, qui le tenait, elle n'était pas farouche, les bras ouverts, la gorge bien en vue et le surplus qui s'écartait sans trop de manières, un savoir-faire précieux pour fidéliser la clientèle et sa bière fraîche brassée maison était célèbre dans tout le canton.

Levés tôt, couchés tard, les dieux, les hommes, les champs, les animaux domestiques, la nature souveraine absolue, dépendants de la terre et du ciel, du cycle des saisons qui les enracinaient chaque jour davantage, mais dans ces lenteurs incalculables des moments pour la joie, l'apéro du soir en humant l'air du temps, les bals du dimanche, et les fêtes aussi, celle de la gerbe à la fin des récoltes, celle des meulons après les fanaisons, ou les cultes aux divinités du sol et de la forêt, rien ne changeait jamais et personne ne le contestait, il en était ainsi depuis que le monde était monde, enfin c'est ce qu'en disent les anciens, quand il en reste, et à la vérité ils ne sont plus très nombreux.

Bon pied bon œil pourtant à quatre-vingt-huit ans le Florimond, le moral au beau fixe, s'il pouvait il courserait encore les dames et finirait par les rattraper, elles ralentissent toujours à un moment ou à un autre, mais après lui plus personne ne pourra parler de ce monde rural qui expirera, englouti dans les sables mouvants de l'histoire qui ne dit jamais rien sur ces êtres sans nom, sans face ni couleur, forgerons, cafetiers, meuniers, bûcherons, sabotiers, filandières, rémouleurs, dentellières, brodeuses et cette petite paysannerie immolée sur l'autel de la compétitivité. Il faudrait accuser, dénoncer, stigmatiser, voter populiste, mais à quoi bon, la disparition est inéluctable.

La permanence, le temps long qui s'écoule implacable, les traditions qui se transmettent à l'identique, sans heurts ni secousses, au feu, direction poubelle ou l'un de ces impayables musées-conservatoires villageois, traditions et coutumes populaires, une France d'autrefois fantasmée, pastichée, « Souvenirs de notre Passé », qui émeuvent ces gens qui viennent de partout et de nulle part, les congés-payés, les papiers-gras, les prend-l'air-dans-leurs-fauteuils-messieurs-dames brandissant Smartphones connectés 24/7 sur WhatsApp et Instagram, clic clac les clichés « En direct de chez les bouseux », clic clac la grande table en hêtre de la cuisine avec la forme des assiettes creusée à même le bois, clic clac l'âtre monumental (« Assez large pour contenir à l'aise les ancêtres et trois générations à la veillée, ils n'avaient pas de télé alors ils se racontaient des histoires » commente le guide bénévole embauché pour l'été), clic clac les outils étranges dans la souillarde, les lits courts (« À l'époque les paysans n'étaient pas petits, simplement ils dormaient mi-assis mi-couchés, allongé à plat c'est qu'on était mort, et vous noterez qu'ils logeaient les bêtes dans le fond de la pièce pour la chauffer, comme des radiateurs naturels » énonce le guide bénévole membre de l'association de sauvegarde), les jouets en bois brut (« Les enfants ne s'amusaient pas, les loisirs n'étaient pas à la mode, très tôt on les envoyait travailler dehors, ramasser des pierres dans les prés pour construire les murs qui délimitaient les parcelles, ce genre de choses » expose le guide bénévole rémunéré À votre bon cœur), la robe de la mariée toujours noire (« Les femmes d'avant ne se mariaient jamais en blanc qui était la couleur de leur lingerie intime, elles n'allaient pas se présenter en sous-vêtements devant le maire et le curé ! » révèle le guide bénévole en consultant sa montre).

– Chéri, tu as vu la tête du vieux cul-terreux sur la chaise, contre le mur, on dirait un pruneau desséché !

– Mais non, c'est un épouvantail.

– Regarde, il bouge !

– Où est sa faux ? Pourquoi n'est-il pas chaussé de sabots ?

– Pose-lui la question.

– Tu crois qu'il parle français, ou un dialecte local ?

– J'en sais rien ; essaie, toi.

– Bon giorno senôr ! Bueno dies ? Kenavo ? Comprendo ?

– Laisse tomber, ça doit être l'idiot du village.

– Prends-le en photo et on s'en va, les autres sont déjà dans le bus.

– Attends une seconde, je vais lui expliquer qu'il doit se convertir au bio.

– Surtout pas, le bio c'est pas bon, c'est moche, c'est cher et ça n'a aucun goût ; dis-lui plutôt de balancer moins de produits toxiques dans ses plantations, il nous refile des cancers à la longue.

Les campagnes et les petits villages « de caractère » convertis en parcs d'attractions, en zoos humains, ludiques et di-dac-tiques, où s'ébattent de curieuses créatures gardiennes d'un décor de théâtre, figurants dans une reconstitution aussi authentique et colorée que les rues de Paris à Universal Studios.

Musées-conservatoires, la vie d'antan conservée au sec en milieu aseptisé, parodiée, grimée, ripolinée d'une indigente couche de nostalgie, vous voulez rire, funérailles au rabais, enterrements de troisième classe, fosses communes, oui.

Veillez les morts !

Veiller les morts ?

«Veiller les morts, éveiller les jeunes», telles étaient les deux consignes des sœurs apostoliques pendant leur séjour dans les petites paroisses rurales. La dernière Béate de Dorlange était en activité dans les années 60, mais avec l'effondrement du nombre des fidèles et des vocations, l'évêché de Doves n'envoyait plus de religieuses effectuer leur noviciat dans les villages avant de prononcer les vœux définitifs.

Éveiller les jeunes ? Immense programme, tâche exaltante. L'éveil à Dieu, bien sûr, pas aux sens. L'éveil aux sens ? Probablement plus utile à la jeunesse que l'étude des péripéties du Chemin de Croix ou des invraisemblances de la Résurrection.

À l'écart du village, près de l'église Saint-Étienne et du cimetière, la maison de la Béate menaçait de s'écrouler. Sa restauration devenant une priorité le conseil municipal avait entamé les démarches pour obtenir des subventions et recueillir des dons auprès d'institutions publiques ou de mécènes : il se proposait de la transformer en musée des traditions et coutumes populaires.

Comme partout ailleurs les élus locaux convoitaient le beurre et l'argent du beurre avec ici l'inénarrable musée-conservatoire pour attirer le touriste, mais aucun investissement sérieux pour atteindre cet objectif : la somme budgétée par la municipalité couvrait à peine les frais du devis plâtrerie-peinture. L'évêché avait fait la sourde oreille, le Conseil régional ne s'était pas senti concerné et une collecte auprès des habitants du canton n'avait rapporté que trois cents euros. La Fondation pour le Petit Patrimoine Local Remarquable avait alloué quatre mille euros, à condition que la rénovation soit entreprise sous l'autorité d'un architecte des Bâtiments Régionaux : ses honoraires dépassant le montant de l'allocation, la mairie avait dû renoncer et restituer le cœur saignant l'argent de la FPPLR.

Antoine dénoua la situation en allant faire du gringue à la présidente de la commission Culture au Conseil départemental, lequel débloqua les fonds nécessaires à la réhabilitation menée à bien au bout de huit mois de travaux par l'association Préservation de l'Héritage Collectif Culturel.

La transformation d'une maison de Béate en musée des traditions dans un village éloigné de tout aurait-elle suffi à rameuter les foules ? On ne le saura jamais puisque à quelques semaines de l'inauguration ce sympathique « projet muséal » tomba à l'eau à l'issue d'une campagne publique féroce, amère et brutale sur un sujet qui n'avait pourtant rien à voir.

Le 15 février, au lendemain de la Journée des Fous, la préfecture de Doves dans une note interne et confidentielle avait ordonné « la mise en création comparative d'une mission ad hoc ayant pour but la définition d'une orientation visant à instruire l'élaboration transversale d'un schéma directeur homologuant le processus d'étude concertée d'une procédure d'accueil de demandeur-euse-s d'asile dans le département ». Les deux sous-préfets auraient la responsabilité de transmettre les instructions à quatre communes dans leur juridiction respective « susceptibles de satisfaire aux conditions énumérées dans l'Article R744-5 du Code de l'entrée et du séjour des étranger-ère-s et du droit d'asile, ainsi qu'à ses décrets correspondants ». Dans cette note, qui avait fuité dans la presse quelques semaines plus tard, la préfecture suggérait « d'inviter tous-toutes-toustes ainsi que ceux-celles-ceules, acteurs-rices-eurices du territoire, qui souhaiteraient partager sur cette problématique, à participer en mairie de leur lieu d'habitation à une consultation facultative grâce à laquelle ils-elles-ieles pourront émettre un avis afin de constituer une force de proposition ». Le préfet avait ajouté, sur papier libre, un mot de sa main : « Notre feuille de route répond à une triple exigence : 1/ Mettre en musique la directive gouvernementale. 2/ Encourager une simili-démocratie participative. 3/ Éviter d'affoler la population. »

Jusque-là rien de révoltant, mais la tension était montée de plusieurs crans lorsque le dimanche 13 mai, dans son allocution pour la Fête nationale de Jeanne d'Arc et du patriotisme, le préfet avait révélé les noms des huit communes concernées. Les mairies bénéficieraient d'un délai de trente jours pour « soumettre un projet d'accueil temporaire et durable, exhaustif et argumenté, immédiatement applicable et valider des mesures concrètes en conformité avec les directives relatives à l'hébergement, à l'accès aux soins et à la scolarisation des enfants aux étranger-ère-s à qui une attestation de demandeur-euse-s d'asile a été délivrée ».

Une microscopique note de bas de page sur la missive officielle envoyée aux mairies désignées stipulait que la préfecture pouvait, le cas échéant et en l'absence de consensus, réquisitionner des bâtiments.

Un bâtiment qui ne risquerait pas d'être réquisitionné, à Dorlange, c'était l'église romane avec ses superbes fresques du XIIIe siècle *dans leur jus*. Si Catherine Courtil conserve les clés, au cas où un promeneur cultivé souhaiterait la visiter, l'église Saint-Étienne est en réalité fermée et l'ombre de Dieu y plane, désœuvrée, solitaire, impuissante. Depuis la mort du père Blanchard, jamais remplacé, il était naturel de garder les portes closes, mais les laisser ouvertes aurait été un geste fort, témoignant la confiance de la municipalité, bienvenue aux étrangers, aux touristes, aux randonneurs, à tous ceux qui ne sont pas nous, ni d'ici.

L'église n'ouvre qu'une fois l'an, le premier dimanche de septembre, pour la commémoration de la fondation du village en 1076. Chaque année le comité des fêtes aligne le même menu : charcuteries, sangliers à la broche, salades, gâteaux au chocolat, bières, vin des Enfers, danses en ligne et bal trad. Pour faire guincher, le groupe de bluegrass d'Antoine (au banjo) et de ses amis, Michaël à la guitare, Stanislas au violon, Lucie à la mandoline et Sylvain au dobro. Le repas est gratuit pour les ceusses inscrits sur la liste électorale de la commune. La date est mal placée, la fin des vacances approche et les estivants sont repartis, l'adjoint à la culture (Antoine en l'occurrence) s'escrime à demander sa modification pour que les prend-l'air puissent y assister, mais le conseil municipal a toujours refusé, la fête de la fondation c'est le premier dimanche de septembre et le premier dimanche de septembre ce n'est pas le quinze août ou le quatorze juillet. Pas question de déroger à la tradition pour caresser dans le sens du poil des inconnus en goguette.

Avec son église Dorlange possède une attraction unique, mais ne souhaite pas en tirer parti : aucun effort pour la promouvoir ou la signaler aux intersections des routes. La maison de la Béate convertie en mini-musée, l'idée n'était pas que mauvaise, mais une église romane avec des peintures médiévales, dont un splendide Calendrier des Saisons ainsi qu'une très inhabituelle allégorie de la Mort, on évoluait dans une autre dimension. L'artiste, toscan de naissance, avait œuvré plusieurs années sur ses fresques : il avait étiré son séjour au maximum car il vouait (selon la légende) une passion folle à Gontrade de Dorlange, la fille du comte Baudouin. Qu'advint-il de cet amour ? Fut-il réciproque ? La passion amoureuse étant par nature dévastatrice, cela pourrait expliquer cette représentation de la Mort peinte sous les traits d'une femme.

II

Antoine, Camille, les Courtil, les Drevois, Annie Rastaing, Natalie et Christophe devisaient sous le chêne à l'heure de l'apéro de midi, début avril.

Jean Courtil avait apporté une bouteille de rasteau, un vin qui n'était pas de souche locale même si jadis on cultivait la vigne dans la région, des ceps de gamay qui donnaient des petits rouges un peu noirs, mais pas déplaisants, du vin pour la table et les travaux des champs.

Ils buvaient en discutant climat, famille, santé, voiture et vie politique ; Antoine les écoutait mollement. Il aperçut Manon sortant de chez elle avec à la main un journal qu'elle agitait comme un éventail.

– Bonjour tout le monde ! Encore en train de picoler !

– Salut Manon !

– Vous avez lu *L'Écho du Temps* ce matin ? L'article

sur le préfet de Doves qui envisagerait d'établir des familles de réfugiés syriens dans la région?

– Non, pourquoi? lui répondit Jean Courtil. Vous l'avez lu, vous autres?

Huit signes de dénégation.

– Il recherche des endroits pour les héberger.

– Quelle idée ridicule! Des réfugiés syriens? Pourquoi syriens et pourquoi chez nous? Il n'y a pas assez de place ailleurs? demanda Annie Rastaing, médusée.

Des réfugiés n'avaient-ils pas déjà trouvé à se loger et à vivre confortablement dans le département? Des réfugiés bien de chez nous, des villes et des métropoles, pas ceux fuyant les guerres civiles, les persécutions, la faim ou la véritable misère!

– D'après l'article ils en sont au stade de l'étude, rien n'est confirmé. Antoine, toi qui es au conseil municipal, tu sais s'il y a des maisons abandonnées ou à louer à Dorlange et dans les hameaux?

– À louer, non. Pourquoi?

– Et celles du père Blanchard et de Nicolas?

Annie Rastaing l'interrompit:

– Tu parles d'endroits pour les héberger, Manon, mais quel rapport avec des maisons à louer chez nous?

– Annie, les endroits c'est les villages, dans les villages il y a des maisons et les maisons c'est pour les loger. Ils ne vont pas les installer en plein milieu d'un pré!

Manon évoquait la maison du père Blanchard, mort sans descendance, et celle de Nicolas, fils naturel d'un Mandricourt, des Baronnies. Le bâtard avait hérité de la maison de sa mère, mais il était parti sans jamais plus donner de ses nouvelles. Les volets étaient fermés, le crépi s'écaillait, le lierre soulevait les tuiles du toit, les ronces et les mauvaises herbes avaient envahi le jardin, l'électricité et le téléphone avaient été coupés et le courrier n'était plus distribué. Était-il décédé, avait-il refait sa vie dans un pays lointain ? À ce jour personne n'était venu réclamer la maison qui était considérée, à tort ou à raison, comme abandonnée et, avec celle du curé, pourrait échoir de plein droit à la commune.

– La maison du père Blanchard, c'est celle qui est sur le chemin des Pinatelles ? s'enquit Pierre Drevois.

– Tout à fait, lui répondit Antoine.

– Elle n'est pas à l'abandon. Le jardin n'est plus entretenu, mais sinon elle est en parfait état. Vue de l'extérieur elle ne ressemble pas à une ruine.

– On aurait la clé, on ouvrirait la porte et on aérerait les pièces, elle serait tout de suite habitable, répliqua Mathilde Drevois, son épouse.

– Et celle de Nicolas, à la lisière de la forêt des Esprits, non plus, poursuivit Annie Rastaing. Si personne n'y vit ça ne signifie pas qu'elle soit déserte.

Antoine s'étonnait de ces gens qui, résidant au village depuis à peine quelques années, en parlaient comme s'ils y avaient toujours vécu ou qu'ils en étaient les légataires universels ! En voilà pour qui l'intégration aura été un franc succès, se disait-il sans ironie.

Les derniers commerces vivotant au début de ce siècle, le café et l'épicerie, avaient été rachetés par des pioupious originaires de Belfort (Pierre et Mathilde Drevois) et de la région lilloise (Marc et Annie Rastaing) qui les avaient réaffectés en maisons d'habitation. Lorsque sonne l'heure de la retraite, les pioupious des villes s'agrègent volontiers dans les villages de moyenne montagne, l'air est pur, la nature naturelle, les voisins serviables et les champignons à portée de main de juin à septembre, mais dans la lutte contre le dépérissement ils ne peuvent apporter le salut ni enrayer le déclin, même si un pourcentage de leurs impôts atterrit dans les coffres municipaux. Ils viennent pour le cadre et la tranquillité, pas pour le dynamisme ou les animations festives.

À Sourgnol, par exemple, sur le versant sud du Mont-Chassin, où les pioupious sont majoritaires à 100 %, le village – le ghetto ? – est sans vie : pas de commerce remis sur les rails, pas d'auberge ni de gîte, pas d'agriculteur ni d'éleveur et surtout aucun lien avec l'extérieur, pas d'activités culturelles ni associatives, emmené par un maire aussi charismatique qu'un pot de yaourt et un conseil municipal dynamique comme un fonctionnaire d'ambassade ; ils ont refusé d'être rattachés aux sentiers Pays et Terroir à pied et fonctionnent en vase clos, une *gated community* où des vieux s'ennuient ensemble en attendant la mort dans un environnement de fiction.

– Vous avez raison, répondit Antoine aux Drevois et à Annie Rastaing, ni abandonnées ni en ruine. La municipalité aurait peut-être le droit de les récupérer, mais pour en faire quoi ? Il faudrait payer la rénovation et le maire n'acceptera jamais d'y mettre un sou !

– Tu pourrais te renseigner ? lui demanda Manon.

– Je pourrais, répondit-il en souriant.

– Il y aussi l'une des granges de Florimond, continua-t-elle, il ne s'en sert plus et elle est en bon état. Il serait sûrement d'accord, non, tu ne crois pas ?

Antoine appréciait beaucoup Manon, notamment parce qu'une fois une idée en tête elle ne lâchait jamais le morceau.

– On devrait les suggérer au préfet, ces deux baraques, ça mettrait de l'ambiance au village. On parlerait de Dorlange dans les journaux, poursuivit Manon en s'adressant à Antoine, tu es bien placé pour informer là-dessus.

Quoi de plus normal, en effet, c'est lui le correspondant de *L'Écho du Temps*, le quotidien régional. Il a été embauché après son retour des États-Unis sur recommandation de l'Éric, un ancien condisciple au lycée Maurice-Rissous à Doves, en charge de la page Culture. Il était l'enfant du pays revenu au bercail après avoir *traîné ses groles de par le monde.*

Manon pensait que c'était la moindre des choses, accepter des migrants, France terre d'asile, patrie des droits de l'homme, tradition d'accueil.

– Possible, oui, mais des maisons disponibles dans le canton on en trouve pléthore. Si la préfecture en recherche vraiment ils n'auront que l'embarras du choix ; à Bellegarde-en-Dillon la maison du yeti pourrait convenir, encore que je ne sache pas où ils en sont des procédures.

– La maison du yeti ?

Le yeti n'en était pas un, bien qu'on puisse avoir des doutes, le croisement d'un yeti et d'un bouledogue, il avait l'allure de l'un et la face de l'autre. Lui et sa femme, un couple d'aigrefins, réfugiés dans un pays sans traité d'extradition avec la France, avaient vécu à Bellegarde-en-Dillon dans une propriété rénovée sans permis de construire ni déclaration de changement de consistance ou d'affectation et en dépit des conventions architecturales en vigueur dans un village classé. Personne n'avait moufté, le maire le premier, mais comme ils attaquaient au civil tous leurs voisins pour des disputes de centimètres carrés, de bouts de clôtures, de bulbes arrachés, de pierres enlevées sur un muret, les habitants excédés avaient fini par les dénoncer au fisc puis à la CPAM car ils touchaient des pensions d'invalidité pour des handicaps factices. Ils se sont enfuis du jour au lendemain et leur maison et ses dépendances sont inhabitées depuis.

– Je crains que la mairie ne puisse se les approprier sans décision de justice. Par contre je ne vois pas comment notre conseil municipal à nous puisse être favorable au projet d'accueil dont tu parles Manon, je les imagine mal autoriser l'utilisation des bâtiments de la commune par des migrants.

– Pas des migrants, des réfugiés, précisa Manon.

– Il y a une différence ? demanda Catherine Courtil.

– Les réfugiés sont des résidents légaux qui ont obtenu le droit d'asile, mais les procédures d'octroi sont lentes et compliquées.

– Elles prennent combien de temps ces procédures ? Après que font-ils, ils restent, ils déménagent, ils cherchent du travail sur place ? poursuivit Camille peu versée dans les questions techniques.

À sa décharge, il faut préciser qu'à Lyon, dans la Presqu'île où elle habitait avec son mari et leurs trois filles, les migrants ne couraient pas les rues.

– Quatre, six, neuf mois maximum, répondit Manon, tout dépend des situations individuelles et des conditions dans le pays d'origine. Je me suis renseignée sur Internet : pendant la période d'examen de leurs dossiers comme ils n'ont pas le droit de travailler on leur accorde une dizaine d'euros par jour quand ils sont hébergés officiellement, c'est-à-dire pas sur un trottoir ou dans un campement. Ils ont l'obligation d'apprendre le français ; ils peuvent aussi acquérir une formation professionnelle et s'ils décrochent le droit d'asile, on leur attribue une carte de résident valable dix ans et ils font venir leur famille. Antoine, pourquoi tu dis qu'au CM ils ne seraient pas d'accord pour prêter des maisons ? Parce que vous seriez plutôt du genre à leur botter le cul et les renvoyer chez eux ?

– Moi non, mais les autres, oui, ce serait recta. La présence de réfugiés syriens équivaudrait pour eux à la fin du monde, et à propos...

– Nous n'en sommes heureusement pas encore là, l'interrompit Annie Rastaing.

– ... et à propos de Florimond, reprit Antoine, je ne sais pas s'il apprécierait des Arabes dans sa grange. Quoique non, je raconte des bêtises, ça lui ferait de la compagnie et il aurait des tas de choses à leur apprendre.

– Et Gersant, le maire ? demanda Camille.

– Augustin ? Ah non, lui, il les abattrait à vue ! Les gens d'ailleurs c'est pas son truc. Les néoruraux il les considère toujours, au pire comme des métèques, au mieux comme des vacanciers un peu pénibles ! Alors des Syriens...

– Oui, ça, on l'avait compris, tout ce qui est autre est insupportable pour les gens d'ici ! répliqua Manon qui parlait en connaissance de cause.

Quelques mois après son emménagement elle avait voulu acheter une minuscule parcelle au bout de son jardin, une centaine de mètres carrés, mais qui appartenait aux habitants-résidants à l'année du village, un bien dit « de section », désuète survivance de l'Ancien Régime, qu'elle entretenait elle-même et que personne ne guignait ni n'utilisait jamais. Il fallait d'abord obtenir l'accord de la municipalité statuant à la majorité absolue. Elle avait formulé sa requête auprès du conseil municipal, habitué depuis des lustres à toutes les irrégularités et arrangements divers pour s'émanciper des règlements qui le contrariaient. Malgré l'opposition d'Antoine, le CM l'avait envoyée paître en lui refusant l'achat de cette parcelle au puissant motif qu'elle n'était pas là depuis assez longtemps. À Dorlange c'était ce qu'on appelait un avis motivé. Manon était furieuse et avait demandé dans combien de temps serait-elle là depuis assez longtemps. Plusieurs générations sans doute et une plâtrée d'ancêtres au cimetière. Les membres du conseil n'allaient pas céder un pouce de terrain à un flanflan sans racines locales. Depuis, Manon n'éprouve plus pour eux de sentiments amicaux: «Cette bande de rustres archaïques, autant de cerveau qu'une bûche.» Antoine lui avait conseillé d'utiliser cette parcelle à sa convenance et de faire comme si elle lui appartenait. Ils n'oseront pas t'embêter si tu les mets devant le fait accompli. Lucide recommandation d'un expert ès coutumes locales. Elle avait suivi ce conseil et cette centaine de mètres carrés de parcelle «sectionale» était maintenant réunie à son potager.

– Si le CM se prononçait contre l'idée d'accueillir ces Syriens chez nous, on pourrait faire circuler une pétition en faveur, proposa-t-elle.

– En faveur de quoi? demanda Mathilde Drevois.

– En faveur de mettre ces habitations à disposition.

– À disposition de qui? poursuivit Annie Rastaing.

– Mais Annie, à disposition des réfugiés!

– Je serais d'accord pour la signer cette pétition.

Si nous pouvons aider ces malheureux, Manon, il ne faudra pas hésiter, répondit Natalie.

– Je la signerai moi aussi, dit Camille, mais en attendant il faut que j'aille m'occuper des filles, on en reparlera plus tard.

L'heure du déjeuner approchait et Camille n'avait rien préparé. Géniale cette suggestion de recevoir des réfugiés à Dorlange, et syriens en plus, la diversité des cultures qui vont coexister, pensa-t-elle en rentrant chez elle, rien de tel pour apporter un sang nouveau au village, je suis sûre que l'harmonie régnera entre nous tous.

L'harmonie ? Cette notion ne faisait pas l'unanimité. L'ouverture aux autres et l'acceptation de la différence n'étaient pas garanties non plus. Des voix s'élevèrent contre l'altruisme inconsidéré de Manon :

– Pourquoi on les accueillerait chez nous ? tonna Pierre Drevois, ils doivent être placés dans les centres de détention en ville, à la campagne ils seront dépaysés, c'est bien beau d'être secourable, mais il n'y aura rien à faire pour eux par ici, au milieu d'un petit village de la France rurale, ils s'emmerderont dès le premier jour.

– Sans compter qu'ils ne seront pas les bienvenus, s'emporta Annie Rastaing, et c'est nous qu'ils finiront par emmerder.

Les Drevois la regardèrent en souriant avec indulgence tandis que les autres firent comme s'ils n'avaient rien entendu. Antoine déroula les messages sur son portable, les Courtil burent leur vin en fermant les yeux, pour mieux en apprécier le bouquet, Natalie se leva j'ai oublié que j'avais des mails de confirmation à envoyer et Christophe s'apprêta à la suivre. Seule Manon paraissait sur le point d'ajouter quelque chose, mais un regard de Catherine Courtil l'en dissuada.

– Mais j'y pense, Antoine, ce n'est pas Camille qui parle arabe ? Tu dois le savoir, vous êtes toujours ensemble, s'exclama Jean Courtil, ça résoudrait d'éventuels problèmes de communication s'ils venaient séjourner à Dorlange.

– Ses parents sont d'origine libanaise ; ils sont arrivés en France à la fin des années 70 et elle est née à Lyon, mais le parle-t-elle, je n'en sais rien, il faudra que vous lui posiez la question, répondit-il.

– Méfiance avec les pétitions, les avertit Christophe ; elles ont souvent pour origine des *informations truquées* ou des canulars sur les réseaux sociaux et il y en a trop en circulation, pour tout et n'importe quoi, les gens signent sur Internet pour se donner bonne conscience, mais question efficacité on est proche du zéro.

– Mieux vaut ça que ne rien faire, au moins les gens s'investissent, ils participent, c'est ça la démocratie, mon cher Christophe, lui rétorqua Manon.

– On est d'accord ; par contre ce sont des investissements qui ne t'obligent jamais, même pour pas grand-chose ; quant à la participation, pardonne-moi, mais tant que tu ne mets pas toi-même la main à la pâte…

Léa les avait rejoints à son tour ; elle les écoutait et approuva l'idée de Manon qui n'en démordait pas : l'inscription à l'ordre du jour du prochain conseil municipal des deux questions dont elle voulait les réponses : y avait-il des maisons dans la commune susceptibles d'accueillir des réfugiés et la municipalité serait-elle d'accord pour les héberger ?

– Vous vous préoccupez d'un problème qui n'est pas d'actualité. Suivez mon regard, chez nous dire et faire font deux ! Néanmoins, Manon, j'ai compris ton message, leur avait répondu Antoine, au prochain conseil je présenterai ta motion et je vous donnerai la date pour que vous puissiez y assister. Vous n'aurez pas le droit d'intervenir, uniquement celui d'écouter, mais ça vous le savez déjà, n'est-ce pas Léa !

Leur offrir la possibilité d'assister à une séance du conseil était une semi-boutade. Le maire n'affichait plus les dates de convocation. Il n'avait aucune envie qu'un flanflan vienne jouer les trouble-fête et trempe son vilain nez dans les affaires de sa commune. Léa l'avait dégrisé sur ce singulier concept de transparence de la vie publique en s'immisçant dans la salle du conseil un jour de réunion : elle avait lu la convocation inconsciemment placardée sur le tableau officiel de la mairie et s'était pointée à l'heure prévue. Ils avaient été très choqués. Passé un moment d'affolement bien pardonnable, l'Augustin avait expédié les discussions sans que quoi que ce soit d'important ne fût délibéré, contrairement à l'ordre du jour. Ce n'est qu'ensuite, après le départ de Léa « la séance est levée, merci à vous, on se revoit dans un mois » qu'ils avaient pu se consacrer aux questions soumises à leurs votes ce jour-là. Depuis ce crime de lèse-majesté l'Augustin envoie un SMS en fin de soirée aux membres du conseil pour les convoquer le lendemain à 19 heures. Il n'a rien à craindre de leur part : ils ne vont pas l'assigner en justice et il a la secrétaire de mairie dans sa poche, qui s'adapte sans sourciller à toutes ses petites transgressions inoffensives.

Antoine aurait pu s'émouvoir de cet accroc à l'exigence de démocratie, mais comme il en avait vu d'autres et des bien pires, cela ne le scandalisa pas.

Par contre, de retour chez lui pour le déjeuner, il se mit à gamberger : Jean a mentionné mes relations avec Camille, je serais donc toujours avec elle ? Où est-il allé pêcher cette fadaise ? On ne laisse pas s'infiltrer des allégations dans les oreilles de gens qui s'empresseront de répandre des médisances. Camille, je ne la vois que le samedi ou le dimanche, en février ou à Noël, aujourd'hui elle était là, mais le week-end prochain ? Comment Jean peut-il affirmer que je suis toujours avec elle, ça n'a pas de sens.

Plutôt que de s'appesantir sur ces questionnements stériles il réfléchit qu'il ferait sans doute mieux de téléphoner à Lætitia, son contact à la préfecture de Doves, pour en savoir davantage sur cet article dans *L'Écho du Temps*. À défaut de la vérité rien que la vérité, il lui arracherait bien deux ou trois informations « non truquées ». Serait-il vexé d'avoir été devancé par Manon sur un sujet qu'il aurait dû connaître avant tout le monde ?

III

Au fil de ses reportages dans *L'Écho du Temps*, Antoine s'attache à relater l'asphyxie programmée des villages et des bourgs de moyenne importance, les petits commerces qui trépassent les uns après les autres pour cause de banqueroute, «Avec toutes nos condoléances» signé Les Centres Commerciaux en Périphérie, la fin des paysans que les politiques avaient tenté de transformer en agriculteurs ou en chefs d'entreprise avant d'en faire des ouvriers dans le bassin minier, les usines textiles, les abattoirs et les briqueteries – et maintenant des manouvriers dans les sociétés agricoles rachetées par des Chinois propriétaires de milliers d'hectares de terres cultivables à travers la France, vengeance de l'histoire, les anciens colonisés devenus colonisateurs-pilleurs, juste retour de bâton – ou des travailleurs sociaux, des employés de bureau et des fonctionnaires catégorie Z dans la prolifération ubuesque des institutions locales tandis que leurs femmes décampent ou deviennent surveillantes, coiffeuses, pédicures, femmes de ménage, petites mains dans les laboratoires d'analyse médicale et les centres de santé, agentes municipales ou caissières au super de Monfray, la désespérance qui plane, lourde et menaçante, le déclin inévitable, le crépuscule du monde rural.

À *L'Écho du Temps* rien de ce qui se passe dans le canton ne peut, et ne doit, lui échapper, c'est le credo du journal, sinon la vie d'un territoire conserverait ses secrets. Et les secrets ne sont-ils pas faits pour être révélés ? Je te le dis c'est juste entre nous, mais tu le gardes pour toi et très vite, tout le monde est au courant, sans se soucier de savoir si les informations colportées de bouche à oreille sont véridiques ou dignes de foi. Un bruit court ? C'est un fait certain. Un ragot se répand ? C'est officiel, on vous l'avait dit. Ainsi se raconte la vie, ou la fiction.

Si pour les pages quotidiennes il galopait d'une fête patronale à un concours de boules carrées, d'une noce de platine à une soirée Poésie dans une grange associative, de la réunion annuelle de l'Amicale des conscrits à l'inauguration d'une usine de méthane ou d'un parc d'éoliennes, ces âmes damnées de la transition énergétique, d'un énième Salon du Livre pour Tous, d'un stage de flamenco ou de théâtre Nô, d'un chantier de jeunesse pour l'entretien d'un site classé à une journée vide-greniers-omelette géante ou un atelier Expression Vivante, du repas des aînés à l'assemblée du conseil municipal des jeunes, il faisait des rencontres plus substantielles qu'il avait fini par publier dans un blog volontiers caustique «Autour de chez nous » hébergé par le journal. Devant son succès grandissant, un authentique plébiscite, la direction lui avait confié une chronique hebdomadaire, « Libre cours », une pleine page en der du supplément week-end de *L'Écho du Temps*.

« Autour de chez nous »
(Extrait)

... Sur la commune de D. ils se font rares les paysans d'origine, éleveurs de vaches ou de moutons, célibataires pour la plupart (et vivant chez leurs parents qui n'auront jamais les moyens de partir en retraite) sauf M., mais lui n'y est pour rien, sa femme l'a quitté pour un pharmacien de Doves et S. qui maintient la ferme ancestrale en état de survie malgré le départ de son concubin plus attiré par les sirènes de la préfecture que par le cul des vaches. Hier, quelques moutons, une dizaine de poules, une poignée de lapins, deux cochons, quatre vaches, des pommes de terre et on tenait une vie. Aujourd'hui des vaches il en faut cinquante, cent, sinon c'est la mort lente. Des vacances ? La traite des vaches c'est trois cent soixante-cinq jours sur trois cent soixante-cinq. Malade, debout, boiteux ou en chaise roulante, il faut s'y atteler. Les gros exploitants s'en sortent mieux dans les vallées, c'est ce que disent les politiciens et ce qu'on peut lire ou entendre dans les médias, tandis qu'on y oublie souvent que trois paysans se suicident chaque semaine en France, un taux 20 % supérieur à celui de la moyenne nationale. En vérité, tous sont tombés dans le piège, celui de l'endettement permanent, très efficace pour industrialiser la paysannerie et la prolétariser plus implacablement : alors que les coûts augmentent sans cesse, charges, assurances, cotisations MSA, sans parler des taux d'intérêt exorbitants sur les prêts à court terme pris pour rembourser les emprunts à long terme, course-poursuite sans fin, au dénouement prévisible, il en faut toujours davantage, des bêtes, du matériel encore plus cher, des engrais chimiques, impitoyables ravageurs de nos sous-sols, à renouveler obligatoirement chaque année sinon procès-verbaux, amendes, pénalités et, pour faire bonne mesure, du glyphosate comme s'il en pleuvait, contribution généreuse de Monsanto à la santé publique, on dit merci qui, merci Monsanto, loué sois-tu psalmodient les enfants d'agriculteurs nés sans mains ou sans pieds, la stabulation à peine terminée il faut déjà l'agrandir, les rampes d'irrigation mobiles pour les champs de maïs de plus en plus gigantesques et énergivores, consommatrices des nappes phréatiques qui s'épuisent irrémédiablement, mais, entend-on souvent, l'endroit de la médaille, la face positive de l'écu c'est l'arrivée des nouvelles populations dans le rural profond qui modifient la dynamique démographique et avec elle, le tissu social et professionnel...

Les néoruraux, les gens d'ici les appellent les flanflans. Le père serait vivant, il garerait un tombereau de purin devant leur porte, histoire de leur faire respirer le bon air de la campagne. Ils courraient pleurnicher entre les jambes du maire lors de sa permanence, Monsieur le Maire, quel scandale, une charrette remplie de choses immondes et fumantes garée sous nos fenêtres, atmosphère incommodante, malsaine, exécrable, a-gres-sive, je tousse, je suffoque, j'ai des éruptions cutanées, et que dire du bouc et de ses moutons qui divaguent, dévorent nos bignones et laissent traîner leurs selles sur le communal, n'êtes-vous pas responsable de la sécurité et de la salubrité publique, nous envisageons de déposer une plainte en bonne et due forme.

Comme c'est fâcheux, si si, vraiment ; quant au bouc, ce n'est pas un bouc, mais un bélier et le stationnement n'est pas interdit dans la commune.

Et pan, voilà pour toi Flanflan.

Nouvelles populations, ces choubabes, babosses, pioupious, bobobéats et cassosses, antispécistes et vegans, sans oublier les pétras, ces alternatifs écologistes de carnaval décervelés par les apôtres de la décroissance, armada dépareillée de bras cassés, de losers ataviques, de rêveurs impénitents et d'aimables incapables ?

Des gens sans souvenirs ni attaches et qui repartent de zéro. Ils apparaissent au fil des saisons : télétravailleurs, cadres moyens et supérieurs, enseignants, fonctionnaires recasés, humanitaires, professions libérales, publicitaires, ingénieurs, consultants, commerciaux, l'éventail est large. Que recherchent-ils ? « La rencontre charnelle, mystique, avec la terre. — Une existence digne et sans artifice. — Qualité du cadre de vie, préservation de l'identité villageoise. » On les voit venir de loin, comme ces jeunes alternatifs qui se lancent sans apprentissage dans le maraîchage bio, le pain naturel pétri-à-la-main-meule-en-pierre, les fromages fermiers lait-cru-affiné-en-cave-sans-ensilage-ni-enrubannage qu'ils vont vendre sur les marchés de pays ou dans les circuits courts. Réjouissantes ces bonnes volontés, mais ça pèche par idéalisme, ou ignorance (les chèvres ne donnent pas de novembre à mars). « L'agriculture pour se faire plaisir. — Le parfum de la terre, les saines fatigues. » Ça n'est pas un hobby et on ne cultive pas un potager avec des ciseaux de broderie ou une cuillère en argent. « Travailler la terre et fuir la course du rat. — Contempler le ciel. — Vivre au contact de la nature. » La vraie, celle qui bouge encore ? Ça ne tient jamais la distance : un petit tour et puis s'en vont avant le terme. S'établir est loin d'être une sinécure car pour obtenir du foncier cultivable c'est le parcours du combattant : la Safer veille avec sa norme Hors cadre familial et les élus locaux aussi, prompts à classer la moindre terre agricole en parcelle urbanisable pour bénéficier de rentrées fiscales. À l'arrivée ils exploitent en biodynamique trois carottes, deux navets, une laitue, six fenouils, ils proposent ces maigres trésors en panier ou en vente directe et quand ils comprennent que le mode de vie paysan ne peut être qu'autarcique, ou de subsistance, surtout lorsqu'on supprime les aides au maintien, et qu'un RSA ou des allocations chômage ne font pas le bonheur, ils jettent l'éponge et déménagent plus bas dans le Sud. C'est comme sur les plages du débarquement, on les voit monter à l'assaut par vagues successives, les premiers sur la grève se font décimer, puis les seconds, les troisièmes, et à la fin on se dit qu'avec le nombre ils arriveront bien par tout balayer, s'installer pour de vrai, s'intégrer au village...

Manichéennes ses analyses ? Les lecteurs se plaindraient auprès de la rédaction s'il rédigeait comme un ethnologue des articles en forme de condensé de thèse. Partial, ou tendancieux ? Occasionnellement, oui, il en convient, mais il en prend la responsabilité, on ne lit pas « AFP » gravé sur son front. Il est le chroniqueur de ces mutations et bien qu'il ne soit pas dupe des risques qu'elles pourraient entraîner, il ne peut manquer d'y trouver des motifs d'espérance. S'il admet jeter un regard sévère sur les changements du monde dont il est issu, il n'en garde pas moins les idées claires et relate avec justesse-et-honnêteté les parcours qu'il livre à ses lecteurs, les personnalités qui s'installent et refont leur vie ou lui donnent un sens nouveau, les métiers du futur qui s'implantent, se cherchent, cette économie du partage que l'on sent poindre, l'usage qui prend peu à peu la place de la propriété, transformations depuis longtemps entamées à l'échelle du pays, mais qui commencent lentement, inexorablement, à sourdre dans la contrée.

Les flanflans utilisent les grands mots pour peindre de couleurs chatoyantes les échecs personnels : indispensable pas de côté, fuir l'infernale folie urbaine et ses fausses distractions, haro sur l'individualisme asservissant, ré-ancrage, réappropriation du terroir, recherche des racines, héritage commun, liens renoués avec le sol et la terre, vertus du local, implication citoyenne dans le quotidien, mélange des gens, ouverture, diversité, émulation, tolérance, renforcement du lien social, convivialité, jouir sans entraves, nouvelles expériences au contact des « anciens » et des « belles personnes », silence, beauté, respect de la nature, nos amis nos frères nos semblables les animaux, les arbres, les plantes.

Droit d'asile dans les campagnes pour les néoruraux ! Des réfugiés poétiques, migrants de l'intérieur, migrants hédonistes, philosophiques, utopistes à la recherche d'un travail donnant « du sens », d'une réduction des heures perdues dans les transports, d'une amélioration de la-qualité-de-la-vie.

Dans les contrées qu'ils envahissent, les flanflans contestent tout ce qui organise la vie agricole depuis l'aube de l'humanité. Ils sermonnent les paysans, ces semi-demeurés, sur ce qu'ils devraient faire et comment. C'est la caravane des ignorants, exterminateurs insensibles de l'âme villageoise, alors qu'elle existe de toute éternité : le chant du coq, les poules qui caquettent, la cloche de l'église, comment dormir, les bouses de vaches sur la route, le timbre a-ssour-di-ssant de leurs sonnailles qui accentuent mes acouphènes, les chiens de garde qui aboient, sortent sans laisse, agressent mon chat persan, mes carpes koï, mon lapin de salon, les carcasses de tracteurs derrière les granges, les cabanons de tôle et les monceaux de pneus sur les tas de fumier qui déshonorent les paysages champêtres, les stabulations trop larges, trop laides, pas aux normes, l'odeur du lisier épandu dans les champs, la sécurité des oiseaux migrateurs menacée par les clôtures électriques, celle de la rainette des champs par le projet de développement de l'élevage de volailles en batterie, les poussées du satyre odorant par le passage des troupeaux de moutons, et ces cigales qui crissent du matin au soir et après 22 heures, à l'attention de Monsieur le maire, d'après les informations dont nous disposons, tapage nocturne caractérisé, décisions à prendre, intervention de la police, extinction des haut-parleurs, règlements édictés pour être respectés, vous prions d'agréer, sentiments distingués.

Les règlements, mais oui bien sûr, rats des villes, nous nous en occupons de suite et nous en profitons pour vous signaler que nous n'avons pas de cigales dans notre département, mais des grillons, d'origine naturelle, sans effets spéciaux.

Ces béotiens douillets exigent des campagnes briquées, javellisées, désinfectées, sans bruits, sans odeurs et sans joie, des jardins à la française au kilomètre, propres sur eux, bien dégagés derrière les oreilles, du raffinement calibré, symétrique, ennuyeux et glaçant, périssable. Leurs premiers gestes ? Clôturer leur propriété, faire pousser du gazon. Depuis des temps immémoriaux dans les campagnes les passages ont toujours été libres. Grandes murailles érigées pour défendre le minimum privé, on reconstruit la ville à la campagne. Stoppons les intrusions dans mon univers à moi, à moi, à moi. Mon jardin n'est pas un jardin, c'est un parc, je le protège, je l'embellis. Et pollution sonore inédite : le bruit des tondeuses en fin de semaine. Qu'importe :

je tonds, je coupe, je rase, je taille, c'est beau, c'est net, c'est lumineux et puis j'arrose, j'arrose, humons le parfum de la terre mouillée ; l'herbe grillée par le soleil ? Pas chez moi, c'est vert toute l'année, même en plein cœur de l'été, je suis maître à bord. Par contre ils poussent des hauts cris dès qu'un boulanger, un boucher, un petit épicier met la clé sous la porte, « Les symboles incontournables de l'Identité française avec un grand I, il faut les soutenir quoi qu'il en coûte, c'est une priorité nationale » alors que tous les samedis ils prennent leurs voitures et se ruent aux supermarchés de Monfray, de Doves ou d'ailleurs, même loin. Ces super-hyper qui poussent à la faillite les petits commerçants si bien secourus par les bonnes âmes que l'on voit revenir avec leurs pousse-pousse caddies remplis à ras bord.

Les flanflans surgissent en force avec un langage, des codes et des valeurs incompréhensibles. Entre eux et les locaux – les « AOC » occupant les lieux depuis des générations – qui va l'emporter ?

IV

À Dorlange la plupart des fermes se regroupaient paresseusement sur le sommet plat d'une vaste colline – un volcan éteint – tandis que les autres s'étiraient en ordre dispersé au bord des chemins conduisant aux sept hameaux rattachés à la commune.

En prenant la route par les Sombres on apercevait les fermes dès le début de la montée, mais on prenait conscience de l'enchantement du lieu en débouchant à l'orée du village : un panorama à 360° sur les puys avoisinants et les vallées du Chabrier, de la Tanse et du Gardiac. Le matin au levant les brumes matinales, le soir de sublimes couchers de soleil. En hiver, la neige qui scintille sur les champs à perte de vue, les arbres saupoudrés. Eux, les locaux, les « AOC », la vue, pourquoi s'en préoccuperaient-ils ? Elle avait toujours été là et le serait encore bien après. Elle leur apparaissait telle qu'elle était, normale : des forêts, des prés, des monts, des collines et des versants. Rien de sensationnel. Ils ont fini par en réaliser le potentiel, mais avec du retard, sinon ils auraient fait gonfler les prix lorsque les maisons avaient commencé à se vendre au gré des morts ou des relégations en maison de retraite, les héritiers n'en voulant plus. Les acheteurs, des « flanflans » en majorité, s'extasiaient sans relâche, tout comme leurs familles, leurs amis, les randonneurs ou les patients de l'atelier de purification de Natalie : « Sublimissime. – À tomber à la renverse. – Une vraie carte postale. – Un petit coin de paradis. » On y vit on y meurt, leur répondaient les indigènes en s'efforçant de rester imperturbables.

Traversé par trois chemins communaux, le village s'enroule autour d'une jolie place de guingois où trônent un antique lavoir et une fontaine sous un énorme chêne planté, d'après les historiens régionaux, par François Ier lui-même, en souvenir d'une partie de chasse au sanglier à laquelle il aurait participé en revenant d'Italie. La vérité était plus prosaïque : au cours du XVIIe siècle, des chênes avaient été plantés dans de nombreuses communes pour abriter les assemblées villageoises au sortir de la messe, afin que les habitants aient à leur disposition un endroit neutre pour discuter des problèmes communautaires.

Ainsi des randonneurs : les villageois – AOC et flanflans – en avaient débattu entre eux et s'étaient cotisés pour installer un distributeur automatique de boissons derrière l'ancien abreuvoir, avec vue plongeante sur la vallée de la Tanse. Christophe et Antoine avaient construit deux tables et bancs en bois pour les pique-niqueurs, leur donner l'occasion d'une halte-buvette sur un parcours Pays et Terroir à pied – Découverte du patrimoine naturel « Difficile, dénivelé 900 m, 7 heures, 24 km ». Léa et Manon avaient proposé cette idée afin de maximiser l'expérience de vie pour les marcheurs et d'augmenter l'indice de satisfaction du village sur les réseaux sociaux. Pomme et son compagnon Erwan craignaient l'émergence d'une concurrence avec l'estaminet qu'ils venaient de restaurer. « Vous êtes sur le chemin du Magnier, les randonneurs passent devant chez vous avant de poursuivre vers le village, leur avait répondu Clément, vous ne risquez pas de perdre des clients. »

Bruno Vancelle, les Drevois et les Rastaing s'y étaient opposés. « Pour gagner trente euros on se coltinera surtout des ennuis techniques et des commentaires malveillants sur les prix ou la qualité et nous ne sommes pas sur le passage d'un GR mondialisé ! » Qu'importaient leurs réticences, Léa et Manon avaient tenu bon et ils avaient tout aménagé au printemps dernier. Après la Toussaint, ils s'étaient partagé la recette en organisant une ripaille autour de deux cochons de lait à la broche, de pommes de terre sous la cendre et de gâteaux faits maison, avec un tonnelet de vin des Enfers, une spécialité du coin. Léa administre cette modeste entreprise et les relations avec les fournisseurs de boissons, des breuvages à base de petits fruits rouges et de plantes aromatiques, produits de la région uniquement, fabrication artisanale, merci d'encourager nos partenaires locaux.

Autrefois pourtant, foin des palabres sous le chêne, les riches tranchaient et imposaient une loi, la leur, c'était plus simple et on trouvait toujours une solution. À l'époque où les peuplements étaient importants, à Dorlange c'était les Mélandrieux, aux Setties les Dangeon, les Marnas à Pandirac, les Gersant à Valeyrac, les Mandricourt à Faissac et aux Baronnies, les Lauras au Murinais, les Martin à la Monte-Chauvet, et ainsi de suite : tu plies ou tu morfles.

Le curé s'entremettait dans un esprit d'apaisement, mais comment le prendre au sérieux lui qui du haut de sa chaire tonnait contre les femmes légères et les maris fraudeurs, des clabaudages qu'il avait entendus à confesse et qui lui étaient répétés sous le sceau du secret ?

Le secret. Vilenies, tromperies, impostures. Lot commun, la nature humaine. Les secrets ne le demeurent jamais longtemps. À peine formulés, déjà éventés. La vie privée ? Un concept inconnu. Qu'y aurait-il à cacher ? Les histoires d'amour en plein village ? Au vu et au su. Banal, et encore moins confidentiel lorsqu'on habite les uns à côté des autres.

Dans les immeubles en ville les secrets sont mieux gardés et on ne s'intéresse pas aux activités des voisins du dessous et du dessus ; il faut en avoir envie et tendre l'oreille pour savoir ce qui se trame. Quant aux relations de voisinage, « Bonjour, beau temps pour la saison — Oui, mais le fond de l'air est frais » dans les ascenseurs, les cages d'escalier ou devant les boîtes aux lettres. On se connaît peu. Entraide, collectif, communauté, des mots qui n'évoquent rien. Chacun pour soi. Anonymat préservé. Délimitation rigoureuse de mon espace privé. On peut mourir dans la solitude et le dénuement au rez-de-chaussée sans qu'aux étages on ne s'en soucie. La femme battue du cinquième, personne n'accorde d'attention à ses cris, « Leur télé qui braille, ils pourraient baisser le son on l'entend d'en bas. — Discutons-en à la prochaine réunion du conseil syndical. — Il faudra voter son expulsion » et, dans le couloir de l'entrée avec son œil tuméfié, sa pommette éclatée, « Elle a encore glissé sur le parquet cette maladroite » ; on la laisse passer en feuilletant le courrier d'un air exagérément studieux. Indifférence polie. Le regard qui se détourne au bon moment. Tête dans le bac à sable. Les autres ? C'est quoi les autres ? Moi d'abord.

Dans les villages et les hameaux c'est le contraire : sans solidarité point de salut. Je t'aide et toi tu m'aideras plus tard. Échange de services. Une vie sociale attentive, cordiale et tolérante. Caricature, représentation idéalisée, voire angélique ? Il faut l'avoir vécue pour en parler. Parfois, il est vrai, cette sollicitude peut être pesante, vous êtes arrivés tard cette nuit, tu étais seul(e), j'ai entendu les portes claquer, tu as laissé tes lumières allumées avant de sortir, vous n'étiez pas là cette semaine, j'ai vu que des chanterelles avaient poussé dans ton verger, tu devrais couper les branches de ton amélanchier elles touchent la ligne téléphonique, vous avez planté ce forsythia ici, mais il ne tiendra pas l'hiver, j'ai pensé que, vous auriez dû, il faudrait que, pourquoi tu, pourquoi si, pourquoi là. Toujours chez l'un, toujours chez l'autre. Je frappe, j'entre, je ressors. Comme dans un moulin. Où êtes-vous ? Dans le jardin. J'arrive. Mais c'est que, tu peux revenir plus tard ?

Envahissant ?

Faut aimer. L'omniprésence. Ne pas s'offusquer. Ne pas se laisser déborder non plus. Invasion de mon domaine intime. Pourquoi faut-il qu'ils se mêlent de tout ? C'est parfois lourd à supporter. Nous rêvions proximité avec la nature, isolement, tranquillité, solitude. Dans un village d'une quarantaine d'habitants ? Amusant. Pas réellement ce pour quoi vous avez signé ? Faut déménager. Ou ne plus sortir, mettre des rideaux, fermer portes et volets. Se cloîtrer. Vivre entre soi. Partir tôt, rentrer à la nuit tombée. Sur le chemin afficher un air complaisant, émettre un Bonjour avec un sourire courtois avant de s'esquiver, je dois filer j'ai un bain qui coule, pour éviter d'avoir à entamer une conversation fastidieuse sur le tout et le rien, la pluie, le vent, les nuages qui passent. Faire un peu comme si on était en ville.

La communauté de communes de Pontbrac dont dépend Dorlange compte cinq mille deux cent trente habitants inégalement répartis sur une quinzaine de villages. L'irruption de flanflans a permis de doubler la population en moins d'une dizaine d'années. Le mixage pourrait être intéressant, mais les camps restent figés, sur la défensive, une coexistence parfois tendue, parfois paisible, je te regarde, tu me regardes aussi, mais nous ne vivons pas vraiment dans le même univers.

*

Antoine, lui, est un AOC à la croisée de deux mondes, plus vraiment indigène, pas vraiment flanflan : il a quitté son village et a bourlingué avant de revenir au nid, un nid sous protectorat flanflan où lui et le Florimond ne constituent plus qu'une minorité, certes, mais une minorité agissante, dont les avis sont écoutés, les voix entendues, les conseils suivis.

Sa propriété n'est pas la plus récente ni la mieux conservée, mais il possède la plus belle vue du canton, derrière la maison, depuis la véranda orientée sud-ouest et les fenêtres des trois chambres au premier étage.

Des maisons récentes (celle de Valentin, conducteur d'engins dans une scierie, son épouse Karine, femme de salle au centre médical de Pontbrac, leurs deux enfants et celle de Nicolas, ambulancier, Sylvie, secrétaire à l'école primaire de Monfray, et leur fille unique) ont été bâties à l'arrière du village sur les emplacements de deux ruines abattues pour l'occasion. Elles jurent avec les maisons traditionnelles en pierres de pays maçonnées à la chaux et à la terre, d'autant qu'elles ont été pourvues de la gamme complète des attributs usuels dans ces habitations à obsolescence programmée : toits en imitation de tuiles canal couleur nuances du Sud, menuiseries en PVC, volets électriques, haies de troènes et de thuyas taillées au carré, pelouses tondues à ras, fauteuils de jardin en osier synthétique, balançoires et trampolines, niches en plastique pour Rex et Attila, barbecues au gaz, panier de basket sur la porte du garage, portails en simili-fer forgé à ouverture automatique, plaques signalétiques Propriété Privée, Défense d'Entrer, Attention Chien Féroce, Maison assurée par Winchester.

Ces deux villas protégées du monde et des regards derrière leurs palissades végétales ont pu être édifiées avec les compliments du maire qui avait fait voter, contrairement à la loi, la transformation de deux parcelles en foncier bâti – des murs en ruine ne pouvant légalement être *entièrement* détruits – en terrains constructibles vendus à un ami promoteur immobilier : à 150 euros le m², de l'argent frais sur le compte de la municipalité (et la toiture de monsieur le maire refaite à neuf). Le CM avait applaudi des deux mains, sauf Antoine qui n'avait aucune envie de voir apparaître des pavillons de banlieue dans son village.

Dissimulées derrière leurs murailles de vert, les maisons-contemporaines ne donnent pas l'impression de faire partie du Dorlange intra-muros, d'autant que leurs habitants ne sont pas intégrés dans la communauté des voisins ; ils ne participent pas aux activités collectives, même s'il est vrai qu'au village ils ne font guère d'efforts pour les associer à leurs projets. Personne n'a d'ailleurs jamais été invité chez eux, pas plus qu'eux ne se joignent aux apéros ou aux discussions à bâtons rompus sous le chêne.

Le vivre-ensemble en moyenne montagne. Subtile discrimination sociale. Bienvenue dans l'hyper-ruralité : son habitat dispersé, sa faible densité, son éloignement des voies de communication et sa gentrification en plein essor.

Dorlange, Antoine y était chez lui, quoiqu'il faille apporter une précision : la maison appartenait à sa cousine, Estelle, héritage obtenu dans des conditions rocambolesques, alors qu'elle aurait dû lui revenir directement, la ferme natale du père et de ses ancêtres. Après le divorce des parents quand il avait onze ans, Antoine avait rejoint à Doves son père qui ne voulait plus laisser son fils seul avec son ex-femme et son amant (le facteur de Pontbrac, connu pour lire le courrier adressé aux femmes et dérober les culottes sur les étendages). Le juge avait accordé la jouissance de la maison à la mère et le facteur n'avait pas temporisé pour la rejoindre, l'encre des signatures sur les papiers du divorce à peine sèche. Antoine l'avait compris plus tard, à l'âge adulte, en ouvrant les yeux sur les événements de l'enfance : la réalité reconquiert sa vérité vraie lorsqu'on apprend par les écoute-moi-un-peu de l'un et les viens-là-que-je-te-dise de l'autre que les apparences ont toujours été trompeuses et si l'on n'est pas assez solide pour l'admettre on termine moine ou dépressif.

Ainsi la Noémie n'était pas l'oie blanche dont on riait à table ; l'Adolphe, vieux garçon solitaire, était gai comme une semi-remorque ; l'Édouard préférait la compagnie de ses chèvres ; l'Hilarion, membre éminent de la Chambre de Commerce, avait fait fortune en récupérant avant ses compagnons les caisses de billets de banque parachutées de nuit pour les résistants ; le curé prêchi-prêcheur se révélait fraudeur patenté quand il s'agissait de ses coupes de bois ; la mort de la Nicolette n'avait pas été si naturelle, elle s'était suicidée lorsque son mari s'était enfui avec la Françoise, intrépide briseuse de ménage, on la surnommait Bel Objet, mais c'est parce qu'on la retournait sans cesse ; celui à qui on aurait donné un franc pour qu'il s'achète une paire de chaussures mourut riche de l'argent qu'il n'avait pas dépensé, ayant oublié que les coffres-forts ne suivaient pas les corbillards ; les idiots de village ne l'auraient jamais été si leurs grands-pères n'avaient pas couché avec leurs filles, ou les frères avec leurs sœurs, et Assuroli, le capitaine des pompiers, n'était pas italien, c'était son sobriquet, Assure au lit.

Rien de ce qu'il percevait n'était juste ni unique, et encore moins vrai, il n'y avait pas qu'une seule réalité, mais plusieurs et derrière chacune d'elles il y en avait des multitudes infinies et contradictoires et il pouvait croire à toutes, la plupart, aucune ou seulement certaines. Tout était faux et vrai à la fois, et n'avait aucun sens : la réalité n'était qu'un rêve absurde dans lequel il se retrouvait, au milieu d'un cercle qui s'écroulait subitement sous ses yeux et dont la signification véritable lui échapperait à jamais. On appelait ça grandir.

Quand le père s'était mis en ménage avec Sonia, une visiteuse médicale mère de deux enfants, Antoine avait treize ans. Il refusa de partir avec eux lorsqu'ils projetèrent de déménager à Nancy et se conduisit comme le petit merdeux qu'il devait être au début de l'adolescence. Il y repensait parfois, oui, un petit merdeux insupportable et colérique, déployant des comportements à la limite de l'insanité pour s'opposer à ce départ. Le juge aux affaires familiales trancha en le confiant aux bons soins d'un oncle et d'une tante (la sœur du père), les parents d'Estelle, qui habitaient Doves comme eux. Les parents, Antoine les reverra quand il les invitera, séparément, aux États-Unis où il vivait alors.

Il était revenu en France pour l'enterrement de la mère, suite à un cancer fulgurant. Chez le notaire il avait découvert qu'elle avait octroyé la nue-propriété de la maison de Dorlange à Estelle, sa nièce et filleule. Legs surprenant ! Estelle lui avait dit qu'elle n'en voulait pas et que s'il la désirait, elle la lui céderait pour rien. Il avait dit oui bien sûr, elle voulait se faire pardonner, c'est ainsi qu'il l'avait perçu.

Estelle et Antoine se connaissaient depuis l'enfance et ils s'aimaient comme s'aiment un frère et une sœur jumeaux, ils avaient le même âge et étaient inséparables. Jusqu'au divorce ils passaient leurs étés à Dorlange.

Estelle, c'était du feu en mouvement. Elle faisait les quatre cents coups avec les petites filles du village : elles patrouillaient à travers les bois ou dans les prés en emmenant paître le bétail et jouaient à cache-cache derrière les bottes de paille dans les granges ; Estelle connaissait les bêtes et les fleurs mieux que quiconque, elle donnait à manger aux poules et aux cochons, elle s'émerveillait de la frénésie des porcelets qui se bousculaient pour la tétée et elle avait appris à traire les vaches avec le lait chaud qui siffle en giclant dans les seaux de fer ; elle aidait à naître les petits veaux dans la chaleur des étables et l'odeur acide du purin et du foin séché et c'est elle qui les baptisait en leur choisissant des prénoms invraisemblables *Buchloé*, *Tourdebroche*, *Faisondirami*, on se souvient d'un *Élégantin*, son favori, et les paysans riaient, riaient, ils étaient toujours d'accord avec elle.

Pendant les vogues du mois de juillet elle raflait tous les lots à la canne à pêche, au lancer d'anneaux et à la course en sac, elle revenait avec des canards et des lapins qu'ils mangeaient aux cèpes ou en civet, ces jours-là elle trônait à la place d'honneur et elle avait droit aux meilleurs morceaux, elle en donnait la moitié à Antoine ; lors de la fête du village, le premier dimanche de septembre, depuis leur enfance elle caracolait en tête dans la charrette déguisée en carrosse, c'était une vraie reine et elle n'avait pas le temps pour ses devoirs de vacances, chaque été Antoine les faisait (mal) à sa place, personne ne contrôlait jamais rien ; ils se retrouvaient pour le goûter, le soir avant le dîner ou dans leur chambre, à se raconter leurs dernières bêtises ; ils paradaient dans les couloirs en chantant comme des effrontés, en pyjama et chemise de nuit, pieds nus, ils montaient au grenier pour déballer des malles poussiéreuses en répandant leurs contenus avec des cris sauvages, Antoine se déguisait en vieux grigou, Estelle en châtelaine dans des robes noires et mitées, ils dansaient avec des nobles poudrés, des marquises de papier et des hobereaux désargentés qui leur baisaient les doigts en s'inclinant dans leurs habits mal rapiécés, ils comptaient les pièces de cuivre et achetaient des fermes et des forêts en chipotant jusqu'au dernier sou, ils jouaient à se faire peur et ils regagnaient leur chambre en s'enfermant à double tour, fenêtres et volets grands ouverts, ils écoutaient les bruits de la nuit et ils se réfugiaient dans leurs lits comme dans des paradis inaccessibles, le sien c'était une péniche insubmersible sur laquelle il naviguait le long du fleuve de tous les dangers en se riant des crocodiles et des cargos sans lumières, il arrangeait son traversin et les oreillers pour qu'ils le protègent des assauts des pirates ou des monstres marins ; Estelle le suivait sur sa jonque, elle était armée jusqu'aux dents et elle arpentait les coursives pour le prévenir « Attention Antoine, droit devant, vire à droite, vire à gauche » et il se penchait du bastingage pour voir disparaître au fil de l'eau des bêtes crochues et visqueuses ; ils voguaient bord à bord en silence sur des mers d'huile et ils s'exclamaient quand les troupeaux de baleines remontaient à la surface pour souffler ; Antoine coupait ses moteurs, Estelle ramenait ses voiles et ils se laissaient bercer au gré du courant, allongés sur le pont, les yeux fixés sur les murs et le plafond où la lumière blanche de la lune jouait avec l'ombre des grands arbres et ils s'inventaient des histoires de fantômes enchaînés et de sorcières à bosses, ils se faufilaient entre les tombes et ils les regardaient mener des sabbats infernaux avec les petits lutins, les farfadets et les nains de cirque ; ils reconnaissaient les parents, une tante, un grand-oncle, le maire qui apportaient des offrandes, gâteaux, culottes de soie, lièvres écorchés ; sans faire de bruit et en retenant leur respiration ils les regardaient festoyer et s'enivrer avec les créatures de la nuit et puis ils glissaient imperceptiblement vers le sommeil, leurs phrases hachées et incompréhensibles, et soudain elle ne parlait plus. Estelle s'endormait toujours la première. Antoine attendait que sa respiration devienne régulière et il se levait pour fermer les volets, tirer les rideaux et dans le noir presque complet il se couchait en remontant son édredon jusqu'au menton.

À cette amitié fraternelle succédèrent des sentiments plus profonds.

Ils étaient dans les mêmes classes au collège, elle était abonnée aux premières places tandis qu'il croupissait dans les moyennes basses, puis au lycée jusqu'au redoublement d'Antoine. Les premiers émois ils les avaient eus entre eux, avec les baisers brouillons dans les toilettes de l'école, le bois du Malifant, la chambre d'Antoine, avec les déshabillages tremblants et maladroits, une hilarité nerveuse, la respiration qui s'arrête, le cœur qui flageole, la bouche qui ne sait plus s'il faut rire ou se taire, le temps qui ralentit, le décor immédiat qui devient flou et les mains qui glissent, explorent, tâtonnent, paraissent surprises et ensuite, naturellement, et sans que personne ne le sache, ni le devine, du moins c'est ce qu'ils crurent, l'été de leurs seize ans ils perdirent ensemble leur virginité.

Ils avaient confiance l'un en l'autre et ne craignaient pas de se *faire avoir*; ils allaient éprouver des plaisirs enivrants, la simplicité des nudités qui se découvrent sans honte, comprendre à deux le secret de la vie : la fusion des cœurs se prolonge dans celle des corps. Mais la chair appelle la chair et quand ils eurent assimilé les techniques de base, Estelle préféra voler de ses propres ailes : elle en a distingué un autre, puis deux autres et bien vite beaucoup d'autres. Il avait redoublé sa première, elle était passée en terminale, un saut générationnel, aussi entreprit-elle de sortir avec des garçons plus âgés. Elle en voulait des plus mûrs, des aguerris qui venaient la chercher en voiture. Se pavaner au bras d'un nigaud de vingt-cinq ans ça la faisait jaillir en pleine gloire, plus qu'avec un agnelet de dix-sept ans. Il ne comprenait pas, de là à l'effacer ou se soucier de lui comme d'un astre mort. Elle l'avait abandonné sans remords comme on se débarrasse d'un animal domestique ou d'un vieillard devenus infirmes ou trop encombrants. Et puis on avait dû la chapitrer, son cousin germain, allons donc, qu'est-ce que c'est que cette foire. Aujourd'hui ce genre de relations encourrait la réprobation indignée. Pourtant quand on s'aime, qu'importe le degré de parenté. La morale est fluctuante, comment définir un cap, un jour c'est bien, le lendemain c'est un péché mortel, va savoir sur quel pied danser. Antoine était désespéré. Toutes ces années perdues, à la regarder parader avec sa cour, à attendre qu'elle reprenne conscience, conscience de lui bien sûr, et en définitive, à voir s'écouler sa vie sous ses yeux sans qu'il n'en fasse rien.

Comment faire pour l'oublier ? Il éprouvait sa première déception, ce rite de passage obligatoire et dont il comprendrait plus tard la véritable signification : ouvrir les yeux sur le monde, assumer ses échecs et ne pas s'y attarder. Une décision s'imposa : c'est lui qui devait partir. Loin, très loin. Un exil volontaire, assumé comme tel. Quant à Estelle, elle était montée à Paris pour terminer ses études et se fera embaucher au sein d'un cabinet d'avocats spécialisés en droit immobilier ; elle voulait changer d'air, sortir par le haut de sa condition, mais ça il l'avait su des années après, lors de son retour.

Son retour ? Son départ, d'abord, comme préalable ! Mais de Doves, comment partir ?

À l'est de la préfecture une chaîne montagneuse barrait l'horizon ; à l'ouest des lotissements concentrationnaires et des plantations de centres commerciaux ; au nord la campagne traversée par une nationale ensanglantée en fin de semaine ; au sud les vignobles et leurs coopératives, et les champs de lavande qui brûlaient l'œil en plein cœur de l'été sur des plateaux au relief accidenté, travaillé – torturé – par l'érosion, le soleil et des hivers durant lesquels tout ce qui ne mourait pas éclatait sous le froid.

Ah, ces remparts naturels ! Pour quitter Doves, s'enfuir ou s'ouvrir sur le monde, il eût fallu pouvoir les franchir.

V

Le préfet de Doves songeant à héberger des migrants voilà une audace à gros potentiel effervescent. Avait-il analysé avec sérieux les résultats électoraux du département ? La répartition des votes dans les villages ?

À Dorlange, on vote avec fierté pour l'extrême à la nuque rasée et aux pieds préhensiles. Pour inciter à voter dans le bon sens, le sien, Augustin Gersant propose une collation (préparée par l'Eugénie, sa femme) avec vin à volonté le jour d'une consultation. Les chiffres prouvent le bien-fondé de ses largesses : record battu aux dernières élections, 68 % pour le bleu kriegsmarine, couleur qui s'allie au teint sinistre des forêts de résineux sur-plantées dans le département.

Depuis l'irruption des flanflans sur la scène locale le rose porcin et le vert délavé marquent des points, mais la victoire n'est pas encore proche.

Dès qu'ils sont installés en principal et paient les taxes foncières les flanflans s'inscrivent sur les listes électorales. Manière de se faire adopter. Ma voix compte. Oui oui bien sûr, viens plutôt boire un coup et bonjour chez toi. Dans la salle du scrutin ils marquent un point d'honneur à passer par l'isoloir. Par l'isoloir ? Par l'isoloir, en tirant le rideau avec tous les bulletins de vote en main ! Tous ? Tous, des pantins rouge sang aux primates vert-de-gris en passant par les belles âmes, les collets montés et les grenouilles de bénitiers. L'isoloir, quel attrape-nigaud. Qui espionnera par-dessus leurs épaules quand tout le village sait qui vote quoi ?

L'Augustin doit porter les résultats à la préfecture. Il gronde à chaque fois, perte de temps, coût de l'essence, usure de sa voiture. Pourquoi ne les envoie-t-il pas par Internet ? La modernité ne franchirait-elle pas les cols ?

Parce que Internet rame, rame, rame, loin des standards nationaux et de la rapidité du débit certifiée sur les contrats d'abonnement. Les gens d'ici culminent sur des hauteurs éloignées du monde et des ambitions de rentabilité. Dans certaines communes des maires plus corrompus, ou moins scrupuleux, parviennent à faire élever des antennes-relais subventionnées par l'État sur des terrains leur appartenant – on n'est jamais si bien servi que par soi-même – au voisinage des habitations et sans qu'enquêtes préalables ni réunions publiques n'aient été organisées. Prise illégale d'intérêt ? Intérêt légal, à 1 % ? Principe de précaution ?

Comment ? Troubles anormaux de voisinage ? Je vous entends mal.

Les raccordements sont rarement effectués. Pourquoi les opérateurs se ruineraient-ils à mettre en place une couverture pour trois zombies au kilomètre carré ? À quand le retour sur investissement ? Dans une prochaine vie. Cohésion des territoires. Vous pouvez nous redire ça dans une langue accessible ? En dépit des recommandations gouvernementales du énième plan «Tous égaux devant le numérique» les villageois sont sacrifiés, importants comme des chiures d'insectes, bruyants comme des pets de musaraignes, valorisés à moins que zéro.

Faire appel au député ? Leur député, cet ectoplasme, ils l'aperçoivent la semaine avant une élection quand, franc comme un âne qui recule, il vient quêter pour ses bonnes œuvres, l'entretien de ses collaboratrices-de-jour-femmes-de-nuit à Doves et à Paris, ou faire semblant de prendre leurs doléances en considération. Il arrive toutes dents dehors, gominé, les joues lisses et bien rasées, dans son costume de singe déguisé en responsable, il serre des mains, tape sur les épaules, « Mes chers amis, je ne vous oublie jamais », et le voilà qui débite son petit couplet la main sur le cœur, le cœur dans la poche et la poche au plus offrant, « Arrêtez-moi si je parle trop, je suis là pour vous aider, vous, l'âme de la ruralité, vous savez que je négocie vos intérêts avec autant d'acharnement que les miens, quelles sont les problématiques dont vous souhaiteriez m'entretenir, les migrants, je promets sur la tête de ma femme et de mes enfants que dans mon département vous n'en verrez jamais la couleur ; moi je veux plus pour ceux qui ont moins, je garantis dans mon dernier programme une série de meilleures politiques pour des vies meilleures, des vies meilleures pour vous, avec vous, grâce à vous, faites-moi confiance », et clap clap pour l'aimable farceur, l'amuseur public régional, mais eux ne se démontent pas, ruraux matois ruraux sournois madrés roublards, alors révérences, prosternations, chapeau bas not'maître pour vot'bonté et respect à vot'dame et hop hissons les couleurs, travail famille patrie, jouez hautbois résonnez musettes, liberté vérité justice, « et tout ça/ça fait/d'excellents Français », tandis que Capucine, sa plus récente, une créature à peine nubile, les auditionne avec un sourire hautain et martèle des notes sur son iPad avant de les expédier dans la corbeille dès que leur voiture chauffeurisée-gyrophares-vitres-fumées aura pris la direction du village suivant.

Des notes, Antoine aurait pu en prendre pour conserver une trace des conversations téléphoniques avec Lætitia, la secrétaire générale de la préfecture. L'affaire suivait son cours, trois pas en avant, un pas de côté, deux pas en arrière, la routine quoi Antoine, du surplace en mouvement, des discussions en interne et avec les autorités compétentes, pas de décision définitive pour l'instant, de la concertation, stratagèmes, manœuvres en coulisse, on a noté des réticences, mais on passera outre. Durant leur second entretien, Antoine avait appris que le préfet devait faire une annonce publique début mai.

– Plutôt pour l'accueil ou plutôt contre ?

– Pour, enfin Antoine, nous ne sommes pas des monstres sans cœur ! On ne peut pas rester inertes et maintenir ces gens à la dérive le long des rues, dans des bidonvilles ou des cabanons sous les ponts autoroutiers !

– La décision a donc été prise, on est d'accord ? Ce sera des réfugiés syriens, n'est-ce pas ?

– Oui à ta première question et non à la seconde : on n'amènera que des demandeurs d'asile, pas des réfugiés.

– Pourquoi des Syriens et pas des Érythréens, des Irakiens ou des Afghans ?

– Chaque département recevra un lot sans panachage ; nous on aura des Syriens, point final. Ne me demande pas pourquoi, je n'en ai aucune idée. Les autres nationalités seront réparties à travers le pays, mais j'ignore qui ira où.

– Vous ne vous attendez pas à des oppositions, des résistances ou, au minimum, à des protestations ?

– Nous mettrons en place un plan de maintien de l'ordre seulement en cas de troubles graves. Nous n'anticipons rien de menaçant sinon les aboiements familiers. Tu sais bien, le droit de manifester, la libération de la parole, l'illusion de la démocratie, ces petits os qu'on donne à ronger aux masses pour qu'elles aient l'impression de participer et d'avoir une influence sur le cours des choses !

– Une illusion qui libère la parole raciste. Vous êtes les illusionnistes de la démocratie !

– Les roquets hurlent avec les roquets, mais dès qu'on

dit Couché ! ils s'aplatissent. Antoine, on est en *off* là, d'accord, tu n'écris rien et tu le gardes pour toi, promis ?

– Allons, Lætitia, tu me connais, *my lips are sealed* !

(Lætitia était diplômée d'une université américaine et il n'était pas rare qu'elle et Antoine se mettent à parler ou à plaisanter en anglais.)

– Il faudra agir presto pour ne pas donner à la contestation le temps de s'organiser.

– Tu confirmes ainsi ce que je pensais : vous prévoyez des troubles.

– Comme je te le disais à l'instant, ils feront *wouf wouf* en montrant les dents et ils rentreront sagement à la niche, mais on n'est pas des idiots, Antoine, regarde la carte électorale, notre département vote en majorité à droite, voire pire, ça va leur donner des boutons et les rendre dingues !

– Pourquoi vous le faites alors ?

– Nous avons reçu des consignes d'en haut et puis c'est une question d'humanité, je crois, ou de solidarité, *take your pick*.

– Vous avez les noms des communes qui seront pressenties ?

– Oui, et je ne peux rien te dire, sinon qu'on va se la jouer Machiavel !

– Je vois, on parle de solidarité, de droits de l'homme et de saines émotions, mais tout de suite derrière, de la politique politicienne ! On ne perd pas le nord à la préfecture.

– Bienvenue dans la réalité m'sieur Antoine !

– Vous choisirez des communes d'extrême droite, ça les fera enrager et s'ils refusent, tout le pays va leur tomber dessus, je me trompe ?

– Antoine, je ne t'ai rien dit et cette conversation n'a jamais eu lieu.

Là-dessus, elle avait raccroché en riant.

Elle ne lui avait pas révélé la vérité. La situation était beaucoup plus complexe. Si certains faits étaient divulgués publiquement, dans quatre des neuf préfectures de la Région ils n'en mèneraient pas large. Les préfets et sous-préfets de ces départements ainsi que leurs numéros 2 respectifs – dont Lætitia – possédaient seuls une vision globale d'un plan classé Ultra Secret Top Confidentiel, élaboré dans une totale opacité : depuis de nombreuses semaines environ trois cents demandeur-euse-s d'asile syrien-ne-s (hommes, femmes et enfants) étaient en…, mais Lætitia et les garants de la bonne exécution de cette stratégie avaient signé des accords de confidentialité particulièrement répressifs, au cas où l'un d'entre eux s'amuserait à relayer des bruits dans la presse. Si Lætitia aimait bien Antoine, il était inconcevable qu'elle révèle le fin mot de l'histoire, même dans le *off* le plus *off* du monde à un gars dont le métier était de tout dévoiler.

Pour garantir qu'un secret demeure secret la recette était simple : n'en parler à quiconque.

Dont acte.

VI

Les propriétés du Dorlange intra-muros, le Florimond et Antoine les ont vues convoler dans les bras de flanflans les unes après les autres et les deux premières à changer de main l'ont été pratiquement coup sur coup.

Camille Vancelle et son mari Bruno ont acquis en viager la propriété la plus remarquable du village, celle de Jocelyne Mélandrieux, héritière d'une riche famille de propriétaires terriens, des champs et des forêts originelles, mais aussi des dizaines et des dizaines d'hectares de boisements en résineux pris sur des pâturages après la Grande Dépression de 1873-1896. C'était simple, plus on plantait d'arbres, moins on payait l'impôt foncier. Le calcul était vite fait et les Mélandrieux n'étaient pas des amputés du bulbe. Leurs plantations, ils les ont entretenues au fil des générations et quand une coupe devenait nécessaire, ce n'était pas des brindilles qu'on débardait, mais de sacrés m^3 et du bel argent liquide. Beaucoup n'avaient pas eu la même sagacité, avec comme résultat ces plantations alignées au cordeau où la lumière du soleil ne pénètre jamais, des arbres de trente mètres de haut, épais comme des allumettes, serrés les uns contre les autres, avec des sols impropres à la vie végétale ou animale (n'ayant plus rien à manger, le petit gibier, lapins, perdrix, faisans, avait disparu de ces futaies). Les abattre ne rapporterait rien et les coupes blanches étaient interdites depuis un arrêté préfectoral entendant développer le furetage pour nettoyer les forêts des arbres morts ou pourris, une technique contraignante, notamment dans les pentes, et par conséquent très onéreuse – et surtout une hérésie préjudiciable au cycle naturel et à l'écosystème forestier. Ce préfet-là n'avait probablement jamais vu une forêt de près, sinon celles qui brûlent l'été derrière son mas du Lubéron ou sa propriété les pieds dans l'eau sur la Côte d'Azur.

L'origine de la fortune des Mélandrieux remonte à la fin du XVIIIe siècle et tient du miracle. Elle débute avec le chevalier de Langernon, aristocrate sans postérité, endetté jusqu'au cou. Après avoir emprunté mille écus d'or à une vieille tante pour pacifier ses débiteurs, prêt dont on entend causer du nord au sud à travers l'arrondissement, voilà que sa bonne amie le fait mander pour une affaire pressante, il veut s'y rendre sans tarder, mais prend la précaution de cacher le pactole dans son château, donne ses instructions, fait apprêter son cabriolet, parcourt une dizaine de lieues et meurt, trucidé avec son valet dans la forêt de la Tombe-aux-Cerfs. Crime parfait. Plusieurs années s'écoulent et soudain, que rapporte-t-on ? Qu'après avoir racheté le château pour le prix d'un plant de pommes de terre la famille Mélandrieux a entrepris de le démanteler étage par étage, pièce par pièce, pierre par pierre. Le labeur d'une vie. Culottés les Mélandrieux, mais pas sots. Une opération de destruction aussi méticuleuse s'acheva comme on devait s'y attendre : la famille Démolisseur-Opiniâtre découvrit le magot. Rapporté en euros, le montant laisse pantois. Aux Archives départementales à Doves, services de l'Enregistrement des actes notariés, à la rubrique Arrondissement de Monfray, circonscription du bureau de Dorlange, en date du 24 avril 1811, une note manuscrite sur feuille volante : « depuis l'an 1807 le paysan Mélandrieux s'est subitement enrichi et a acquis des fermes, des granges, du bétail, des hectares de bois et de prés, sans qu'il soit possible de déterminer l'origine de cette soudaine fortune ». C'est Antoine qui avait relevé ces détails en parcourant les annales historiques de son pays pour une série d'été dans « Libre Cours ».

Leur lointaine descendante, la Jocelyne, godiche modestement attirante, avec l'électricité qui n'arrivait pas à tous les étages, avait dilapidé son héritage dans les bras d'hommes à la moralité aléatoire et aux besoins financiers insatiables. Alors adieu les bois de Reilles, de l'Avendon, du Servan, de la Clauche-Desdits et, les uns derrière les autres, la grosse métairie des Panfriers, les granges de Sauves, les bonnes terres agricoles (blé, orge, sarrasin, lentilles) autour du Mont-Chassin. Elle avait joui plus que son content, mais lorsqu'on siffla la fin de la récréation c'est elle qui resta au portillon, les mains vides, le portefeuille en déroute ; depuis, grâce aux Vancelle, elle végète dans un trois-pièces à Monfray, financé avec la vente de la propriété familiale.

Bruno Vancelle lui avait payé l'essentiel du bouquet et le montant de la rente mensuelle était risible, deux cents euros pour six chambres, quatre salles de bain et un immense salon avec cheminées qu'ils faisaient rénover par petites touches, les enfants en liberté, silence troublé par les chants d'oiseaux et le bruit du vent dans les arbres, à deux heures et demie de route de Lyon, qui dit mieux ?

Outre la maison de maître, le domaine Mélandrieux comprend une étable, une grange et un four à pain, le tout clos de murs sur plus d'un hectare, avec de majestueux arbres centenaires. Le jardin doit être tondu dès le printemps et Bruno y passait ses samedis après-midi les quatre premières années. Depuis l'an dernier, il vient moins souvent. Pour l'excuser Camille a dit qu'il a trop de travail depuis son agrégation.

À peine sortie de l'auto, c'est elle qui distribue les rôles. Si Bruno les a accompagnées elle lui refixe ses priorités, celles des week-ends en famille à la campagne : «Tu n'oublieras pas de pulvériser l'insecticide bio sur les rosiers, je l'ai préparé moi-même, comme Antoine me l'a appris, tu nettoieras les parterres de valérianes et de narcisses, les mauvaises herbes les étouffent, pas avec du Roundup ce coup-ci, à la main avec le sarcloir c'est moins nocif, et puis tu bêcheras les massifs pour que la terre respire et tu les arroseras aussi, mais au crépuscule quand il n'y aura plus de soleil, rappelle-toi ce qu'Antoine nous a dit.» Bruno soupire. «Encore un week-end de merde, je suis l'esclave de ce parc à la con, la prochaine fois embauche un jardinier, merde quoi, Cam, un Roumain, un Polonais, un Turc, un Serbe, n'importe quoi, mais moi je me repose, et ces taupinières, chaque fois que je reviens il en est sorti de nouvelles et ça fout en l'air tout mon gazon.» Camille lui répond de ne pas s'emballer: un jardin tondu de frais c'est plus agréable à l'œil que le grand champ de vorgine devant chez Florimond! Le Florimond n'a plus l'énergie d'utiliser son gyrobroyeur qui rouille dans le hangar derrière sa maison, mais nonobstant, il n'aurait pas l'idée saugrenue de transformer son champ en friche, lui aussi ravagé par les taupinières, en jardin décoratif, épilé au millimètre, et d'un vert éclatant du 1er janvier au 31 décembre. «Bruno mon chéri, les herbes hautes grouillent de tiques et de serpents, pense aux enfants.» Il y pense, ou du moins il pourrait, mais la perspective d'ahaner derrière sa tondeuse ou dans les parterres pendant des heures ne soulève plus chez lui aucune passion, surtout en pleine chaleur, d'autant qu'après sa semaine d'activité – il est cardiologue au CHU Lyon Sud – il a lui aussi le droit de se détendre.

Antoine, qui n'estime guère le mari de Camille, n'a jamais cherché à lui prêter main-forte.

Au village pourtant, l'homme à tout faire, qu'on mobilise spontanément au moindre incident, c'est lui. On ne parlera pas de figure tutélaire, non, plutôt de leader incontestable. Le Florimond le camperait mieux, ce rôle de figure protectrice, s'il acceptait de le jouer, ce qui n'est pas le cas : il est le dernier à avoir connu le-temps-d'avant. Il faudrait lui demander de raconter, le filmer, mais il répugne à évoquer ses souvenirs et des vies qui se sont effacées des mémoires. Le Florimond les pleure souvent, ceux qui ne sont plus là et qu'il aspire à rejoindre. C'est dur et c'est triste d'être le seul à s'attarder après que tout le monde est parti. Il préfère orienter la conversation vers la pluie et le beau temps, à moins que vous ne soyez assez adroit pour le brancher sur ses récits égrillards du monde paysan, mais il faut vite ordonner aux enfants d'aller jouer dehors.

Antoine a pris le relais de Bruno à la tonte lorsque Camille l'a supplié de l'aider, Antoine j'ai une faveur à te demander, est-ce que pour le jardin… ? Il avait compris : elle ne pouvait pas le faire toute seule et il était attentionné. Il l'aimait bien Camille. Elle était belle, aussi. Mais mariée. Tu ne toucheras pas la femme de ton voisin, ni en actes ni en pensées. Sage conseil. Pas facile à suivre, mais sage.

Cette année, Camille a compris qu'elle abusait, il n'était pas à son service. Elle a demandé à Isaure et Victoire de s'en charger, douze euros de l'heure. Les jumelles ont dit oui, un peu d'argent de poche.

Antoine avait raison : Camille était née à Lyon. Ses parents, des chrétiens du Liban, avaient fui le pays au moment de l'entrée de l'armée syrienne à Beyrouth. Ils avaient atterri avec leurs deux jeunes fils chez une lointaine cousine qui les avait recueillis le temps qu'ils trouvent leurs marques. Son père réussit à monter une entreprise de métallurgie florissante et sa mère à reprendre son métier de libraire, comme employée puis comme gérante d'une boutique spécialisée dans les ouvrages rares qu'elle finira par racheter pour en faire un espace dédié aux littératures moyen-orientale et persane, La Lampe Merveilleuse, à cinq minutes à pied de l'appartement familial où Camille a vécu jusqu'à son mariage avec Bruno avant de traverser le Rhône et d'émigrer avec lui quai des Célestins, dans la Presqu'île. Quant à La Lampe Merveilleuse, elle végétait depuis que tout ce qui avait un rapport avec le monde arabe devenait suspect.

Son père avait choisi le prénom de Kamélia mais lors de la déclaration à l'état civil, un préposé sans imagination avait inscrit Camille sur le certificat de naissance : selon lui, Kamélia, prénom peu usité, n'était pas agréé par la législation française, aussi l'avait-il modifié de sa propre autorité. Kamélia n'était ni ridicule ni grossier et ne nuisait à personne. En découvrant cette erreur, le père de Camille avait exigé que le véritable prénom de sa fille soit rétabli, mais on lui avait ri au nez. Qui était-il pour contester une décision de l'administration française ? « Camille, Kamélia, c'est kif kif bourricot et ici on est en France, pas au Maroc », lui avait répondu un chef de bureau.

Camille et ses frères avaient effectué leurs scolarités à l'externat Saint-Alphée-de-Lizhaut où leurs parents les avaient inscrits sur recommandation d'un jésuite rencontré à Beyrouth. Une éducation catholique dans une institution privée renommée, aux méthodes traditionnelles et éprouvées, si bien qu'en entrant en sixième, tous les enfants savaient lire et écrire. Beau parcours, excellente formation, mais elle en avait gardé peu de souvenirs concrets, à part la notion de charité chrétienne qu'on leur avait enseignée, mais qui n'était plus très au goût du jour. Son souvenir spirituel le plus marquant ? Celui de la présence, chaque lundi matin, d'une tirelire en forme de statue appelée Le Petit Nègre qui, grâce à un astucieux mécanisme, hochait la tête lorsqu'on y déposait une obole. Camille n'oubliait jamais de glisser une pièce dans l'orifice. Les sommes recueillies par le surveillant général étaient envoyées à une œuvre de bienfaisance chargée de l'évangélisation d'une tribu lointaine, nue et sous-alimentée.

Le geste de Camille venait du fond du cœur et elle était restée sensible au sort des plus malchanceux. Bruno fulminait quand elle offrait une aumône aux clochards de garde devant l'église Saint-Nizier, en les gratifiant d'une parole gentille : « Cam, je te l'ai dit mille fois, tu les subventionnes ces mendigots, comment veux-tu qu'ils fassent des efforts pour chercher du travail ? »

Le destin de ces réfugiés, dont on commençait à beaucoup parler à Dorlange depuis qu'Antoine avait confirmé les rumeurs sur son blog, ne pouvait la laisser indifférente, même si elle et sa famille étaient parfaitement intégrées dans la société française. Dans leur enfance, leur mère les obligeait à s'exprimer en arabe à la maison, mais les enfants n'aiment pas se sentir différents et aspirent à la normalité : Camille répondait invariablement en français.

La ferme à la Gilberte était partie pour un facteur de clavecins marseillais, Christophe, et sa femme, Léa. Ils avaient décidé de quitter la ville après qu'il eut été blessé par une balle perdue lors d'un règlement de comptes entre bandes rivales. « On ne peut pas continuer à vivre dans ce milieu », ne cessait de lui répéter Léa. Elle voulait un endroit isolé et « Comme je peux travailler de la maison, ici ou ailleurs c'est la même chose, donc plutôt ailleurs. — Pourquoi voudrais-tu que je lâche tout pour recommencer là où personne ne nous connaît ? » Il capitula le jour où leurs jumelles avouèrent avoir été rançonnées par des élèves plus âgés. C'en était trop pour Léa, en CM2, par des gamins de quatrième, et on ne parle même pas du trafic de drogue au lycée, ça suffit maintenant, ça ne peut plus durer.

Après avoir vainement cherché pendant plusieurs mois, ils étaient arrivés par hasard à Dorlange. Christophe avait été contacté par un châtelain désireux de restaurer un clavecin d'apparat, chef-d'œuvre de l'école française du XVIIIe. Ce personnage possédait, aux environs de Doves, une bâtisse Renaissance dans laquelle Christophe avait séjourné pour redonner son lustre à l'instrument. Le châtelain ayant refusé que son clavecin soit transporté jusqu'à l'atelier marseillais de Christophe – il ne devait être déplacé sous aucun prétexte –, celui-ci avait demandé la permission de s'installer dans une chambre du château le temps de la restauration. Léa était venue avec les enfants le premier week-end, ils s'étaient promenés dans la région et en étaient tombés amoureux.

Elle était remontée seule et pendant sept week-ends consécutifs, ils avaient sillonné le département à la recherche d'une maison. Ils commençaient à désespérer lorsqu'un samedi un agent immobilier les avait amenés à Dorlange : coups de foudre simultanés pour la maison à la Gilberte. Antoine les avait abordés tandis qu'ils discutaient avec le responsable de l'agence. Il leur avait offert à boire et leur avait raconté le village, son histoire et ses habitants qui, à part lui, étaient vieux, mourants ou en instance d'Ehpad. De retour à Marseille, ils avaient fait une offre à un prix inférieur. Antoine le leur avait recommandé : « Elle ne partira pas au prix demandé, enlevez quinze mille euros et vous verrez, ça le fera. » Il n'aimait pas l'héritier à la Gilberte, un petit saligaud qui n'était jamais allé la voir à l'hospice. Cette offre fut acceptée et deux mois plus tard, ils emménageaient.

La réparation de clavecins ou de pianos n'assurant pas de revenus suffisants, Christophe s'est reconverti en ébéniste-antiquaire. Il a aménagé l'ancien saloir en atelier-salle d'exposition et sa réputation a vite grandi, lui valant le statut envié d'« artisan d'art de pays ». Il est affable et entretient d'excellents rapports avec la plupart des gens au village. Léa, jolie blonde bien proportionnée, toujours souriante, graphiste dans son autre vie, est devenue peintre. Ses toiles sont exposées régulièrement dans une galerie, à Doves. Antoine et son collègue au journal, l'Éric, s'étaient rendus à son premier vernissage, «Nos animaux sauvages», une vingtaine d'aquarelles représentant la diversité de la faune régionale. Ils n'avaient pas été conquis, surtout qu'elle avait oublié de peindre deux fauves présents dans le département, le loup et le lynx, mais les campagnards ne savent pas apprécier l'Art à sa juste valeur, c'est de notoriété publique.

– La laie et ses marcassins étaient ressemblants, mais quelqu'un aurait pu lui dire que les saint-hubert ne sont pas des animaux sauvages! s'était étonné Antoine en sortant de l'inauguration.

Léa et Christophe ont des jumelles, Isaure et Victoire, depuis la rentrée de septembre pensionnaires au lycée Maurice-Rissous. Deux ravissantes adolescentes de plus en plus délurées avec la montée de la sève pubertaire. Leur chambre à coucher donne sur la venelle séparant la maison d'Antoine de la leur et quand elles se lèvent le matin, elles ne sont guère pressées, après avoir aéré la pièce, de refermer la fenêtre et les rideaux pour faire des exercices d'étirement dans leurs habits de naissance. Le Florimond s'en était aperçu le jour où il était venu apporter à Antoine le cuissot d'une biche qu'il avait braconnée. Depuis, presque tous les samedis et dimanches, il se pointe au moment du petit déjeuner – il faut bien connaître leurs horaires – avec un kilo d'écrevisses à pieds blancs pêchées hors saison, un panier de girolles, un sac de pommes de pin pour le feu, quelques petites attentions pour faire croire qu'il ne vient pas pour se rincer l'œil. De la cuisine au rez-de-chaussée il n'a pas besoin d'une longue-vue pour les observer. «À ton âge tout de même», quand il lui fait part de cette réflexion d'un air faussement grondeur, le Florimond lève en riant le verre de gnôle qu'il boit avec son café, «Santé à la chair fraîche et à tant que j'y vois encore assez».

La maison de Léa et Christophe, avec sa grange dans le prolongement, est mitoyenne d'un des murs de clôture des Vancelle. La Gilberte, elle avait été chanceuse sa vie durant, sauf en fin de parcours : grâce à son mari mort pour la France, elle avait été pensionnée jusqu'au bout et elle en avait croqué du mâle, elle était connue pour sa vitalité, le grand-père l'appelait Mange-de-tout et à Pontbrac, on la surnommait Suce-debout car elle n'était pas grande. Un neveu, unique héritier direct, a mis sa maison en vente trois jours après son enterrement. Vilaine mort, renversée à un feu rouge par un chauffard qui avait pris la fuite, alors qu'elle sortait du Centre Hospitalier Spécialisé de Doves pour sa promenade quotidienne.

Le Florimond la connaissait bien la Gilberte, mais ces souvenirs-là ne sont pas adaptés à toutes les oreilles, ou alors en fin de repas, au moment des digestifs lorsque les convives ne contrôlent plus leur excitation.

Lui, il habite en bordure du bois des Pendus, sur le chemin pédestre conduisant au site mégalithique de la Pierre qui Chante. La maison de ses ancêtres : il y est né et ne l'a pas quittée. À bientôt quatre-vingt-dix ans, il n'en a jamais connu d'autre.

Quant à la Pierre qui Chante, il s'agit d'une série de rochers dont des petits rusés entreprenants (les agents du Parc Régional Naturel du Chabrier, à l'époque où Dorlange en faisait partie) avaient certifié qu'ils avaient été travaillés par l'homme (plus probablement par l'érosion), l'un en forme de baignoire et les autres formant (avec beaucoup d'imagination) des gradins. Ils avaient soupesé le potentiel touristique de ces gros cailloux et n'avaient pas hésité à convoquer l'histoire pour donner du relief à cette aimable mystification : chasseurs-cueilleurs, néolithique, cérémonies druidiques, Celtes, Arvernes, César en route vers Gergovie, Sarrasins, chevaliers croisés, Routiers, Camisards.

Des fermes ancestrales, celle du Florimond est la dernière, avec celle d'Antoine, à résister à l'envahisseur, mais elle ne demeurera plus très longtemps dans le patrimoine familial. L'Euphrasie, sa femme, est morte l'année de la tornade, sa fille en héritera et elle la vendra dès que le Florimond aura été rappelé au ciel, ou mieux encore en enfer, avec la vie qu'il a menée, sa dépouille fumante, la terre de sa tombe à peine tassée, l'argent, l'argent, il n'y a que cela qui compte et de toute façon elle ne vient plus depuis longtemps à Dorlange. Antoine croit savoir pourquoi, mais il le garde pour lui, il n'est pas du genre à balancer. Le Florimond pourrait lui léguer sa maison, mais on ne déshérite pas ses enfants, même s'ils se sont comportés comme des salauds. Elle ravira un clampin de la ville qui aménagera un atelier de tissage de chanvre ou de tournage sur bois dans la grange et peut-être, s'il est en verve, une galerie d'« art civilisationnel », comme à Monfray, Arts du Terroir et Terroir artistique, une fumisterie subventionnée par les impôts locaux pour « le rayonnement de la pastoralité et de la culture agreste » et pourquoi pas une librairie-bar à vin-*take away* pour les cul-tureux ou un cabinet de sophrologie pour animaux de compagnie pendant qu'on y est ? La place est déjà prise avec, dans l'ancienne étable de la ferme au Raymond, un Studio de l'Immanence et du Soin de Soi : « J'écoute la voix de mon corps, je me guide dans l'exploration de mes possibles, je découvre ma personne dans sa globalité, j'identifie mon ressenti, je me connecte à mon cosmos intérieur. » Les fidèles y transfèrent leurs économies en juillet et août et les week-ends à partir de mai jusqu'à la Toussaint. On peut les apercevoir dans le champ mitoyen, à moitié à poil, en train de pratiquer leurs exercices de *yogasme* : « Avec le yoga en duo je m'épanouis dans l'orgasme » ou de « communion et d'avènement spirituels » et on se dit qu'un bon coup de fusil en l'air et ils s'égailleraient dans la nature comme une envolée de perdreaux, quoiqu'ils seraient assez dégourdis pour s'égarer dans la forêt des Esprits, cette hêtraie qui sépare Dorlange du lieu-dit Pandirac. Ici, on est en zone blanche, peu ou pas de réseau pour les portables, comment s'orienter, appeler au secours, les fesses-à-l'air et les-seins-à-touche-qui-veut, il faudrait rameuter l'armée pour qu'elle les retrouve avant qu'ils ne se fassent dévorer par la nuit, les campagnols ou les écureuils.

Natalie, ancienne consultante en communication, est à l'origine de ce Studio de l'Immanence et du Soin de Soi au milieu de nulle part et Michèle, sa compagne, gère la coopérative bio Le Bien Manger, dans la ville la plus proche, la sous-préfecture de Monfray. Elles ont eu un gamin, Eliott, Dieu seul sait comment, probablement sur catalogue via une GPA dans l'une de ces usines à conception qui se multiplient à travers le monde, marché porteur, demande en hausse exponentielle, ventres à louer rentrées de devises assurées, l'éthique par-dessus bord et des enfants-accessoires facturés FOB livraison non incluse pas de reprise ni d'échange, 80 % à la commande. Un trépignant monté sur batterie qui rue à travers le village en vociférant et en cassant tout ce qui lui tombe sous la main, tandis que personne n'ose le réprimander, jamais un mot plus haut que l'autre, son développement intérieur et son ego en devenir pourraient en être entravés le morveux, encore moins une bonne paire de craquées pour le discipliner et lui faire comprendre que la vie n'est pas un terrain de jeu. Cette toupie frénétique a été inscrite par ses deux mères, fans des pédagogies alternatives, à l'École Progressiste de Bellegarde-en-Dillon, village médiéval estampillé « Mémoire de France » à proximité de Pontbrac : une autre aberration de la modernité où les enfants s'amusent et n'apprennent que si l'envie leur en vient. Aux dernières nouvelles, ils seraient une quinzaine dans cette catastrophe. Une quinzaine de futurs crétins entourés par une demi-douzaine de parents formés aux plus insolites techniques du laissez-venir et du non-apprentissage des connaissances élémentaires. Le ramassage scolaire le prend en charge aux frais de la mairie qui a longuement bataillé pour s'en décharger. En néorurales homologuées, procédurières redoutables, Natalie et Michèle ont attaqué la municipalité devant le tribunal administratif et obtenu gain de cause : la mairie a dû s'exécuter et payer le ramassage d'Eliott, élève dans le privé, et non dans le public.

VII

Fuir ou s'enfuir, s'exiler, franchir les mers : l'été de ses vingt ans Antoine avait réussi à quitter Doves parce que s'il n'en bougeait pas, il aurait fini par pourrir sur pied. S'éloigner, partir, évacuer les lieux, s'envoler, s'échapper, émigrer, s'évader, qu'importe l'expression la plus adéquate, il n'y avait qu'une seule réalité : Estelle ne l'aimait plus. C'est elle qu'il devait fuir.

Fuir, il savait le pourquoi, mais où, et comment ?

Il terminait son BTS de Gestion sylvicole au lycée de Doves et, par le Bureau des Élèves, apprit que le consulat des États-Unis proposait des emplois d'été dans un programme d'échanges internationaux : on cherchait des forestiers pour le Montana et des ramasseurs de fruits et légumes dans la San Fernando Valley, en Californie. Antoine n'avait pas hésité. Il s'était présenté aux entretiens avec les agents recruteurs américains, le bûcheronnage ça le connaissait, cuber, abattre, élaguer, débarder, écorcer, fendre, débiter, rien de nouveau pour lui. On l'avait testé, sa carrure plaisait (1,88 m et 90 kg à l'époque) *and off you go* direction Billings dans le Montana muni d'un visa de travail de deux mois maximum avec trois mots d'anglais à bredouiller pour unique bagage.

Au bout des deux mois, il avait décidé de rester au-delà des limites de son visa. Il devenait un *illegal alien*, comme tant d'autres dans les industries agricole et forestière : si on sortait du pays après la date de validité du visa c'était pour ne plus pouvoir revenir, les douanes y veillaient. Il avait tenté sa chance et il avait vécu sous Clinton II, GW Bush I et II pour quitter les États-Unis sous Obama I.

Une dizaine d'années à participer aux campagnes d'exploitation forestière dans le Montana, le Wyoming, l'Idaho, le Washington et l'Oregon, puis en Californie pour les vendanges, dans la Napa Valley pour les récoltes de fruits et légumes en descendant le long de la San Joaquim River avec les *wetbacks* mexicains, pour atteindre en bout de course Los Angeles et les chantiers de construction d'habitations à travers Orange County. Une vie en plein air et longtemps sous les étoiles, harassante, bien payée et chaque jour risquée, non pas en raison d'éventuels accidents du travail, mais parce qu'il fallait jouer profil bas pour ne pas être repéré par la police ou les officiers de l'INS : éviter les bagarres dans les bars, ne pas traverser une rue en dehors des passages cloutés – le *jaywalking*, invention burlesque scrupuleusement sanctionnée –, ne jamais rouler au-dessus de la vitesse autorisée, ni boire pour échapper aux contrôles

DUI (*Driving Under the Influence*) qui lui auraient garanti le renvoi vers un centre d'internement avant l'expulsion et, pour être clair, s'interdire tout comportement pouvant attirer l'attention d'une autorité.

Antoine n'était pas resté dix ans aux États-Unis à se gratter le nez sans rien comprendre du monde autour de lui. Il s'était adapté. L'intelligence de la situation. La langue, d'abord. À son arrivée il ne la parlait pas. Il y travaillait le soir dans sa tente, sa chambre ou un dortoir. Au cours de la journée il pratiquait en n'hésitant pas à converser avec n'importe qui et pour trois fois rien. Communiquer avec les autres dans leur langue, le b-a-ba de l'intégration. Sinon comment s'en sortir, progresser, réussir ?

Très vite il avait découvert la base de la civilisation américaine avec le système ébouriffant de la *date*, incompréhensible pour un Européen. Il a connu des *dates* mémorables : il était jeune, avide d'expériences et tourmenté par l'idée de dormir seul la nuit. Les filles étaient attirées par les hommes travaillant dans la forêt, des personnages quasi mythiques dans l'inconscient collectif américain, nostalgique des pionniers et Antoine possédait une autre qualité : quelle aubaine pour elles de sortir avec un véritable *frenchman, he's so cute isn't he ?* Parfois, dans ses souvenirs il voit défiler des têtes qui ne lui évoquent rien ou des prénoms jetés en vrac, Abigail, Christy, Ester, Robin, Delaney, Bridget, Carolyn, Jude, Kathleen, Meredith, Ester, Lauren, Amy, Susan… des odeurs, des corps, certains cris, des positions audacieuses, des regards, un maintien, des querelles, ces mensonges qui blessent, *cheap chick tricks*, des mots d'adieu ou de rancœur.

Dans l'Oregon, près de Grand Pass, il a vécu sept mois avec Heather, Américaine d'origine coréenne, barmaid à plein-temps et stripteaseuse le samedi soir dans un bar à proximité du Pine Ridge Lodging, le motel où il habitait pendant une campagne de printemps-été. Dans le parc de Yellowstone à Madison Junction huit mois avec Hope, une biologiste au Centre chargé de la protection de l'écosystème des bisons, grizzlis, loups et wapitis, lorsqu'il travaillait dans la division *Maintenance* ; elle lui confectionnait d'énormes sandwiches pain de mie mayonnaise salade verte tomates œufs jambon qu'il dévorait au déjeuner. Aujourd'hui encore, il s'en prépare deux ou trois par semaine. Et Joy, une des infirmières de la clinique dans la réserve naturelle du lac Tahoe où il s'était loué entre février et juin pour le dégagement des routes, la préparation des sentiers de randonnée et le refoulement des bisons en dehors des zones d'élevage pour éviter la propagation de la brucellose.

C'était son autre vie.

Quels souvenirs en garde-t-il ? N'aurait-il point rêvé ? Ce qui est passé a-t-il vraiment existé, il en doute parfois, seul compte le présent, enfin c'est ce qu'on dit. On dit toujours beaucoup de choses. C'est simple et rarement vrai.

Cette autre vie, elle lui sourit lorsqu'il étudie son compte en banque et découvre que ses actions Apple et Amazon continuent de grimper. Son rapport avec Apple et Amazon ? Meadow, une de ses *girlfriends*.

Meadow travaillait comme assistante chez Howard Ditterman, la maison de courtier en bourse, à Boise dans l'Idaho, quand Antoine y séjournait. Ils s'étaient connus lors d'un festival de musique country. Dans les campements de forestiers les gars écoutaient du bluegrass quasiment 24/7 et Antoine, à l'époque où il vivait avec Heather, avait commencé à apprendre à jouer du banjo, il arrivait déjà à sortir quelques notes à peu près justes du célébrissime *Foggy Mountain Breakdown*. Avec elle, il avait aussi appris la *country dance*. C'est à l'occasion d'une de ces danses en ligne qu'il avait fait la connaissance de Meadow. Leur relation n'avait duré que quelques mois avant qu'il ne parte travailler plus à l'ouest, à la frontière avec l'Oregon. Durant cette période elle l'avait incité à investir cinq mille dollars dans ces deux sociétés, Apple et Amazon, au début des années 2000 et il avait ouvert un compte *private equity* chez Ditterman. Cinq mille dollars ? Il les avait, peu dépensier de nature. Cinq mille dollars ne faisaient pas de lui un nabab, ni aujourd'hui un milliardaire, malgré l'envolée des cours. Cet argent a fait des petits et chaque trimestre il vend le montant dont il aura besoin, convertit ses dollars en euros et se rend dans un DAB à Monfray pour retirer le liquide correspondant avec sa carte Ditterman. Il aurait dû déclarer ce compte non résident au fisc français. L'idée ne l'a pas encore effleuré. Que risquerait-il ? Meadow, avec qui il est resté en contact, gère son compte et lui fait remplir à l'occasion les formulaires pour éloigner les suspicions éventuelles. Elle est montée en grade et dirige maintenant l'ensemble des succursales Ditterman pour l'Idaho, le Wyoming et le Montana. Quand il ouvre son compte *online*, comment ne pourrait-il pas se souvenir de leurs nuits d'amour échevelées ? Elle était jolie cette femme. Elle l'est toujours, il le voit bien quand ils se connectent sur Skype le jeudi du Thanksgiving où il n'oublie jamais de l'appeler.

Il s'était coulé dans la peau de l'immigrant de base, celui qui s'efforce – et rêve – de s'adapter à l'*american way of life*, il payait ses impôts, il avait une carte de sécurité sociale (565-91-2797), un permis de conduire (A2325139), une carte d'identité (U6068172) et un gagne-pain bien mérité à la sueur de ses bras qu'il dépensait sans extravagance et grâce auquel il a pu faire venir le père et la mère, mais pas ensemble, naturellement. Il aurait pu aller au terme de son périple en postulant pour une *green card* lors d'une amnistie présidentielle, et réaliser une partie du rêve américain en se posant quelque part, à Phillips Ranch par exemple quand il faisait le charpentier pendant la construction d'un lotissement d'une cinquantaine de *housing units* derrière les collines de Diamond Bar et le 60 Pomona Freeway. Ses capacités financières lui auraient permis d'emprunter sans difficulté pour acheter une maison. Il aurait épousé une Américaine, mais pas une *pom-pom girl* ni une bodybuildée siliconée de Venice Beach ou une snobinarde sans cervelle de la Valley. Après le chantier de Diamond Bar, il avait rencontré celle qui aurait dû devenir sa femme, Ashley, hôtesse d'accueil à l'office du tourisme de Big Bear Lake, la station de ski alpin à deux heures à l'est de Los Angeles où il avait débarqué pour travailler sur les remontées et l'entretien des pistes : ils étaient assis au comptoir d'un bar lors de la retransmission du Super Bowl 2009 (*Steelers vs Cardinals*), ils avaient sympathisé, ri, bu et de fil en aiguille. Il se lassait de ses aventures et il était trop amoureux d'elle pour songer à de nouveaux égarements. La mort de sa mère en juillet et son départ pour la France avaient tout fait capoter. Ashley ne souhaitait pas quitter son pays et lui ne pouvait y retourner sans visa. Il l'avait pressée de l'accompagner. Priée. Suppliée. Implorée. Peine perdue. *I don't feel like it. What do you mean you don't feel like it ?* C'est ça l'amour ? Au premier obstacle je me défile ? Pendant longtemps, après son retour à Dorlange, il avait été *a man of constant sorrow.* Ils se seraient mariés en France avant de revenir à Los Angeles : époux d'une Américaine, il aurait obtenu sa *green card*, sésame absolu, droit d'entrée et de sortie illimités sans que les douaniers ne le rembarquent dans le premier avion. Ils auraient partagé *the american dream*, la vie simple et facile, la liberté d'entreprendre et de réussir par soi-même, il aurait, il aurait, ils auraient

sillonné le *All-American Mall* du South Coast Plaza à Costa Mesa le samedi après-midi

brunché au Todai, le japonais *All-you-can-eat* de Cerritos, le dimanche midi avant d'explorer les allées de Macy's

fait de la voile à Marina del Rey, nagé à Newport Beach, patiné à Venice, skié à Snow Summit, dans les San Bernardino Mountains passé des week-ends au Four Seasons de Laguna Beach, ou à Ojai Valley

il aurait, elle aurait, ils auraient

une maison sur Achilles Circle avec un *two-door garage*, un puits de lumière, de la moquette dans toutes les pièces, la climatisation, une cheminée au gaz, une cuisine ouverte et tout équipée,

il aurait

monté une bibliothèque en kit, crépi les chambres et le salon, carrelé les salles de bain ; passé l'aspirateur, nettoyé les fenêtres, tondu la pelouse chaque semaine (après une contravention pour ne l'avoir pas fait *two weeks in a row*), lavé leurs deux voitures le samedi après-midi comme tous les voisins

ils auraient

elle aurait

acheté un mobilier complet chez Federated pour les chambres (*king size bed, no less* dans la leur) et le *living room*, sans oublier la télé murale, le système hi-fi, les deux énormes lave- et sèche-linge dans le garage

ils auraient

fait leurs courses le dimanche matin chez Costco, pas trop tard pour éviter les queues

ils auraient

regardé *Once and Again*, *NYPD Blues*, les *Soprano* ou *Six Feet under* sur HBO le soir dans leur lit, les *re-run* de *Cheers*, de *Taxi*, de *Thirty Something*, de *LA Law* ou du *Tonight Show* de Johnny Carson sur le câble.

invité les voisins pour les BBQ, mangé chinois à Monterey Park, iranien sur la 7th, coréen à Hacienda Heights, japonais chez Kekekoko Downtown

il aurait

creusé une piscine, planté des arbres, des fleurs, des gardénias

ils auraient, ils auraient, ils auraient

ils auraient eu des enfants

une fille d'abord

elle aurait dit son premier mot, papa, en prenant son bain, un soir avant qu'il aille la coucher, elle aurait fait ses premiers pas sur le trottoir de la Third Street Promenade à Santa Monica, il l'aurait emmenée faire de la balançoire dans le Phillips Ranch Park, accompagnée au *preschool* et au *kindergarden*, il avait assisté à sa première remise de diplôme après qu'elle aurait *completed the required course of study* à la fin de son *first grade*, il lui aurait lu *Les Trois Petits Cochons* le soir dans son lit et elle aurait ri, ri quand il lui soufflait dans le cou, comme le loup

elle aurait, elle aurait

ils auraient

il aurait

Et puis il n'a rien eu. La vie au conditionnel, qui n'existe que dans la tête.

Il a dû se réadapter, il était souvent confus après son retour dans ce pays qu'il ne reconnaissait plus. Il s'était endurci, il avait partagé les valeurs américaines sans arrière-pensées, la liberté individuelle, les grands espaces, la certitude que tout est possible, la facilité à prendre en main son destin, et plus généralement l'ensemble des clichés de rigueur quand on parle des États-Unis sans les connaître, mais que lui vivait au jour le jour et de l'intérieur, la vie dans le *melting pot* dessille le regard, on apprend à respecter l'autre et cette volonté farouche de se couler dans le moule, de s'ajuster et de travailler pour s'élever avec ses propres forces sans être assisté, parler d'argent sans hypocrisie, en gagner et ne pas en avoir honte, ne pas juger sur les apparences, les diplômes ou les traditionnels discriminants sociaux et culturels et ne rien craindre d'autre que d'échouer.

Il allait avoir vingt-neuf ans.

Le premier visage familier qu'il reconnut fut celui d'Estelle, venue le chercher à la gare de Monfray : on croit avoir avancé en ligne droite alors que le parcours n'était qu'un circuit ramenant au point de départ.

Pourquoi partir alors ? Laisser tout derrière soi. De son plein gré. En connaissance de cause. Circonstances obligent. Pas d'autres alternatives. Rester ou mourir ?

Estelle n'avait pas changé. Son franc-parler. Elle avait pris quelques kilos. Le stress de la vie citadine. Elle s'habillait mieux, chic, classe. Jolie, toujours, encore. Ah si, elle était mariée. Quant au reste, d'autres sphères, partie bas montée haut, Paris, cabinet d'avocats, gravir les échelons, détermination, persévérance, nobles aspirations, l'argent, le mari, l'appartement, les fréquentations obligées, cocktails, apéritifs dînatoires, vernissages, relations à entretenir, deux enfants, bonne pioche un garçon une fille, école privée, piano, danse, équitation, ski l'été sur les glaciers, plages l'hiver sous les tropiques, et toi Antoine, tu restes, tu repars, les États-Unis, ta vie, les femmes, raconte-moi tout.

VIII

À Dorlange, en l'absence d'informations factuelles sur les aspirations préfectorales dévoilées par *L'Écho du Temps*, l'accueil éventuel de réfugiés alimentait les débats dans les discussions privées ou entre voisins. Les migrations, l'actualité de ce printemps. Ils en parlent, ils en parlent, ouï-dire, il-paraît-que, rumeurs, bavardages, commérages, extrapolations, approximations, désinformation. Une véritable obsession. La terre s'arrêterait de tourner s'ils choisissaient d'autres sujets de conversation. Opportunité ou menace ? Solidaires ou pas ? Tollé, pas tollé ? Non. Oui. Surtout pas. Jamais. Animation, dynamisme, renouvellement.

Le 15 avril, pour Pâques, les Vancelle avaient convié le Florimond, Antoine et les Courtil, à partager avec eux l'agneau pascal, pour qu'ils ne se sentent pas esseulés le jour de la fête la plus importante du calendrier chrétien. Leurs trois filles, Astrid, Diane et Héloïse avaient récolté un impressionnant butin de poules, d'œufs et de lapins en chocolat semé dans leur jardin par les cloches de Rome. Astrid et Diane connaissaient la vérité derrière ce miracle, mais n'avaient encore rien révélé à Héloïse, leur benjamine.

Au cours du repas on ne perdit pas l'occasion de réfléchir aux vœux d'hospitalité du préfet. Bruno espérait que son intention reste ce qu'elle était, c'est-à-dire une intention qui ne déboucherait sur aucune réalisation tangible, du moins à Dorlange. « Et pourquoi pas à Dorlange ? lui avait demandé Antoine. — Parce qu'on aboutirait aux mêmes résultats qu'avec les cas sociaux dans la vallée. — C'est-à-dire ? — Baisse du prix de l'immobilier, trafics en tous genres, criminalité et tu le sais comme moi, les allogènes sont toujours malvenus, des musulmans en plus, aucune parenté avec notre identité historique et culturelle. » Qui es-tu toi pour énoncer des âneries pareilles, pensa Antoine, ta femme n'est-elle pas d'origine libanaise et si moi je te disais que les gens comme toi n'étaient pas les bienvenus dans mon village ?

Les Courtil s'interrogèrent sur cette idée, généreuse au demeurant : Mais regardez les Hollandais dans leur gîte qui refusent de lier connaissance, avec les éventuels Chinois de Bertille qui viendront travailler la terre et s'en plaindre en mandarin, sans compter des Syriens ne parlant que l'arabe, que de dissonances, d'incompréhensions et de querelles quasi certaines dans une minuscule commune de la France profonde ! Catherine avait souligné que les conflits entre personnes ne manquaient pas dans le pays : Comment espérer bâtir des relations harmonieuses avec des étrangers quand les gens d'ici sont incapables d'en avoir entre eux? Camille avait répliqué que les Groot, on ne les croise jamais ni eux ni leur clientèle et que les Chinois, avant qu'on en voie un, en quoi cela nous dérangerait des familles de réfugiés: davantage de bras pour les agriculteurs, de nouveaux enfants dans les écoles et des mamans qui seraient ravies de donner des cours de français ou de cuisine aux parents. Le Florimond tripotait son appareil auditif comme s'il ne comprenait pas pourquoi il était tombé en panne; Antoine se fit conciliant:

– Il n'y a pas lieu de se torturer les méninges. J'ai vu le maire avant-hier à un enterrement, je lui ai soumis les deux questions de Manon, mais il a répondu, je vous la fais courte, que c'était pas la peine d'y penser, qu'on n'était pas les seuls dans le département et pourquoi faudrait-il que ça nous tombe dessus.

– Qu'est-ce qui est hors de question pour lui? En parler au conseil ou faire venir des Syriens à Dorlange? demanda Catherine.

– Les deux, lui répondit Antoine.

Le repas de Pâques mitonné par Camille était délicieux: œufs mimosa, pommes de terre en robe de chambre, flageolets et, rôti à point, un agnelet du Julien, éleveur à la Monte-Chauvet.

Dans la famille Vancelle Camille assumait son destin de femme au foyer. Pendant la semaine, Bruno n'aime pas penser à autre chose que son métier, un cardiologue, je sauve des vies, moi. Camille veille à le décharger des médiocres tâches quotidiennes. Le soir, s'il rentre à une heure décente, il embrasse ses filles et va prendre une douche avant de s'affaler sur le canapé pour lire les journaux sur son iPad; Camille crie «À table», il arrive, s'assied, boit sa soupe, mâchouille sa quenelle ou un rogaton de blettes au gratin, pose des questions, «Alors les enfants l'école aujourd'hui», elles racontent en chœur, joyeuse cacophonie, mais lui n'écoute plus, il se lève et sort de table en grignotant une pomme, un morceau de fromage, il a mieux à faire, un article à réviser, un patient à réconforter, une communication scientifique à relire; il est sur son lit dans la chambre conjugale, Camille vient se coucher, «Tu as l'air fatiguée ce soir, Cam, que se passe-t-il?» Que se passe-t-il? Elle court du matin au soir et du soir au matin pour assurer la vie de famille et il faudrait qu'elle ne soit pas fatiguée?

Elle est devenue casanière, le charme ambivalent des résidences secondaires. Hormis deux semaines en août dans la maison du Lavandou que leur prête son frère, elle passe l'été avec ses filles à Dorlange, et la plupart des week-ends pendant l'année scolaire ainsi qu'à la Toussaint, pour Noël et à Pâques. Bruno ne vient plus que rarement: c'est un homme surchargé de travail, ambitieux et dévoué à son service de cardiologie.

Pour Camille, Dorlange symbolise le comble du bonheur et les séjours en moyenne montagne le luxe personnifié: la pureté de l'air, les innombrables chemins de randonnée dans les forêts, les ruisseaux chantants qui coulent vers la vallée du Chabrier, les petites routes sans voiture où Astrid, Diane et Héloïse se baladent à vélo en toute tranquillité, le lac Marguitte où Camille les emmène se baigner, le silence que viennent parfois déranger le bruit d'une tronçonneuse au loin ou *ven, ven, ven,* les cris de la Sabine, des Setties, rappelant ses bêtes qui pâturent dans un champ affermé par le Florimond. Un havre de paix et ses enfants sont en sécurité. Ici j'ai ma vie devant moi pense-t-elle souvent.

Le seul danger pourrait provenir des murs de la propriété recouverts de tessons de bouteilles : Camille a interdit à ses filles d'y grimper, une échelle, une glissade, on tente de se raccrocher, de chercher un appui et on se retrouve aux urgences à Monfray.

La Jocelyne avait fait sceller ces morceaux de verre après que sa maison eut été dévalisée par une bande de cassosses, ces assistés permanents mi-chômeurs mi-voleurs, récipiendaires des salaires du ventre et de la manne des minima sociaux, introduits dans le département sous la bénédiction de l'association Réinsertion Regain Entraide. « La précarité et la pauvreté sont plus faciles à vivre à la campagne que dans les métropoles » avait déclaré le premier adjoint au maire de Pontbrac lorsque plusieurs familles et jeunes sans qualification d'une cité-dortoir avaient été installés dans deux habitations frappées d'alignement.

On avait demandé à Antoine d'enquêter sur ce phénomène, l'arrivée des cas sociaux et l'opposition irréductible entre deux modes de vie, mais il n'avait jamais donné suite. Difficile d'être objectif sur un sujet pareil.

Les beuveries du matin au soir, le cannabis en liberté ainsi qu'un éventail confondant de médicaments, d'opiacés et de substances illicites alimentées par un réseau d'approvisionnement pratiquement officiel, les bruits et la musique de brutes à pleins tubes du vendredi au lundi matin non-stop.

Lorsque les habitants rentrent du boulot et qu'ils les aperçoivent se prélassant pétards au bec, canettes de bière en main, ils finissent par exploser et les plaintes affluent auprès de la gendarmerie qui en appelle au sens commun, à l'entente entre voisins. Les plaideurs repartent sans que les problèmes soient résolus. Que faire ? Invectiver les maires pendant leur permanence ? Remonter les doléances jusqu'à la préfecture ou au Conseil régional qui ne bougeront jamais le petit doigt ? « Prenez votre mal en patience. Essayez de discuter entre vous. Donnez-leur une chance. » Voilà voilà. Tout ça tout ça. Les habitants déménagent vers des cieux plus cléments. La valeur des propriétés s'effondre, les infrastructures ne sont plus entretenues, les ordures s'amoncellent, les délits d'incivilité se multiplient, le sentiment d'insécurité bouillonne et aux élections la population vire à tribord toute. Le Benjamin, quand il est venu à Dorlange avec sa minipelle pour creuser un drain autour de la maison de Bertille, il a raconté à Antoine qu'il se levait la nuit quand les décibels l'empêchaient de dormir et tirait en l'air des coups de semonce avec son fusil de chasse, sans aucun effet, « J'en peux plus, ils sont intouchables, personne ne fait rien, ils insultent Élodie quand elle revient de son travail avec les courses, mais un jour je m'en allumerai un Antoine tu verras. — Oui et c'est toi qui iras en prison. — Je le sais bien tu te rends compte c'est vraiment le monde à l'envers. »

Un échantillon de ce croisement d'agités sexuels et de glandeurs professionnels s'était regroupé au lieu-dit des Basses-Limbes. Les gendarmes y avaient retrouvé la totalité du mobilier à la Jocelyne sous des bâches, mais ils n'avaient pas osé s'interposer par peur des représailles, ou des accusations de la RRE. Le Cyprien, du Murinais, un cousin à la Jocelyne, avait pris l'affaire en main avec une dizaine de ses amis. Ils étaient montés en pleine nuit aux Basses-Limbes sur leurs tracteurs et ils avaient écrasé les yourtes et les cabanes en tôle des cassosses qui campaient là. Mis à part les dégâts matériels, on ne dénombra aucun blessé sérieux. Personne ne porta plainte. Qui aurait osé ? Pour rapporter quels faits ?

Les faits, c'est important les faits pour estimer à sa juste proportion l'imminence d'un danger, l'apparition d'une menace, pour imaginer un plan d'action et préparer une riposte. Ils peuvent aussi être trompeurs les faits. La meilleure preuve avec cet individu, chevelu barbu crotteux, arrivé un beau matin de juin à Pontbrac, le jour du marché. Il avait débouché chaussé de baskets trouées, vêtu d'un jean déchiré et d'une chemise sale avec pour bagage un sac à dos et une clarinette. Les gendarmes l'avaient chopé le temps de l'interroger, de le laver et de lui donner des vêtements convenables récupérés dans un container Halte Soutien Nécessiteux. Après l'avoir relâché dans la nature, ils l'avaient vu disparaître sur l'une des routes en direction de Dorlange. Quelques semaines plus tard, des ramasseurs de champignons le repérèrent dans une clairière au milieu de la forêt aux Cent-Sermons où il avait entrepris de construire une cahute de branchages. Un individu solitaire, gîtant en plein bois, dans une cabane ? Que voulait-il ? Il avait réussi à faire jaser l'ensemble du pays. Dans quel temps vivait-il ? Fallait-il le redouter ? Que manigançait-il ? Force fut de constater que rien dans son comportement n'augurait le mauvais lascar ou le sale con toujours prêt à chercher querelle aux voisins, à lancer des cailloux sur les curieux ou à s'exhiber quéquette au vent sous le nez des promeneuses. Alertées, les autorités lui avaient rendu visite et avaient décidé de lui ficher la paix. Personne ne savait d'où il venait ni quel était son nom, sa profession, ses sources de revenus, il n'avait pas présenté de papiers d'identité aux gendarmes qui n'avaient pas trouvé de correspondance avec ses empreintes digitales dans le Fichier National des Délinquants et il gardait sa parole rare. De quoi se nourrissait-il ? Mystère. Que fabriquait-il en pleine forêt, quelles étaient ses intentions, on s'égarait dans les suppositions les plus farfelues.

– Un ermite ? Peu probable. En forêt il risquerait de tomber sur des demoiselles à trousser, des apparitions plus attrayantes que les prières solitaires. Il serait satyre plutôt qu'ermite ? Un dépravé ! Non, un épicurien.

– Un musicien venu s'exercer dans les bois ? Avec son clairon ! Le genre de musicien à qui tu donnes deux euros pour qu'il joue et dix pour qu'il arrête.

– Un amoureux blessé, trahi, inconsolable ? Un

échappé de l'asile ? Un repris de justice sans famille ni domicile fixe ? Un bandit en cavale ?

Sans avoir jamais été repéré par un service de l'État ? Allons allons.

– Un immigrant sans papiers ? Impossible, il est français ce type !

– Un islamiste ! Il va nous décapiter à la sortie de la messe. Il n'est pas fiché, et les musulmans ne sont pas tous des djihadistes ! Ceux qui nous tuent non plus ne sont pas fichés.

– Un pédophile ? D'aucuns frémirent derrière leurs remparts à cette idée émise par l'un des pioupious en secondaire à Faissac. Ah ces retraités cloîtrés entre leurs murs et se cultivant grâce aux cours d'instruction civique, de questions sociétales et de géopolitique dispensés par le journal du soir sur TF1. Ils parlaient de mettre sur pied une milice qui patrouillerait aux alentours à titre dissuasif. Aux alentours de quoi ? Mais de Faissac pardi ! Que craignez-vous, il n'y a que des vieux ! Et nos petits-enfants, on va les laisser jouer dehors sans surveillance alors qu'un vagabond rôde dans les bois ? Il est inoffensif, cet anachorète, inutile de lui chercher querelle. Voilà, et le jour où il molestera vos filles et vos garçons avant de les découper en morceaux il ne faudra pas dire qu'on ne vous avait pas prévenus.

– Un painquachien ? Vous avez vu sa crête de coq, son molosse sans muselière et ses Rangers de combat ? Non ? Une crasse-pouille pleine de clous, d'anneaux en fer et d'épingles à nourrice sur la figure traînant à ses côtés et injuriant tout le monde? Non plus. Conclusion?

– Un antispéciste prêt à déblatérer entre nos pattes? Les animaux domestiqués, poules, cochons, lapins, vaches, moutons, chevaux, des êtres doux et sensibles, humains autant que nous, protégeons-les nos alter ego emprisonnés contre leur gré, assassinés par les grands méchants prédateurs pour les manger, cruauté abjecte, cannibalisme, génocides à l'échelle planétaire, immonde barbarie, crimes contre l'humanité, plutôt tubercules, graines, quinoa, boulgour, tofu, châtaignes, racines, baies sauvages. Vive la malnutrition dans les pays riches! On pourrait les castrer chimiquement les animalistes?

Sans vouloir chercher trop loin c'était juste un type en marge, un décrocheur ou un original lassé des bruits de la vie qui voulait retourner à *l'état de nature* dans une région qui s'y prêtait. Antoine avait envisagé de l'interviewer pour en savoir plus sur son passé et les raisons de cette retraite, mais s'était dit que pour s'être réfugié dans la forêt c'est qu'il n'avait aucune envie de communiquer et encore moins de se retrouver dans la der de *L'Écho du Temps*.

L'état de nature. Pour quelques-uns cela pouvait être une nécessité, un besoin réel, une volonté assumée de se détacher du monde moderne, provisoirement car il semble difficile de vivre, ou même de survivre bien longtemps, en se muant en bon sauvage.

IX

Samedi 28 avril en fin d'après-midi les piliers habituels et beaucoup d'habitants des hameaux voisins, dont le maire, étaient réunis autour du chêne et de nombreuses bouteilles. Ils retrouvaient instinctivement les comportements ancestraux lorsqu'il était urgent de solutionner ensemble un problème communautaire, tel que ce contentieux Arrivée Migrants. La probabilité d'occurrence ? Nulle, le député ne l'avait-il pas promis ? Pourtant cette hypothétique irruption d'un autre monde dans leur jardin était alarmante. Leurs inquiétudes ne seraient-elles pas raisonnables ?

Antoine, après avoir donné à Isaure son cours hebdomadaire de banjo, s'arrêta un moment avant de rentrer chez lui pour écrire la chronique qu'il n'avait pas encore entamée.

Devant la fontaine Annie Rastaing maudissait, virulente, péremptoire, survoltée. L'heure était angoissante, les périls en marche, l'épouvante aux portes. Elle était informée grâce aux meilleures sources :

– … au village de, de, je me souviens plus du nom, peu importe, ils en ont implanté quatre cents, tous mahométans, le quart du village, imaginez, comme si en France on importait d'un coup vingt millions de ces fugitifs, dans le genre raz-de-marée, déferlement, submersion migratoire, nous allons être envahis, nous les Français de souche, par les islamistes et les Maures apatrides, adieu la France chrétienne et civilisée, bref, dans ce village on leur a construit des logements rien que pour eux avec tout le confort moderne, télé, Internet, salle de bain, téléphones portables, logés, blanchis et nourris aux frais de la municipalité, ils mangent que du Allah, ils refusent le reste, on les chouchoute, on les dorlote, c'est la préférence aux étrangers, ils ont droit à cinquante euros par jour et par personne, vous entendez, par personne, avec la CMU pour tous pardessus le marché, venez vous faire soigner à l'œil, c'est nous qui payons, on leur a fourni des vélos et des voitures alors que dans leur pays de nomades sous-développés ils conduisent des ânes et des chameaux, chez nous c'est le paradis pour ces sauvages, tandis que les villageois vivent au-dessous du niveau de pauvreté et que les logements ils n'ont pas le droit d'en bénéficier eux, un scandale, ils sont moins importants que cette armée de bédouins et de traîne-savates, et avec leurs impôts en plus, le maire a démissionné en même temps que le curé quand les moricauds ont commencé à prier devant l'église le matin, le midi et le soir, couchés par terre, comme des bêtes, les voitures ne peuvent plus circuler, un spectacle dégradant mais qui s'en soucie, les chrétiens dehors vous n'êtes plus chez vous, ils égorgent des chèvres sur les trottoirs, ces bougnoules, le sang ruisselle dans les rues, ils boivent toute la journée, ça vomit partout, ils puent et leurs femmes ils en possèdent plusieurs, elles sont entièrement voilées, tout en noir, comme les croque-morts, leurs gamins sont sales et ils piquent des fruits aux étalages, et la criminalité, qui en parle, personne, c'est censuré, les cambriolages, les attaques à main armée, les filles violées en groupe, la nuit ces barbares ils profanent les tombes, ils récupèrent les bijoux, les dents en or, et parmi eux il y a des terroristes cachés dans les robes noires, je rapporte que des faits réels, mais on les laisse tranquilles, que fait la police, rien, elle a reçu des ordres, les habitants fuient et vont se réfugier dans les collines, les étrangers c'est eux maintenant, dans leur propre village, vous m'entendez, dans leur propre village, il faudra préparer notre remigration et défendre Dorlange notre patrie contre ces nuées de cafards et d'infidèles, un fléau de Dieu, moi je vous le dis, rembarquons-les dans leurs pirogues et coulons-les au large, je suis pas raciste mais il y a des limites.

Antoine écoutait ces propos subtils et regarda tour à tour Camille et Manon qui étaient aussi effarées que lui. D'où tenait-elle ces élucubrations grotesques ?

Pierre Drevois était visiblement décontenancé. En les écoutant lui et Annie, dans des conversations précédentes, on aurait pu les croire du même bord, tous deux porteurs d'un message de xénophobie mesurée, argumentée, intelligible, mais certainement pas celui d'un racisme niais, cru et primaire. L'outrance d'Annie le désarçonna. Il en parla avec Mathilde, sa femme : il lui parut indispensable à l'avenir de se tenir mieux informé afin de ne pas proférer des énormités impossibles à démonter, « Et tu vois, en écoutant le fatras d'imbécillités malodorantes d'Annie, nous devrions réviser nos préjugés et les fantasmes qui pourraient nous aveugler. » Mathilde était d'accord, « Quand le ressenti et la franche bêtise l'emportent sur la réflexion et la recherche de la vérité, Pierre, le monde devient plus agressif, moins vivable. »

Pourquoi ce déversement bilieux et ce torrent d'inepties alors que la préfecture n'avait rien confirmé, ni l'arrivée éventuelle des demandeurs d'asile et encore moins les noms des communes pressenties ? Comment déconstruire le délire assumé, le mensonge décomplexé ? Sa diatribe toute en finesse trouvait un écho auprès du contingent venu des hameaux voisins. On prend les bêtes par les cornes et les hommes par les paroles. Laurent Bestous, de Valeyrac, se tourna vers Augustin Gersant, c'est un discours de chef qu'elle nous tient là, elle a raison, faudrait se préparer. Augustin haussa les épaules, mi-oui, mi-je-vais-y-songer-sérieusement.

Annie avait-elle eu l'intention d'exhorter de futurs partisans, les défenseurs du sol, les troupes de choc des villages en état d'alerte ?

On sollicita l'avis du Florimond.

Il pestait d'ordinaire, lors des discussions autour de la fontaine, contre les politiciens pourris et les tire-au-flanc qui pointaient au chômage, mais cette fois, il se lança dans un plaidoyer en faveur de l'accueil des migrants à Dorlange. Bertille et Ghislain étaient abasourdis. Qu'un paysan, âgé de surcroît et toujours pas mort, ait pu professer une opinion qui rejoignait peu ou prou le consensus général dans le Dorlange intra-muros, celui des néoruraux comme eux, pleins de beaux sentiments et de belles idées, voilà qui les stupéfia. « L'hospitalité envers ces réfugiés est une obligation, un devoir moral, vous me faites honte à chicaner là-dessus, à ergoter comme des maquignons, je vous écoute depuis le début, ça jacasse, ça jacasse, vous n'avez pas connu la guerre, mais sachez que sans les réfugiés russes, espagnols, roumains ou polonais qui combattaient avec nous dans le maquis la France serait allemande depuis longtemps, nom d'un chien de crénom de foutre, refuser des gestes d'humanité élémentaire envers des gens venus jusqu'à nous après avoir enduré le pire, vous me dégoûtez tiens, tous des poltrons, des couards, des cuistres, oui, des cuistres, moi je suis pour les accueillir au village, ou chez moi si vous n'êtes pas fichus de trouver un endroit pour les héberger. »

Il les quitta en leur adressant un bras d'honneur.

Son geste en surprit plus d'un. Que devait-on en conclure ? L'ancien leur donnait-il une leçon de charité chrétienne, lui le non-croyant ?

Pour le moins troublés et ne sachant comment reprendre le fil de la conversation après cet impromptu ils se dispersèrent et chacun retourna chez soi, pensif. Ou penaud. Peut-être requinqué.

Antoine se confectionnait son sandwich préféré avant de s'installer pour écrire la chronique qu'il aurait été plus judicieux de rendre la veille au lieu d'attendre (comme souvent) la dernière seconde lorsque Manon et Léa qu'il n'avait pas entendues entrer arrivèrent dans sa cuisine.

– Que vous servirai-je à boire, mesdemoiselles ?
– Avec tout le pastis et le rasteau qu'on vient de s'enfiler, tu es fou toi, Antoine !

Elles voulaient rediscuter avec lui des demandeurs d'asile, mais Antoine ne voyait pas quoi ajouter à ce qui avait été dit (et redit). Annie avait fait du grand n'importe quoi, mais elle avait raison sur un point : il faudrait anticiper et préparer la population parce que si on n'informe pas à l'avance, je te laisse imaginer les réactions, lui expliqua Manon. Controverses, altercations, affrontements, rixes, tu vois le tableau, souligna Léa.

– Écoutez les filles, chaque fois que vous venez me voir je vous répète la même chose : vous vous faites du mouron pour rien ! Il n'y a que des inconnues dans cette équation ; pourquoi voudriez-vous qu'ils arrivent à Dorlange ? Ici, on est loin et isolés, la préfecture ne prendra pas le risque de les envoyer en pleine nature au milieu de rien !

– L'attitude d'Annie, le coupa Léa, est caractéristique et si demain ou après-demain on annonce sans préambule que des familles syriennes vont venir habiter à Dorlange, bonjour le grabuge et les emmerdes !

– Il faudrait dès maintenant communiquer pour réveiller les consciences ; communiquer c'est déjà résoudre la moitié d'un problème, expliqua Manon.

– Dorlange vote à 60 % pour l'extrême droite, ça fait du monde sur la centaine d'habitants. Imaginons soixante fachos et chasseurs en train de brailler ou de brûler des drapeaux devant la mairie, continua Léa.

– Léa, les chasseurs ne sont pas tous fascistes et pourquoi parler de manifs ou de protestations alors qu'il n'y a eu aucune décision ? Détendez-vous. On agite un bout de ficelle sous vos yeux et vous le prenez pour un serpent venimeux ! Sinon allez discuter avec le maire le jour de sa permanence.

– Il ne nous ouvrira même pas la porte.

– Pour lui nous ne sommes que des créatures saugrenues !

– Pas faux, mais il n'est pas dans les petits papiers du préfet, à mon avis il n'est au courant de rien.

– On n'a pas besoin de lui en fait, on pourrait s'organiser entre nous pour les accueillir s'ils s'installent pour de bon, commencer à répartir les rôles, qui pour faire quoi, ce genre de choses.

– Prématuré, Léa, prématuré.

– Écoute, Antoine, on ne va pas t'embêter plus longtemps, voyons comment ça s'éclaircit avant d'agir.

– On te laisse finir ton petit goûter !

Manon se pencha pour regarder :

– Jambon blanc, mayonnaise, œufs frits entre deux étages de pain de mie grillé, salade verte, tomates, bacon, que du bonheur pour les artères ! lui dit-elle en riant.

– Bonjour l'alimentation saine et équilibrée ! ironisa Léa tandis qu'il mordait dedans à pleines dents.

– Toujours nostalgique, hein, Antoine ?

– Plus que jamais.

– Bon, allez, cow-boy, finis-le ton sandwich *made in USA*, nous, on s'en va, ciao ciao, conclurent-elles en l'embrassant sur la joue.

Il se souvenait de la première fois qu'il avait rencontré Manon.

Elle était arrivée à Dorlange lors d'une randonnée avec des amis et elle était tombée amoureuse du village. Ils avaient pique-niqué à côté de l'abreuvoir. Catherine leur avait proposé des cafés. Manon avait demandé s'il y avait une maison à vendre dans le coin. Voyez avec Antoine, c'est lui qui sait. La semaine précédente, Gérald, de l'agence immobilière Campagnes Immobilier, avait récupéré l'exclusivité pour celle de l'Albert, à côté de la fontaine. Il était mort depuis dix ans, mais ses héritiers se disputaient entre eux, incapables de s'entendre sur un prix de vente. Antoine en avait conclu que si la maison était sur le marché c'est que la fratrie avait trouvé un accommodement. Gérald lui avait laissé les clés en attendant de la mettre en ligne sur son site. Cinquante mille euros frais d'agence inclus.

Antoine avait flairé la bonne affaire avec cette Manon. Il lui avait fait visiter la maison, elle était enthousiaste, c'est exactement ce que je recherche, Antoine, s'il vous plaît, vous connaissez le prix? Oui, il le connaissait: cinquante-cinq mille euros.

Avant de repartir avec son groupe, elle lui avait donné ses coordonnées. Le lendemain il appelait Gérald pour lui mettre le marché en main. Ce dernier avait grommelé, «Antoine, cinq mille boules de com', c'est presque autant que la mienne. — Et alors, elle la veut à tout prix, tu ne vas pas la brader, en plus tu n'as rien fait, c'est moi qui la lui ai vendue.» En y repensant il n'était pas fier. Il rougissait même, mais à l'époque il avait ses raisons: ça le désolait, les maisons de son village qui partaient pour presque rien. Quatre mois plus tard elle s'installait avec ses meubles. Le jardin de curé derrière la ferme, dans lequel végétaient deux rangs d'arbres fruitiers et un potager, faisait partie de la vente, mais les enfants de l'Albert conservaient les bois. Antoine n'avait jamais été un escroc sans foi ni loi ni un capitaliste invétéré et avec cet argent – bien mal acquis profite souvent – il avait acheté des fleurs et des arbustes à planter le long du chemin rural qui court jusqu'au bois des Pendus. Tout le village a participé à cet effort d'embellissement et il avait écrit un billet sur son blog: «Une démarche citoyenne source d'inspiration: les habitants d'un village s'unissent pour revaloriser leur lieu de vie». Quant au solde il en avait fait don à l'association qui restaure les fours banaux dans le Chabrier.

Manon dirige Lectures en Liberté, la petite maison d'édition de livres pour la jeunesse publiés sur Internet qu'elle avait créée quelques années auparavant. Antoine l'avait interviewée sur son métier d'éditrice *online*. Elle était divorcée de son premier mari, un brave type qui, un matin, après lui avoir souhaité «Bonne journée à ce soir ma chérie», lui avait envoyé un SMS quatre heures plus tard: «Manon, je pars avec Carole, c'est mieux pour moi et si tu m'aimes tu te réjouiras de mon bonheur.»

Après un divorce long et orageux, elle était devenue prudente avec les hommes et avançait masquée pour éviter les désillusions.

Mais la solitude pèse dans les montagnes et peu de temps après son arrivée elle s'équipait d'un compagnon, Clément, parisien lui aussi et agent commercial dans une société informatique spécialisée dans le *cloud*.

Ils avaient rénové la maison en mode passif: impact écologique positif, pas d'émissions de polluants chimiques, pas de matériaux en provenance de sources non renouvelables ou de forêts mal gérées; respiration des murs, isolation chaux-chanvre, perlite, ouate de cellulose, éco-matériaux bois, pierre, paille, terre; poêle à granulés, fenêtres double vitrage, pompe à chaleur, tout l'attirail; artisans RGE, certificats d'économie d'énergie, crédits d'impôts.

Manon et Clément travaillent de chez eux, un tour de force lorsqu'on a expérimenté la lenteur des connexions Internet. « Quatre minutes pour envoyer un JPEG et même pas 564 Ko, Manon, ça suffit, on ne peut pas bosser correctement, mes clients se plaignent, ils vont finir par se barrer. — Que veux-tu que j'y fasse, on est en bout de ligne, les manuscrits ça me prend dix minutes pour les télécharger, tu as une idée du temps que je perds ? — C'est la galère totale, et payante en plus, fait chier la province, on devrait repartir à Paris, eux au moins ils ont la fibre optique. »

Après avoir maudit les insuffisances du débit, il les avait persuadés au village d'envoyer une pétition contre le fournisseur d'accès, relayée par un article dans *L'Écho*, puis de faire appel au député. Lorsqu'ils se sont rendu compte que tout ça ne servait à rien, Clément a été le premier à s'abonner au satellite et depuis Manon et lui peuvent travailler dans de bonnes conditions. Ils sont trois au village à avoir suivi l'exemple, mais les factures mensuelles sont lourdes et les coûts de raccordement ne sont pas pris en charge par le Conseil départemental, en dépit des promesses.

Antoine n'a pas besoin d'un Internet qui fonce, il n'est pas asservi à l'instantané, il se contente d'envoyer ou de lire des mails et n'a jamais eu envie de s'insérer dans les flux sociaux, à remonter les fils Facebook ou Twitter pour kiffer, reader, liker, followeer, sharer, chatter, commenter la plus insignifiante, la plus inepte pensée du plus lamentable des vermisseaux connectés, ni les tout derniers clicmot[1], moije[2], autopromotion, vidéo de chat ou cascade sur literie d'un raté congénital ou d'un *lifestylebloggeur* sans idée ni culture. Il préfère lire, sortir avec la bonne amie du moment pour une soirée resto ou un ciné à Monfray, chasser à l'approche pendant la saison. C'est un vrai chasseur, pas l'un de ces clowns de battues affublés de gilet phosphorescent, de GPS et de portable, confortablement assis sur un siège pliant avec une glacière remplie de bouteilles de bière. Quant aux faisans d'élevage lâchés la veille d'une partie de chasse, quelle jouissance : ils se laissaient abattre comme sur un stand de tir. On pouvait même les saisir à la main, par le col, sans avoir à courir pour les attraper. Une poule désignée pour la prochaine casserole offrait plus de résistance. Il a perfectionné sa technique de chasse à l'affût dans le Montana, avec ses copains bûcherons. Le matin il part tôt, pour une randonnée à travers bois, il traque un animal en silence et s'arrête souvent pour ne pas être repéré. Parfois il rentre bredouille. Il ne s'en plaint pas, il sourit même, il est heureux, sa course solitaire dans la montagne, la nature, l'air pur, le silence, pour rien au monde il ne voudrait être ailleurs. La viande qu'il rapporte il la fait rassir quinze jours dans sa cave et invite ensuite ses amies, ou ceux du village, les Courtil, Léa et Christophe, Manon et Clément, Natalie et Michèle, Camille et Bruno s'ils sont là, d'autres de ses connaissances ou ses copains de leur groupe de bluegrass *Rednecks and hillbillies country folks.*

1. *Hashtag* en français.
2. *Selfie* en français.

Rednecks and hillbillies country folks en concert dans les granges communales ou les cafés de pays trois ou quatre fois par mois, et payés au chapeau ; en été, le samedi soir dans les mariages, trois cents euros pour chacun sinon Lucie et Sylvain refusaient de se déplacer. Un concert de bluegrass sans mandoline ni dobro ? *No way José !*

X

Ainsi donc à Dorlange comme dans les hameaux de la commune, la 4G, la fibre optique ou le haut débit leur parviendront quand les crapauds mangeront du bœuf. Le maire les avait prévenus avant l'envoi de la pétition orchestrée par Clément, n'y comptez pas, investissements trop lourds, profitabilité zéro, trop dispersés, trop peu nombreux. Avec Enedis, ils ont eu droit au même camouflet, électricité enterrée, non, mais vous rêvez, revenez nous voir dans deux cents ans qu'on en reparle. Alors ils se satisfont des fils qui courent au-dessus de leurs têtes et des coupures systématiques dès que surviennent l'orage, les rafales de vent, la neige, la pluie ou les grêlons, avec les arbres qui tombent sur les lignes, les phénomènes naturels amplifiés chez eux par leur positionnement géographique. À la bourse des valeurs de la République leurs voix n'ont aucun prix : citoyens dernière catégorie relégués au fond des oubliettes.

Sauf si l'on songe à leur petit village éloigné du monde pour y établir des demandeurs d'asile syriens.

Elles se prennent le chou pour un problème qui se réglera de lui-même, pensa Antoine en se rappelant ses conversations avec Lætitia. Il avait bien compris que des Syriens arriveraient dans le département, mais ne croyait pas que le préfet soit assez irresponsable pour considérer Dorlange comme un lieu d'accueil possible. Il termina son sandwich *made in USA* et se nettoya la bouche avec une bière. Il devait commencer à écrire. Il se leva pour aller ouvrir les portes coulissantes des baies qui donnaient sur sa terrasse. Ses deux chats jouaient avec un loir à moitié vivant; au loin on entendait le vrombissement écorché d'une tronçonneuse, celle de Gaétan, il n'y a que lui pour travailler à cette heure. Il rinça son assiette avant de s'asseoir à la table de la cuisine avec son ordinateur. Je l'appelle Murielle ou pas? Il avait fait sa connaissance lors d'une réception de la Jeune Chambre des Agriculteurs, à Faultière. Ils avaient bavardé devant le buffet où Murielle l'avait abordé en riant, «Alors monsieur le journaliste on s'empiffre?» Il n'avait pas eu le temps de déjeuner, aussi se rattrapait-il. Il ne savait pas qui elle était; elle si, visiblement. Il avait souri des yeux, la bouche pleine. Pendant qu'il finissait de mâcher, elle était partie chercher deux flûtes de champagne. Elle dirigeait une coopérative citoyenne chargée d'accompagner techniquement les programmes locaux de production d'énergie renouvelable, «Tu sais l'éolien, la géothermie, la méthanisation, le photovoltaïque.» Oui oui bien sûr qu'il savait. Il savait qu'en dépit des bonnes volontés, ça n'était plus rentable, les prix d'achat de l'électricité produite par le solaire ayant diminué de moitié en cinq ans. Il avait écrit des chroniques sur des sujets similaires, ces initiatives républicaines et collectives pour développer l'énergie verte, « Ça n'est pas facile, je suis d'accord avec toi, elle avait bien voulu l'admettre, mais c'est la voie de l'avenir. — À Dorlange par exemple vous devriez vous lancer dans l'éolien avec ce qui souffle comme vent par là-haut. — Comment ça à Dorlange ? — Tu habites bien Dorlange ? — Oui, mais comment le sais-tu ? » Pour le coup, il était estomaqué. « Je suis la cousine d'Octavie. — Octavie, Octavie Landron, la femme d'Arnaud, des salaisons fermières ? — Le monde est petit n'est-ce pas ? »

Des éoliennes, rien de mieux pour dénaturer le paysage, rumina-t-il, j'espère qu'elle n'ira pas faire de la réclame auprès d'Augustin, ce pleure-misère serait capable de lui louer ses terrains pour en planter des dizaines sous notre nez. Les énergies vertes ? Antoine pensait comme tout un chacun sur ce dossier : c'est génial, mais pas devant chez moi. *NIMBY Not In My BackYard.* En partant, elle lui avait donné son numéro de portable, « Appelle-moi quand tu veux et on se fait quelque chose. » Quelque chose, hein ? On boit un dernier verre et on couche ensemble ? Lassant et je n'ai plus l'énergie. J'appelle ou j'appelle pas ? J'appelle pas, ni aujourd'hui, ni demain. Occupe-toi plutôt des femmes dans ta catégorie, lui susurra sa conscience. À qui faisait-elle allusion ?

Quelle est-elle sa catégorie ? Celle des flanflans ? Ou celle des AOC, ces fossiles mi-bêtes mi-sauvages ?

Un pied dans chaque camp. De souche, mais déraciné, puis replanté. Où est sa place ? À droite ? Ou bien à gauche ? À droite et à gauche, devant et derrière. Blanc et noir. Jouer sur les deux tableaux. Du funambulisme. Il aurait dû se faire engager chez Barnum. Fragile, instable et vulnérable sur son fil. Pénible, en définitive. Parfois il voudrait repartir, fermer la porte et les volets, jeter la clé. Aujourd'hui je suis là. Abracadabra, je n'y suis plus. N'habite pas à l'adresse indiquée. Le numéro que vous avez demandé n'est plus attribué. Pas un regard en arrière. Personne pour le retenir. Personne pour le chercher. Et toi, si je disparaissais, en éprouverais-tu de la peine ? Une valise, *go west, son, go west*. Passeport Touriste sans visa de travail, clandestinité, on est ce qu'on fait.

Il rit. Il ne repartira pas. À moins que. À moins que, s'il osait. À moins que rien du tout, il a un rôle à jouer, un métier, des obligations et son mot à dire. Son mot à dire. Il n'est pas toujours neutre, mais c'est très bien ainsi : il écrit ce qu'il pense et il pense ce qu'il écrit. Antoine n'est pas un algorithme.

Il observe, il s'intéresse, renifle les informations, la curiosité n'est pas un vilain défaut, il enquête, pose des questions, consigne des notes à pleins cahiers. Il fait parler. Pourquoi ne les encouragerait-il pas ? Dans ses yeux un regard qui inspire confiance. Il ne s'en vante pas, c'est juste une évidence. Des tranches de vie qu'ils sont fiers de mettre en scène. Il les conforte, plaisante, serre des mains, embrasse des joues, boit des canons, sillonne le département et se précipite au nord quand il apprend qu'au village de…, il y en a un qui…, vers l'est pour recueillir les impressions d'une…, à l'ouest pour interroger des…, descend vers le sud pour comprendre pourquoi elle…, «Antoine, te voilà viens ici que je te dise tu savais que», non il ne savait pas enfin si il le savait comment pourrait-il en être autrement, mais il est prêt à écouter un autre son de cloche, il enregistre sans prendre parti ni critiquer et ne juge pas. Qui serait-il pour porter un jugement moral sur les gens qu'il rencontre ? Un être parfait, omniscient et dispensant avec suffisance appréciations, conseils, avis, leçons, remontrances ?

Il a tant de choses à faire partager et comme «la terre, elle, ne ment pas», lui non plus.

Du lundi au jeudi, de retour chez lui, il écrit vite, des faits, des faits, des faits. Les vendredis et samedis soir, il rédige ses chroniques pour «Libre Cours» en mangeant toujours la même chose parce que ça le tranquillise. (En semaine c'est plus commode : il est souvent invité, ou c'est un Merci Charles-Antoine – le directeur de *L'Écho du Temps* : le journal rembourse les déjeuners – en fin de mois il n'oublie pas de produire ses notes de frais.) Il se lance avec appréhension avec du bluegrass en musique de fond qui lui donne envie de danser et d'être heureux, ou de pleurer. Il écrit selon un rite incantatoire, dans le carcan lénifiant d'une routine. Il est laborieux, les mots ne lui viennent pas taillés et sertis dans des phrases bien équilibrées, aux balancements réguliers, mélodieux. Il aimerait écrire comme on écrit de la musique, en entendant des mots qui s'envoleraient et se combineraient dans sa tête pour composer une phrase à nulle autre pareille, mais il se trompe de registre, ou d'envergure, le cloporte se figurant aigle royal. Il rapporte des propos, des informations, il n'invente ni ne crée, ses mots à lui ne bouleverseront jamais rien ni personne et lorsque cette réalité-là le frappe à la gorge, il reconnaît sa vraie nature et il est prêt.

Il termine sa bière. Se lève, rentre sa chemise dans son pantalon, un geste vif, la chaise tombe, ouf elle n'est pas cassée, ce bois de châtaignier si fragile, une fois Bertille en a brisé une en se relevant précipitamment, elle s'est excusée et Christophe l'a réparée pour trente euros, alors que lui ne leur compte jamais son temps. Le lave-vaisselle est plein, il enclenche la minuterie, après 22 h 30, les heures creuses, moins chères jusqu'à 6 h 30, penser à toujours bien y penser. Garder la tête froide, les idées claires. Ne pas se disperser. Manger, dormir, se laver, s'habiller, partir travailler. Aimer ? Oui, mais qui ? Des aventures sans lendemain. Les appels du bas-ventre. Aux rendez-vous des appareils génitaux. Un jour, une nuit. Un long week-end ou une semaine. Du papillonnage. Bourdon Affairé, qui butine, qui butine. Il a du mal à s'engager. Tic-tac, tic-tac. L'âme sœur. L'âme sœur ? Du romantisme idiot, ridicule, mal placé. Mais l'autre ? Celle à la fin de tous tes rêves ? Oui. Tu ne vas pas recommencer, tu sais bien qu'elle est inaccessible, ne joue pas avec le feu, tu te consumerais jusqu'à plus cendre. Bon. Ne désespère pas, Antoine, le réel, il n'y a que cela de vrai, le réel. Rêver ? Non, ou alors si, mais la nuit, dans ton lit, seul et plus de traces au réveil. Mais le temps presse et la vie, elle passe comme dans un rêve, la vie : je viens d'arriver et je dois déjà m'en aller. Je suis et soudain je ne suis plus. Où suis-je parti ? Ailleurs. Ailleurs c'est où ? Là où tout le monde va. C'est réconfortant. Écrire, écrire pour ne pas disparaître des mémoires. Les autres comptent, leurs histoires aussi. Sans toi pour les transmettre ils n'existeraient pas. Tu racontes des vies. Tellement plus passionnant que tout ce que tu pourrais imaginer.

Dehors, l'unique lampadaire est allumé, on y voit presque comme en pleine nuit. Chez les voisins tout est éteint. Il sort sur la place, personne, le village dort. Il marche vers la fontaine, trempe sa main, l'eau est froide. En s'asseyant sur la margelle il lève les yeux au ciel, la Voie lactée si distincte, si proche, il pourrait la toucher. Il écoute le silence. Un bruit, une porte qui s'ouvre, c'est Camille qui vient jeter ses poubelles dans le container, ils sont arrivés tard hier soir, il les a entendus ; il se lève et sort du noir, il ne veut pas l'effrayer la belle Camille alors il parle doucement, presque en chuchotant :

– Bonsoir Camille.

– Antoine, c'est toi ? Tu m'as fait peur ! Pas encore couché ?

– Non, je regardais les étoiles.

– Écoute, tu entends, on dirait la hulotte.

– Chaque soir c'est la même chose, elle lance des appels à ses congénères.

– Qui lui répondent ?

– Oui, tu vas voir.

Antoine croise ses mains et souffle dans ses paumes, il imite son cri, elle lui répond, ils dialoguent sans doute, à moins qu'elle ne joue avec lui, elle n'est pas dupe. Camille le regarde, il croit qu'elle sourit, qu'elle lui sourit, le sourire de Camille il aimerait pouvoir le garder pour lui seul, l'empêcher de s'enfuir, mais c'est impensable bien sûr. La hulotte se rapproche, ils perçoivent le froissement soyeux de ses ailes.

– Elle a dû se poser en haut du chêne.

– Peut-être, si c'est bien elle.

– Ou un grand-duc.

– Encore une semaine à cavaler à travers toute la région ?

– C'est un plaisir Camille, pas une corvée ; j'ai passé un après-midi formidable mardi avec un taxidermiste qui fait scandale parce qu'il voudrait empailler sa fe…

– Stop, n'en dis pas plus, je lirai ta chronique dans mon journal préféré !

– Tu préfères me lire plutôt que m'écouter !

– Pas du tout ! J'aime les deux, mais j'adore ton style, c'est vivant, drôle et…

– N'en rajoute pas, Camille, mon assiette est pleine !

– Je ne t'ai pas vu aujourd'hui, tu étais enfermé chez toi ou en patrouille ?

– Les deux ; je suis sorti vers midi. Mais dis-moi Bruno est parti tôt ce matin, non ?

– Flûte, il t'a réveillé ? Antoine, je suis désolée, je lui avais demandé de faire le moins de bruit possible.

– Non, non, pas de problème, j'étais debout.

– On est arrivés dans la nuit, mais il a dû repartir à l'aube pour une urgence.

– Il revient quand ?

– Je ne sais pas, avec lui on n'est jamais sûr de rien, il va, il vient ; il est tard, je suis fatiguée, je vais me coucher, bonne nuit Antoine.

– À toi aussi, Camille, à toi aussi.

Il regarde sa montre. Vingt mètres et il est chez lui. Dorlange, la nuit, le grand silence. Dans le grand silence les voix portent. La nuit il faut savoir être discret.

XI

« Autour de chez nous »
(Extrait)

... le village de D. ne s'était jamais résolu à mourir. Dans le marasme des campagnes c'est un signe qui ne trompe pas : la décomposition n'est pas irréversible.

D. revit parce que des alternatifs s'y sont implantés. Enfin des transplantations réussies. Quatre familles ont réussi cette gageure. Le symbole de cette renaissance ? Les mamans conduisant leurs poussettes sur les chemins, autour de la place ou de l'église et excursionnant à vélo le long des petites routes communales avec les enfants assis derrière dans les remorques ; leurs cris quand ils jouent près de la fontaine ; la boulangère et l'épicier itinérant montent maintenant deux fois par semaine et le facteur tous les jours ; le maire parle de réouvrir l'école du village.

Quand on étudie cette mini-communauté, en circonscrivant cette analyse au seul village de D. sans ses hameaux, on s'aperçoit cependant de sa toute relative diversité. Il s'agit de gens aisés, ces classes moyennes supérieures ou supérieures tout court : des retraités bien lotis, des bobos parisiens, des néoruraux stricto sensu (professions libérales ou artistiques), deux habitants de souche, un couple de hippies troisième génération, d'authentiques alternatifs, deux étrangers (des Hollandais) et, très à l'écart, des classes populaires.

... Attention, tout n'est pas rose épanouie, mais plutôt noir corbeau car la commune de D. vote extrême droite. Est-elle pour autant représentative de cette France des oubliés de la mondialisation, coalisés derrière leurs fusils de chasse, la crainte de l'autre et une phobie presque existentielle du « grand remplacement » ? De quoi ont-ils si peur pour se jeter dans les bras des nostalgiques de l'ordre brutal ? Les migrants ? Crainte sans fondement dans ce village trop enclavé. L'autre ? L'autre c'est leur semblable puisqu'ils sont démographiquement majoritaires. Fin de la chasse ? La municipalité s'est retirée du Parc Régional Naturel qui l'interdit dans les forêts sous son autorité. (Ce retrait s'expliquait aussi par leur hantise de voir leurs bois transformés en lieux de promenade et non plus en sources de revenus). Quant à l'intégration elle a lieu entre gens du même monde ; en terme de diversité sociale on peut sourire : hier des paysans, aujourd'hui des néoruraux : dans tous les cas des membres d'un club ! De l'entre-soi à travers les âges. Homogénéité sociale !

De quoi parle-t-on avec cette revitalisation ?

À l'est, dans l'ancienne école, la ferme équestre (ânes de bât) des Lafarge (Patrice et Agnès, leurs deux enfants, Gabrielle et Hugo).

Au sud, vers le bois des Pendus, celle du maraîchage bio d'un couple d'ex-babosses relooké pétra (Harmony et Marin, leur fils Ziggy), lauréat des Oscars de l'Écologie Active qui finance à 90 % des « projets agricoles citoyens ».

Au sud-ouest, l'élevage en plein air de volailles et de porcs fermiers des Landron (Arnaud et Octavie et leurs deux filles, Emma et Justine).

Sur la route vers les Baronnies, les moutons bio de Gaétan et d'Ingrid sa compagne.

Sur le chemin du Magnier l'auberge des Quatre-Chemins de Pomme et Erwan. Une piste de terre stabilisée et empierrée à la va-comme-je-te-pousse les relie à la départementale si bien que leurs clients ne passent plus par le village.

À côté des Rastaing, la maison de Jean-Noël, ostéopathe à Pontbrac, et sa femme Roxana, d'origine roumaine, assistante sociale à la CPAM de Monfray et, très éloignées du village, sur la route en direction du Murinais, *Welkom!* les chambres d'hôtes des Hollandais à l'usage exclusif de leurs compatriotes.

Des Hollandais. Catholiques? Protestants? Chrétiens, nécessairement. Des Européens somme toute. Blancs. Leur niveau d'intégration? Nul. Pour la rénovation de leur maison ils ont embauché des ouvriers hollandais (venus avec matériaux et mobilier) qui n'ont rien commandé de local, pas même un sac de ciment, deux planches de lambris, trois vis, une ampoule ou des tuyaux de cuivre. Aucun bénéfice pour la communauté ni les artisans régionaux. Pendant leur séjour, ils n'ont pas mis les pieds dans un restaurant. Aux Quatre-Chemins, Pomme aurait pu leur cuisiner des repas savoureux et pas chers, mais non, ça ne mange que des aliments pour Hollandais, du gouda en plastique, des patates OGM, du hareng au mercure et des saucisses de synthèse. Miam miam. Et pourquoi pas des croquettes pour chats? Des pâtées pour chiens? *Ja ja het is heel goed.* Eh ben ressers-toi. Des céréales concassées, des glands grillés, des épluchures de légumineuses, des tourteaux de soja, du pain mouillé? *Ja ja jeu beucou êmé.* Les Groot ne parlent pas français et ne font aucun effort pour. Le maire a été convié à l'inauguration; il a raconté ensuite: «Leur maison, putain, quel goût de chiottes ces cons.» Depuis, il les méprise ouvertement.

Des étrangers qu'il ne méprise pas, du moins pas ouvertement, ce sont les pioupious Courtil, parce que Jean, ancien expert-comptable, vérifie gratis les comptes et le budget de la commune.

Jean et Catherine Courtil (elle, ex-fonctionnaire dans l'enseignement supérieur) ont acquis la maison en face du lavoir, celle du Robert, mort étouffé par des piqûres de frelon alors qu'il se promenait près de son pigeonnier, sans doute à la recherche du magot qu'il y avait, croyait-on, enterré, mais il devenait gâteux vers la fin le Robert, il perdait la mémoire. Quand Antoine le rencontrait il ne se souvenait plus de son prénom, il cherchait, il cherchait, Antoine voyait que ça le turlupinait, mais la vieillesse a un coût, il ne se rappelait plus où il avait enfoui sa cagnotte. C'est pas malin, on économise, on économise, le Robert, plus argnat que lui ça n'existait pas : il ramassait les mégots pour récupérer le tabac, buvait l'eau des razzes pour conserver celle de son puits, ne donnait jamais de pièce aux gamins qui quêtaient pour la Mort du Renard, n'offrait pas la petite goutte aux gens de passage, fêtait Noël avec quatre pommes et deux poupées chiffonnées pour les gamines, marchandait ci marchandait là et lorsque avait sonné l'heure du bilan, le trésor s'appelait Introuvable.

Avant de vendre la maison la Marinette et la Solange ont loué un tractopelle pour creuser autour du pigeonnier, l'endroit où leur père se rendait le plus souvent. Elles pensaient que des pièces et des lingots d'or étaient ensevelis dans les parages, mais, bernique, elles n'ont rien trouvé sinon des fers à vache et des outils rouillés. Leurs maris ont exploré en vain les champs et les parcelles de bois du Robert avec des détecteurs de métaux. « On a tous ratissé avec nos poêles à frire et on n'a pas entendu un seul bip. — Il l'a caché où son pognon, purée, on va quand même pas excaver l'ensemble de la propriété ! — Si on la faisait survoler par un drone thermique équipé d'une vision infrarouge pour distinguer les formes dans le sous-sol ? »

Les pigeonniers avaient leur utilité, pour des raisons gastronomiques, mais aussi parce que les fientes servaient d'engrais aux pieds de vigne. Le phylloxéra qui atteignit les vignobles après la Grande Guerre mit un terme au commerce du vin dans la région. Les pigeonniers représentaient les ultimes survivants de cette ère et il s'en était fallu d'un rien que celui du Robert ne soit démonté par les Courtil. Le Florimond et Antoine en avaient discuté avec eux pour les dissuader, le pigeonnier à Robert, le dernier témoin de l'époque des vignerons, mais ils n'en avaient pas démordu, aujourd'hui on rase, demain on construit une piscine à débordement avec vue sur la vallée. Quoi de plus impérieux en effet qu'une piscine, sur un terrain en pente douce, à mille deux cents mètres au-dessus du niveau de la mer. Ils n'avaient pas voulu insister, le Florimond était ressorti furibond et Antoine riait sous cape, ces éberlués, c'est vieux et ça n'a rien compris. Une piscine. Heureusement ils n'ont pas donné vie à cet ambitieux dessein et par la suite, ils ont beaucoup sympathisé ; il le faut sinon c'est compliqué les relations entre voisins. Les Courtil sont agréables et pleins de ténacité. De la ténacité il en faut pour s'acclimater car la vie est rude : le vent peut souffler avec violence, les hivers s'étirent, longs et rigoureux, et les étés ne sont pas toujours radieux, il en est durant lesquels la pluie ne cesse de tomber.

L'Augustin, il a un faible pour Bertille, ah ces touristes chroniques, tous ne sont pas si irritants, surtout lorsqu'il s'agit d'une femme dont le corps attirait les mains comme un aimant. Avec ses deux obus je me ferais bien canonnier se disait-il. Quand elle était venue à sa permanence pour remplir les formalités de « Déclaration préalable à la réalisation de constructions et travaux non soumis à permis de construire », il avait levé les bras au ciel avec un bon sourire : « Laissez tomber ces petites misères, personne ne vous dira jamais rien, faites ce que bon vous semble. » Elle avait été déconcertée : « Mais monsieur le maire, les règles, les normes ? — Pas de ça entre nous. » Elle était à son goût certes, mais cela n'autorisait pas tout : il était habitué à faire la distinction entre les lois et les règlements (des abstractions purement spéculatives) et la réalité sur le terrain.

Bertille et Ghislain, la quarantaine, sans enfant, anciens publicitaires – elle acheteuse d'espaces et lui directeur de clientèle – pétris de bonnes intentions et d'un bel idéalisme tempéré par le désir de « valoriser-nos-acquis » et de « trouver le bonheur en-faisant-les-choses », deux bobobéats descendus en ligne directe du 10e arrondissement de Paris, les *derniers arrivés* à Dorlange depuis qu'ils avaient acheté une grange et ses dépendances à l'entrée est du village. Bertille et Ghislain les ont transformées en chambres d'hôtes grand luxe, Les Balcons de Dorlange *Immersion totale*, un concept déroutant dont ils avaient vanté les mérites lors de l'apéritif dînatoire organisé pour leur pendaison de crémaillère.

Retour à la nature, notre Mère nourricière. Fi du confort moderne et des agréments de la société de consommation ? Dans leur maison rénovée passive et écologiquement correcte, comme celle de Manon, mais avec un budget plus opulent, bienvenue aux toilettes sèches, douches en plein air, poêles à bois, chaleur douce, radiateurs connectés, draps de lin et fauteuils club, téléphones portables interdits, pas de télé ni d'accès Internet pour les clients, ateliers sylvothérapie et marche méditative dans la forêt pour cadres désorientés en écoutant les bruits de la nature enregistrés dans nos casques Haute Sensibilité et nous avons réfléchi aux synergies avec le *Studio* de Natalie, style déjeuner de *full* conscience ou de rayonnement multi-intuitions, atelier d'auto-compassion, yogasme transcendantal, nous n'aurons que l'embarras du choix.

La sylvothérapie ? Personne n'en avait jamais entendu parler.

« Des bains de forêt, avait répondu Ghislain, afin de soulager les maux de l'âme : on randonne dans les bois pour s'imprégner de leur atmosphère chargée d'ions négatifs, écouter les arbres communiquer entre eux et apprendre à interpréter leur langage, on les respire, on les étreint, on capte leur élan primal, ils nous transfèrent la toute-puissance, la solidarité et l'entraide qui caractérisent leurs communautés, la forêt est un espace intérieur dans lequel nous nous ressourçons. — La sylvothérapie de groupe procure des effets apaisants sur le stress, la qualité du sommeil, on s'y recentre autour de l'essentiel : la paix du cœur, sérénité, humilité, béatitude », avait conclu Bertille.

– On en fait chaque matin de la sylvothérapie ! s'était exclamée Catherine.

Elle et Jean ne passaient pas une journée sans faire une promenade dans l'immense forêt des Esprits.

– C'est remboursé par la Sécu ? avait ironisé Marc Rastaing.

– Il faudra leur confectionner des slips en peaux d'auroch et des manteaux en poils de mammouth à ces érudits, avait murmuré Patrice Lafarge à l'oreille d'Agnès, sa femme, qui avait éclaté de rire en les imaginant sur les chemins forestiers dans cet accoutrement.

Bertille et Ghislain avaient expliqué qu'en réalité leur *prime target* c'était une clientèle de Chinois *upper class*, dans un *age group* 30-45, avec un *lifestyle* CSP++++, de la *new money*, jeunes et riches, mais atteints du *Nature-Deficit Disorder* qu'ils pourront soigner grâce à notre philosophie du recours à la nature. « Des Chinois ? — Oui, des Chinois. — Dans notre région, alors qu'on est éloignés de tout ? — C'est le *packaging* du projet et notre *competitive advantage*, éloigné de leurs circuits plan-plan pépé-mémé Paris-Châteaux de la Loire-Plateau de Valensole. Quand on analyse les *primary* et les *secondary data* on observe que la nature ils ne savent pas ce que c'est. On a effectué des *feasibility studies* et chez nous ils vont bicher, de la nature avant tout : on leur mettra les mains dans la terre, les pieds dans la boue et la tête sous les étoiles ; on les déguisera en paysans, on les fera planter des légumes, sarcler le potager, tailler les fleurs, tondre le pré, embrasser les arbres, cueillir des champignons, arroser le jardin, ils récolteront les œufs des poules d'Antoine et le miel de Florimond, ils sont d'accord ça leur fera de l'argent de poche, on a tout prévu. Le soir, ils mangeront leur récolte de la journée, ils feront des moije *nonstop* et on parlera de Dorlange sur les principaux blogs touristiques chinois pour assurer le *media coverage* et le *buzz* que nous compléterons avec le *e-marketing*. Pour le *launching* de notre *brand awareness* ce sera top. » Christophe avait demandé pourquoi des Chinois alors que nous avons du mal à attirer des touristes français. « Je parle chinois depuis mon stage d'été à Shanghai après mon diplôme du Celsa, avait répondu Bertille, et je connais parfaitement leurs mentalités depuis ma mission de trois mois dans une agence de pub pékinoise : il leur faut du concret et du vécu. — Nos Chinois, avait souligné Ghislain, il faudra les appâter : nous inviterons des blogueuses-prescriptrices de Hongkong, Pékin ou Shanghai, *all expenses paid*, elles assureront le *feedback* et écriront des reportages élogieux sur notre vision d'un séjour dans une nature certifiée conforme à leurs attentes. C'est de la *win-win situation* ou on n'y connaît rien. On doit rester *focus* sur le *target* sinon on se plante. On a fait imprimer des *booklets* sur notre future *corporate image* et on fera du *direct* et du *viral marketing*, c'est moins *hype* mais plus *cost effective*, surtout en termes de *brand recognition*. »

« Formidable. — Magnifique. — Épatant. — Hong-kong, Pékin, Shanghai, mazette ! »

Bientôt Dorlange, le centre du monde ? *The place to be* pour les *happy few* !

XII

Sur les instructions de Manon, Clément s'était entretenu avec Camille pour déterminer dans quelle mesure elle pourrait se charger des traductions. Antoine nous a appris que tu parlais arabe, ta langue maternelle n'est-ce pas, on aurait besoin d'une interprète, tu comprends, pour qu'ils n'aient pas l'impression de déboucher dans un inconnu total, même si leur arrivée reste encore très hypothétique.

Pourquoi Antoine est-il allé leur raconter ça, pensa-t-elle après son départ. Je l'avais mentionné pour lui, pas pour la terre entière. Les confidences que je lui fais ne le sont pas pour être disséminées aux quatre points cardinaux ! La prochaine fois je ferai attention, mais c'est désolant parce que j'aime bien discuter avec lui.

Clément retrouva Manon qui semait des graines dans leur potager. Il s'empara de l'arrosoir et entreprit d'inonder les semences qu'elle enfouissait dans la terre.

– Alors ?
– Elle a dit qu'elle le parlait, mais que ça faisait longtemps qu'elle ne le pratiquait plus.
– Et ?
– Elle a trouvé l'idée séduisante ; elle pense être utile au début, mais qu'ensuite elle aurait besoin d'être secondée. Elle en discutera avec Bruno.
– Il était là ? Deux week-ends de suite ! Qu'est-ce qui lui prend ?
– Il lisait le journal dans le salon.
– Pourquoi demander son autorisation ? Elle a besoin de son *imprimatur* pour un truc pareil ?
– Je ne sais pas. C'est l'anniversaire d'Astrid aujourd'hui. Camille a invité les enfants du village pour le goûter.
– Ah, d'accord, il fait acte de présence. Tu cueilleras des roses pour la petite. Elle va avoir quel âge ?
– Treize ans. On dirait que tu ne sembles pas l'apprécier plus que cela.
– Qui ça ?
– Bruno.
– Je n'aime pas la façon dont il me regarde.
– Qu'est-ce qu'elle a la façon dont il te regarde ?
– Léa pense comme moi, mais elle, elle fait gaffe à ne pas se retrouver seule avec lui.
– Il n'est jamais là !
– Il est venu pour Pâques. Et à Noël.
– Qu'est-ce que tu essaies de me dire ? Il t'a fait des avances ?
– Non, mais il a dans les yeux des lueurs qui ne trompent pas.

– J'en apprends de belles. Un obsédé sexuel à Dorlange ! C'est une plaisanterie ou quoi ? Il a déjà eu un comportement déplacé ?

– Pas vraiment, en tout cas rien de graveleux. C'est un type normal, libidineux comme vous l'êtes tous – elle lui lança un coup d'œil moqueur –, des phrases à double sens, des sourires équivoques, une main qui s'attarde sur mon bras, pas de quoi porter plainte, mais je n'aime pas qu'on me lorgne comme si j'étais un trophée éventuel. C'est quoi ce bruit de pétarade ?

– C'est Eliott qui prend son vélo pour une moto de cross ; il jouait avec Héloïse et Ziggy devant chez Camille ; Natalie et Michèle ne sont pas là aujourd'hui, elles l'ont laissé aux Vancelle.

– Il a brisé quoi depuis ce matin ?

– Ne sois pas si dure, c'est un gamin hyperactif, ça lui passera. J'aimerais que tu m'alertes à propos de Bruno s'il récidive ; je n'en reviens pas, ici, quand tout le monde se connaît, comment peut-il oser ?

– Il n'a rien fait de condamnable. Ne t'inquiète pas, mon gros loup, je peux le gérer.

– Moi ça me trouble ; on ne plaisante pas avec le harcèlement sexuel. Cette abjection ne doit plus demeurer impunie.

Bruno, séducteur impénitent ou agresseur potentiel ? Comment faire la distinction ?

Un Don Juan de salle paroissiale persuadé que toutes les femmes doivent craquer pour lui, pensa Manon, Léa ne peut pas le saquer, je ne sais pas pourquoi, pas grand-chose sinon elle aurait envoyé

Christophe lui tailler les oreilles en pointe ; l'antithèse de Bruno c'est Antoine, lui les femmes lui courent après, comment fait-il cet oiseau-là, il les écoute, il les fait rire et pof, elles tombent dans ses bras, mais on en voit moins depuis quelque temps, se serait-il calmé le bougre, je suis sûre qu'il en pince pour Camille, on les voit souvent ensemble et elle, fine mouche, pas si distante ni réservée, de l'eau qui dort, elle vaut mieux que l'image un peu hautaine qu'elle nous renvoie parfois, quand on parle toutes les deux je la devine en quête d'autre chose, rebelle presque, elle s'étiole avec Bruno-le-Lubrique, il lui faut un nouvel horizon, elle attend qu'Antoine fasse le premier pas, elle, elle osera jamais, quoique, volcan en sommeil, holà, Manon, de quoi tu te mêles, « Clément, va me cueillir ces roses pour Astrid pendant que je prépare le déjeuner, coupe-les comme Antoine te l'a montré, tu te rappelles ? »

Antoine ? Où était-il cet animal ? Dans le jardin des Courtil où picoraient les deux poules qu'il venait d'offrir à Catherine pour sa fête.

Léa était au marché de Monfray avec ses filles. Les jumelles devaient rejoindre des amies avant d'assister à un match de rugby où la plupart des joueurs étaient des garçons de leur lycée. Léa avait rendez-vous avec un acheteur pour une série de peintures hyperréalistes sur les astragales de Sicile qui fleurissaient dans la région. Depuis qu'elle avait abordé cette nouvelle technique sa cote n'avait cessé de grimper : de ses aquarelles animalières à cent euros elle avait viré hyperréaliste et la moindre toile se négociait deux mille euros. Ils avaient pu financer de gros travaux d'aménagement chez eux, en particulier le sauna et le jacuzzi d'où Isaure et Victoire sortaient en petite tenue, mais ce spectacle ne ravissait plus grand monde, même pas le Florimond. Des gamines complètement nues qui folâtraient dans un pré, ça pouvait échauffer un moment, mais on s'en lassait vite.

Annie Rastaing sur Internet, plongée dans les sites conspirationnistes et de radicalisation intégriste où elle puisait son miel.

Bertille sur *Wechitchat* avec une blogueuse hongkongaise qu'elle espérait attirer aux Balcons de Dorlange.

Ghislain sur le plan de travail de la cuisine et au fourneau : velouté chaud d'euryales et galettes de péronias, filets de *red tuna* et chumitogo d'épinards et de *yellow sprouts*, sauce yuzu ponzu, chia et sésame noir, pudding de kaki et thé matcha. Les aliments biobobo du Bien Manger, la coopérative de Michèle ? Que nenni. Ghislain les achetait *online* et se faisait livrer par drone lorsque sa commande n'excédait pas trois kilos : ça avait plus de standing que faire la queue dans la boutique avec la piétaille du cru.

Après sa séance *Wechitchat*, Bertille est venue lui demander comment les gens comme nous doivent se positionner sur un sujet pareil. « Quel sujet ? — Cette histoire d'immigrés dont on nous rebat les oreilles du matin au soir. — Il est trop tôt pour formuler une attitude en accord avec les convictions qu'il nous faudrait adopter. — Et ce serait quoi nos convictions ? — Pour le moment comment veux-tu que je le sache ? — On pourrait procéder par élimination. — On ne va pas se prendre la tête, rien n'est fait, c'est juste des *gossip* et puis le département est vaste, attendons de voir, pas de précipitation, renseignons-nous, effectuons un *benchmarking* de migrants, quelles ont été les réactions de la populace dans les endroits où on en a casé de ces itinérants, on analysera ensuite le comportement adéquat par rapport aux valeurs que nous aurons définies et c'est celui pour lequel on optera. — Comme quoi par exemple ? — Je ne sais pas, tolérance, mais dans un cadre bien précis, on est ouvert à tous, bienvenue chez nous et après on rentre à la maison et on s'oublie, solidarité avec les peuples, mais rien qui nous entraîne trop loin, on ne va pas les inviter à dîner, tu vois, ce genre de choses, une façade positive et chaleureuse pour bonifier notre image et ensuite chacun pour soi. — Et donc ? — Et donc pour l'instant rien, on ne voit rien, on ne dit rien, on n'entend rien, d'ailleurs on n'est au courant de rien, soyons positifs, la probabilité d'en entrevoir un est réduite, on est éloignés de tout, c'est le désert culturel, on est entourés d'alternatifs en peaux de bique et dreadlocks qui se prennent pour les rois du monde parce qu'ils cultivent trois arpents en bio, le climat est dégueulasse et les Syriens n'échoueront jamais à Dorlange même si on les pousse avec une baïonnette dans le dos, mais dis-moi plutôt, avec la blogueuse, comment ça s'est terminé ? — Plutôt bien, elle est d'accord pour venir, elle a trouvé le *driving point* super intéressant, mais elle est en Chine ; il faut lui payer un billet *business class round trip* Shanghai-Paris puis TGV première classe et aller la chercher à la gare de Perrache dans une voiture "qui ne lui fasse pas honte", c'est ce qu'elle m'a dit verbatim. — L'empereur n'est pas son cousin, dans quoi elle se mouche cette fille ? — On pourrait attendre son retour en France, on économiserait, mais on perdrait l'appréciation favorable qu'elle aurait si on lui offrait son voyage. — Oui, mais cinq mille balles de billets aller-retour et de location de voiture alors que nous n'avons aucun client. — C'est de l'investissement, Ghislain, soit on ne fait rien, ou le minimum, et on décide d'accueillir des franchouillards sans un rond, des séminaires de cadres neurasthéniques ou des week-ends d'intégration pour des bœufs qui dégueulent dans tous les coins, soit on lâche des ronds au départ (*tax deductible* n'oublie pas) et on récupère la manne chinoise ; on n'a pas dépensé tout ce que nous avions budgété pour la restauration, entre les crédits d'impôts, l'embrouille pour les subventions de l'Anah et le prêt à taux zéro remboursable quand on aura dégagé un bénéfice, c'est-à-dire jamais ! »

Florimond ? Parti relever ses pièges.

Valentin et Karine, leurs enfants ? Nicolas et Sylvie, leur gamine ? Chez eux, pas chez eux ? Les thuyas impénétrables. Les murailles de troènes.

Jean et Catherine Courtil débattaient avec Antoine du mur de pierre sèche à consolider le long d'un communal : ils auraient voulu qu'il s'en charge. Il ne raffolait pas de cette idée. Si Dorlange avait fait partie du

Parc Régional Naturel du Chabrier, ils auraient bénéficié d'une aide financière à la sauvegarde du petit patrimoine, mais le conseil municipal s'en étant émancipé – au prétexte que l'abonnement annuel revenait trop cher (deux euros par habitant) alors qu'en réalité ils abhorraient l'idée (fausse) que les autorités du parc aient leur mot à dire dans leurs petites combines –, ils n'auraient droit à rien et Antoine ne brûlait pas de désir à s'impliquer dans cette rénovation.

Les Courtil ont insisté et il a subi les pressions, douces et persistantes, d'une véritable cabale. La communauté des voisins. Le Florimond le taquinait en le traitant de lavette, ça le mettait en joie ces gens qui passaient leur temps à donner des instructions à son neveu ou à faire appel à lui dès que quelque chose clochait dans leur univers. Antoine se dépêtra comme il put, oui, mais non, non, mais pourquoi pas, un jour, peut-être, quand le temps s'y prêtera, à la réflexion, avec l'accord du maire, si on le fait en groupe.

Camille l'a amadoué, et convaincu. Elle lui a téléphoné le mercredi 2 mai : elle arriverait le lendemain en fin de journée pour le long week-end du 8 mai et Antoine j'aimerais tant qu'on le fasse ensemble.

⋆

L'Atelier Murailler pour flanflans, pioupious et bobobéats en mal de courbatures a débuté le vendredi 4 mai afin de profiter des cinq jours du week-end jusqu'au mardi 8.

Il faut pouvoir travailler à l'aise, aussi leurs tenues laissent à désirer, surtout celles des jumelles qui se baladent en robe transparente avec presque rien dessous et prennent des poses lascives en se penchant sur le mur.

Au village le chantier plaisait et le samedi matin ils étaient tous au rendez-vous pour la poursuite des travaux.

Sauf Manon car elle était enceinte, elle l'avait confirmé à Clément qui avait mis le holà à toute activité physique.

– On l'annonce aux autres ? demanda-t-elle avec de l'excitation dans la voix.

– C'est notre vie intime, Manon, on ne peut pas sans arrêt étaler sur la place publique nos moindres vétilles et…

– Attendre un bébé, tu appelles ça une vétille ?

– Pas du tout, mais il faut maintenir des distances, sinon ça devient étouffant et bientôt on ne pourra même plus préserver un minimum de vie privée.

« Une sciatique, Manon ? — Hier tu sautillais comme une chevrette ! — Tu es malade ? — Tu es bien pâle ce matin. — Tu ne serais pas enceinte ? — Clément, Manon est enceinte ? — C'est que, c'est que. — Il fallait nous le dire ! — À trente-six ans il était temps Manon. — Enfin un événement heureux ! — Terminés les travaux de force, du repos, beaucoup de repos. — C'est que, c'est que, j'attends la confirmation du médecin. — Nous avons un très bon gynécologue au centre médical à Monfray. — Le plus connu il est à Doves, à la clinique des Platanes, la fille d'une de mes amies en disait le plus grand bien. Manon, c'est lui que tu dois consulter. — C'est que, c'est que. — Pas d'histoires Manon, on ne joue pas son bébé avec un gynécologue de sous-préfecture. J'appelle mon amie pour avoir ses coordonnées. — Un bébé à Dorlange! — Manon, tu veux un garçon ou une fille? — Et toi Clément tu préférerais avoir un garçon ou une fille? — Une fille, je parie, la fille à son papa. — C'est que, c'est que. — Clément, sois gentil avec Manon hein, pas de blagues, on t'a à l'œil — C'est que, c'est que.»

Un groupe des fidèles du culte de Natalie à la rééducation spirituelle par le toucher orgasmique était venu examiner les progrès de la mi-journée après leurs exercices matinaux. Ils avaient applaudi l'essence du collectif qui animait les travailleurs, mais ne pouvant identifier le souffle indispensable à la reconnexion du soi supérieur il n'était pas concevable pour eux d'aider à porter ou à poser des pierres puisque le lâcher de l'ego-mental et la perception intérieure de la démarche personnelle n'étaient en rien encouragés par cette activité manuelle, mais bravo quand même.

En réalité ce samedi 5 mai un communiqué préfectoral diffusé la veille au journal d'actualités régionales sur FR3 les agitait à des degrés divers.

Ce communiqué n'apprenait rien de traumatisant: huit communes auront le privilège d'héberger des demandeur-euse-s d'asile syrien-ne-s. À la date du 4 mai ça n'allait pas plus loin. Les noms de ces communes ? La préfecture entretenait le suspense.

À Valeyrac : « Des demandeurs d'asile ? — On nous avait dit qu'il s'agirait de réfugiés ! — On nous a encore menti. » Au Murinais : « Moi, je connais plein de gens qu'on pourrait envoyer à l'asile, le préfet en premier. » Dans les Baronnies : « On s'occupe d'eux, mais pas de nous, les vrais Français. »

Dans la municipalité, ils étaient en fait partagés 60-40 le long de la ligne de fracture électorale : « On l'a échappé belle. — Ils arrivent et moi je prends le maquis. — À coups de fusil moi je vais te les recevoir. — Attention, rien n'est joué pour l'instant. — Ne vous réjouissez pas trop tôt, ils n'ont pas révélé les noms des municipalités concernées. »

La vie continuait malgré tout.

– Coucou, je vous présente une amie chinoise, Prudence Chen, qui passera le week-end en notre compagnie.

– Une Chinoise à Dorlange !

– 你们好你们好大家好很高兴认识你们大家.

– Bertille, qu'est-ce qu'elle a dit, qu'est-ce qu'elle a dit ?

– J'ai dit Bonjour tout le monde je suis très heureuse de faire votre connaissance.

– Vous parlez français ?

– Misérablement.

– Tu le parles couramment ! Moi, si je pouvais m'exprimer en mandarin aussi bien que toi en français ! s'exclama Bertille.

– Ne te sous-estime pas, Bertille, tu sais bien que «万事开头难», mais qu'à la fin «功到自然成» !

– Ah, euh, oui oui, bien sûr, comment ne pas…

– Qu'est-ce qu'elle a dit, Bertille ?

– Elle a dit que, euh, elle a dit que…

– J'ai dit que lorsqu'on commence quelque chose c'est difficile, mais qu'à force de persévérance on réussit toujours.

Pendant que le reste de la troupe s'affairait avec une excitation enfantine, Antoine expliqua les rudiments à la jeune Prudence (vingt-quatre ans). Elle succomba rapidement aux charmes de la pierre. Elle n'en avait jamais vu, ne savait pas que ça existait et pendant les trois jours restants, elle fut, et de loin, la plus dynamique, et pourtant la concurrence ne demeura pas les bras ballants, rajoutant dix mètres de mur aux trente prévus. «太好了太好了我高兴得很» criait-elle avant de traduire en français «c'est trop bien, je suis heureuse comme jamais». «Faudrait juste pas qu'elle se blesse, on aurait l'air fin», confia Ghislain à Bertille qui la surveillait du coin de l'œil.

Avec son iPhone elle fit des centaines de moije et mitrailla sans interruption, rien n'était trop trivial, le setter irlandais de Christophe, les poules de Catherine, les chats d'Antoine, les moutons dans les prés, les lilas en bourgeons, les cerisiers en fleur, les géraniums autour du lavoir, des oiseaux sur un câble électrique, une taupinière, un tas de cailloux, des bûches sous un abri, une sauterelle sur une brindille, des pucerons sur un rosier, ses mains après avoir tripoté des orties sans gants, elle découvrait la nature authentique que Bertille et Ghislain souhaitaient promouvoir.

– Riche idée que nous avons eue de l'amener. Imagine si Antoine avait prévu de ne refaire ce mur qu'à la Pentecôte !

Lundi, Bertille la raccompagna à Perrache, elle descendait visiter des chambres d'hôtes autour du mont Ventoux ; Ghislain s'en était inquiété : « J'ai peur qu'entre nous et Le Crestet, Brantes ou Séguret, la comparaison ne soit pas flatteuse, tu la baratineras dans la voiture, mets l'accent sur nos singularités et l'originalité de notre démarche. »

Prudence postera sa critique quelques heures plus tard.

Dix mille années de vie ! Apologétique le compte rendu de Prudence Chen sur son blog « 我的法国之旅推荐最佳旅游住宿 : Mon tour de France des meilleurs séjours touristiques ».

Avec en prime une super idée : pourquoi vos clients ne participeraient-ils pas à la restauration des murs du village, cette expérience sera aussi inoubliable pour eux qu'elle l'a été pour moi.

Sitôt relayée par Ghislain aux habitants.

– Attention, précisa Ghislain, on ne dit pas clients, mais *guests*, clients ça sonne trop mercantile gîte boui-boui à notre goût.

Participation à la restauration ? Approbation unanime. Splendide idée, splendide idée. Pour le salut du village ! Sans que ça coûte un rond ! Pas tant que ça, les Chinois leurs séjours ils les paieront à Ghislain et à Bertille ! Payer pour travailler, voilà une vision postmoderne des plus alléchantes.

– Si on le proposait aux Syriens ? suggéra Catherine.

– Proposer quoi ? lui demanda son mari.

– De restaurer les murs !

Où en était-on à ce sujet dans les ténèbres ménagées par les autorités préfectorales ?

Ils demeuraient toujours obscurs puisque rien n'avait fuité sur l'essentiel, c'est-à-dire le plan Ultra Secret Top Confidentiel mis en place dans quatre préfectures.

Un flou avait été dissipé lorsque le 13 mai, dans son discours à la Journée du patriotisme, le préfet avait dévoilé les noms des huit communes appelées à recevoir des demandeur-euse-s d'asile syrien-ne-s dans son département ; elles disposeraient d'un délai de trente jours pour présenter un plan d'accueil et d'hébergement satisfaisant aux critères légaux.

À la sous-préfecture de Valjauve : Moline-en-Séraille, Marsan, Longérac, Espérandiou.

À la sous-préfecture de Monfray: Néhant-le-Trousselieu, Bardiac, Rougereuse, Dorlange.

DORLANGE!

Décision de bonne politique politicienne qui allait faire des heureux, des stupéfaits, des circonspects, des chagrinés, des mécontents, des furieux, des fous furieux, des enragés, des fanatiques.

– Antoine, qu'est-ce que tu penses de tout ça? demanda Camille alors qu'ils étaient tous réunis chez lui pour en discuter.

Pour l'instant il n'en pensait pas grand-chose. Le maire avait convoqué le conseil municipal en session extraordinaire le vendredi 18 mai. La réunion promettait d'être houleuse car la décision du préfet les poignardait dans le dos. Antoine était préoccupé par la répartition géographique des membres du conseil dans les hameaux de la commune. Il faudra désigner des lieux d'hébergement et chacun votera, selon lui, pour un hameau où il ne logeait pas:

L'Augustin habitait – sur le papier – au premier étage de la mairie de Dorlange, ancienne propriété familiale, à côté du cimetière, mais résidait en permanence à Valeyrac chez l'Eugénie: il n'irait pas voter pour ouvrir les portes de Dorlange et de Valeyrac aux Syriens, pas de ça devant chez moi. Deux membres habitaient le Murinais, deux autres les Baronnies et le Norbert, premier adjoint, à Pandirac. Restaient deux hameaux sur lesquels les votes pouvaient se porter : Faissac et la Monte-Chauvet. Faissac était colonisé par des retraités le doigt sur la gâchette qui déménageraient plutôt que de prêter un bout de plancher dans un hangar, un cabanon, un poulailler ou une niche à des gens d'une religion qui n'était pas aussi vraie que la leur. Le Julien vivait avec ses parents à la Monte-Chauvet et l'accès à leur ferme, isolée et à trois kilomètres de la route départementale sur un chemin plein d'ornières, rendait toutes ambitions d'accueil irréalistes.

Camille retournait à Lyon avec ses trois filles et ne pouvait s'attarder. Elle souhaita qu'Antoine la tienne au courant des délibérations car elle ne reviendrait pas le week-end prochain. « Tu as mon numéro de portable ? — Oui, bien sûr. — Tu n'hésites pas à m'appeler, d'accord ? » Hésiter ? Il aimerait ne pas hésiter. Sa conscience le rappela à l'ordre.

En entrant chez elles, Natalie demanda son avis à Michèle : « Mon avis sur quoi ? — Les Syriens. — Je n'en pense rien parce qu'il n'y a rien à penser de ce genre d'âneries. — Des âneries ? — Ou des broutilles si tu préfères, je ne comprends pas pourquoi ils s'excitent pour ou contre deux ou trois migrants. — Ils ne s'excitent pas, ma chérie, ils se posent des questions, ils envisagent des solutions, tu ne peux pas le leur reprocher ! — Je sais à l'avance ce que le conseil municipal va décréter : nous n'avons pas les infrastructures ni les moyens nécessaires pour accueillir des réfugiés, fermez le ban, circulez, y a rien à voir et moi je ne suis pas certaine qu'on doive se mêler de ces histoires, d'ailleurs je m'en fous ; parlons d'autre chose, tes bouffons sont partis à quelle heure ? — Les derniers vers 17 heures, avant l'apéro chez Antoine. — On a bossé dur aujourd'hui, si on allait se coucher ? — Oui ; tu sais que j'ai très envie de toi ce soir ? »

L'amour. On ne pense qu'à cela dans ces montagnes. N'ont-ils pas mieux à faire ?

XIII

Michèle avait vu juste.

Vendredi 18 mai, le CM avait voté une résolution (6 voix pour, 1 voix contre – le pisse-froid de service) après un débat qui tourna court puisque seul Antoine recommandait de répondre positivement aux instructions préfectorales. Il suggérait un hébergement provisoire dans la salle des fêtes avant l'achèvement des travaux du musée des coutumes qui serait plus utile à des demandeurs d'asile qu'aux cinq pèlerins s'y bousculant pendant l'année. On rit à chaudes larmes devant l'absurdité d'une telle proposition.

Il ne leur fallut guère plus d'une quinzaine de minutes pour clore ce déplorable épisode dans une conclusion – officieuse – lapidaire et sans méprise : hors de ma vue. Racisme latent ? Non, revendiqué. La résolution était formelle et le maire n'avait pas eu à jeter son poids dans la balance : « La commune de Dorlange ne possède aucune structure adaptée à l'accueil et l'hébergement d'une nouvelle population, pas plus qu'elle n'a les moyens matériels et financiers d'assurer une scolarisation conforme aux lois de la République.»

Crochet du droit, direct du gauche, monsieur le préfet, prenez ça dans les gencives.

Antoine n'avait pu s'opposer à ce bel élan démocratique bien qu'il eût menacé, à mots couverts, de le relater sur son blog et d'y mentionner l'ouverture, à la demande du maire, d'une école maternelle pour les enfants du village à la rentrée de septembre.

La résolution fut placardée par la secrétaire de mairie sur le panneau d'affichage et l'attroupement qui attendait la fin de la réunion put en avoir la primeur.

Clameurs de soulagement. Cris de victoire. «Invasion migratoire, c'est hausse de la criminalité, camps d'initiation sexuelle, centre de formation professionnelle de djihadistes. — Ces mécréants ne respectent pas les valeurs humanistes, fondements de notre civilisation. — Nos impôts ne subventionneront jamais des parasites. — Nous, quand on nous attaque, on réplique ! — On est Français, on ne se soumet jamais ! — Dimanche c'était la fête à Jeanne d'Arc, elle serait fière de nous, on les a boutés hors de Dorlange les Sarrasins !»

Les preux chevaliers en marcels blancs et bérets noirs.

Ce sympathique tumulte de joie tonitrua pourtant moins que les huées lorsque le Conseil apparut sur le perron. Devant l'ampleur du tapage l'Augustin et ses adjoints s'empressèrent de regagner leurs voitures et démarrèrent sous les sifflets en faisant crisser leurs pneus sur le gravier. Les partisans des Syriens seraient-ils plus nombreux que les opposants naturels ?

Antoine prit alors la parole et commenta la proposition qu'il avait faite, rendit compte de son échec et termina en précisant que le vote d'aujourd'hui ne représentait rien d'autre qu'une prise de position préalable en vue de négociations ultérieures entre la préfecture et les communes concernées.

Cette explication tirée par les cheveux eut le mérite de faire baisser la tension.

Il connaissait la plupart des habitants rassemblés devant la mairie, serra des mains, tapa sur des épaules, bavarda à droite, bavarda à gauche et remercia les Courtil ainsi que Manon, Christophe et Natalie d'être venus.

– Ah tiens, Nicolas, Valentin, vous êtes là vous aussi !
– On voulait être sûrs que la mairie ne fasse pas de conneries.
– Des conneries ?
– Oui, comme ouvrir toutes grandes nos portes à des islamistes violeurs d'enfants.
– Vous voilà rassurés.
– Pas qu'un peu !

Le préfet avait-il réalisé, lui et ses collègues apprentis sorciers, que naîtraient des discordes, des dissensions et de la division dans les villages sélectionnés pour recevoir les Syriens ? Les prochaines semaines promettaient d'être folkloriques.

Il avait neigé deux jours d'affilée le samedi 19 mai et le dimanche 20, mais le phénomène était normal en cette saison. Par contre la terre tournait plus vite à Dorlange qui bourdonnait avec une intensité redoublée depuis le mercredi 23 mai et le passage éclair du sous-préfet de Monfray. Il avait exigé une réunion pour « affaire vous concernant », cet intitulé anxiogène pouvant aussi bien signifier « à la suite de notre entretien vous allez être placé en état d'arrestation » que « votre chat s'est oublié sur le paillasson de votre voisin quand le piquerez-vous ? ».

Le CM n'avait fait qu'accomplir son devoir de vérité en alléguant les carences d'une misérable commune en pleine décrépitude, incapable d'accueillir comme il l'aurait fallu ces braves gens réfugiés chez nous à cause de, à cause de, à cause de quoi au fait, à cause de guerre civile et de massacre des populations, oui, voilà, guerre des populations. Comme si c'était de notre faute. Ils n'avaient rien à se reprocher.

Antoine était là avec sa double casquette de conseiller municipal et de journaliste. Avant l'arrivée du sous-préfet il discutait avec quelques-unes des (très nombreuses) personnes venues soutenir le CM, devant la mairie. Il fut étonné d'y trouver Ghislain alors qu'il l'imaginait plutôt du côté des sympathisants de la cause.

– Quelle cause ?
– Celle des demandeurs d'asile.
– Je suis là pour m'informer et j'attends Bertille, elle est sur Skype avec une Taïwanaise, après on file au restaurant à Loubérac.
– Lequel ?
– La Bouche Pleine, celui que tu nous avais indiqué.
– Dis-leur que tu viens de ma part et ils vous offriront un pot de leur vin naturel.

Le conseil municipal s'impatientait dans la salle de réunion. Le maire était nerveux :
– Que va-t-il nous annoncer le blanc-bec, nous traduire devant un tribunal militaire ?
– Augustin, dis pas de conneries, on a répondu qu'on ne pouvait pas les héberger ces Arabes, la commune est miséreuse, on n'y peut rien.
– Et si cet empêcheur de tourner en rond nous ordonne de les héberger, Norbert, on présente ça comment aux habitants ?
– On va se faire écharper, fut la réponse des quatre autres membres du conseil.
– Antoine, toi qui le connais, tu crois que tu pourrais l'adoucir le rampant ?

Antoine connaissait Thierry Vilder pour l'avoir côtoyé dans les festivités départementales. Un homme énergique pour un fonctionnaire de cet échelon et qui ne se laissait pas attendrir par les ors de sa fonction. Je ne vois pas ce que je pourrais lui dire, pensait Antoine, nous avons prouvé que nous n'étions que des petits minables racistes, il va nous renvoyer dans les cordes et on sera à nouveau la risée du département.

Depuis qu'il avait été coopté sur la liste du maire, il était en porte-à-faux avec les décisions de la municipalité. Cette situation lui devenait insupportable d'autant que lors des rencontres, manifestations, célébrations et autres aventures d'ordre local auxquels il participait en sa qualité de correspondant de *L'Écho* il était souvent moqué pour les irrégularités, les incohérences et les illégalités des décisions municipales. Dans les campagnes où le téléphone arabe fonctionne mieux qu'Internet, prononcer le mot Dorlange c'était la certitude d'entendre des rires, des sarcasmes, des allusions désobligeantes. La mairie la plus sectaire et obscurantiste du département. Le bleu poule mouillée majoritaire aux dernières élections. Je devrais démissionner, j'ai l'air d'un con quand je dois défendre notre réputation, et d'un traître si je la raille ; aujourd'hui Thierry va nous traîner dans la boue, dehors les abrutis vont prendre les armes, je serai obligé de pondre un article sur les échauffourées prévisibles, putain, le ridicule, la France de tout en bas, celle des Petits Blancs aigris, vindicatifs et haineux.

Je démissionne avec effet immédiat et je vais pêcher dans la Voloire. Ce soir truite en papillote ou tartare de saumon à la ciboulette ?

Il n'eut pas le loisir de se projeter en cuissardes, au milieu de la rivière avec ses mouches car Thierry Vilder entrait dans la salle.

– Ne vous levez pas, je serai bref.

Il restait debout en les fixant à tour de rôle, le regard lourd, impassible, les lèvres pincées. Il ne fit pas le tour de la table pour serrer les mains. Une minute, deux minutes. Pas un bruit dans la pièce. Gêne perceptible. Des raclements de gorge. Quelqu'un se moucha. Des chaises commencèrent à s'agiter.

Le sous-préfet prit la parole.

Bref il le fut.

– Les communes de Néhant-le-Trousselieu, Bardiac et Rougereuse ont répondu avec engouement à nos instructions. La réponse de Dorlange est inadmissible et ne sera pas tolérée, surtout de la part d'une commune dont le moins que l'on puisse dire est qu'elle est tout sauf pauvre. Vous avez quinze jours pour nous soumettre un programme d'accueil et d'hébergement en bonne et due forme. Passé ce délai et en l'absence de propositions sérieuses nous réquisitionnerons un ou plusieurs bâtiments. Tout ceci vous sera confirmé par un courrier qui a déjà été envoyé. Sur ce, messieurs, bonne continuation.

Il sortit en claquant la porte. On entendit démarrer sa voiture qui partit sur les chapeaux de roue.

L'Augustin était écarlate, le Norbert livide et les quatre autres conseillers municipaux en état de choc. Antoine ironisait, il fallait s'y attendre, quand on réagit avec une mentalité d'assiégés on finit toujours par perdre la forteresse.

Le cuir de nos édiles municipaux ne manquait pas d'épaisseur. La gifle du sous-préfet ne les traumatisait pas ; non, ce qui les épouvantait c'était d'être contraints d'accepter la présence d'une horde sauvage et incontrôlable d'étrangers basanés et, surtout, d'avoir à en informer leurs administrés.

Tandis qu'ils discutaient de la conduite à tenir Antoine sentit que le moment était venu de présenter sa démission. Qu'ils barbotent dans leur ignominie, mais sans moi. Il prit une feuille de papier et son stylo et lorsqu'il eut terminé sa lettre il la parapha et la fit glisser jusqu'à l'Augustin.

– C'est quoi ça ?
– Ma démission.
– Ta démission ? Encore une de tes pitreries ?
– J'en ai ras le bol ; ça ne m'avance à rien de participer au conseil.
– On va se faire lyncher en sortant d'ici et toi tu te barres tranquillement ?
– Vous faire lyncher, non, mais vous rigolez, personne ne va vous lyncher, au contraire ils vont vous ériger une statue. Si quelqu'un va être lapidé c'est le préfet, ou les Syriens quand ils arriveront. Vous ne risquez rien !

– Le rat quitte le navire, tu me déçois, Antoine.

– Nous aussi tu nous déçois, poursuivit le chœur dans son écho coutumier.

– C'est vous qui êtes décevants, je vous l'avais dit qu'il fallait les accepter ces Syriens, vous n'avez pas voulu m'écouter, tant pis pour vous, on aurait pu garder la main et négocier une solution satisfaisante avec la préfecture, au lieu de…

– Avec la Kommandantur, oui !

– Très drôle, Hervé, surtout venant de ta part, reprends-moi si je me trompe, mais c'est pas ton grand-père qui s'entendait à merveille avec eux ?

– Je t'interdis, putain.

Hervé Lauras se précipita sur Antoine et le fit tomber de sa chaise. Antoine n'avait rien d'un gringalet, mais l'autre était fou de rage qu'on puisse attenter à la mémoire de sa famille. Les nerfs sont à vifs en ce moment pensa Antoine en se relevant, mais j'y suis allé un peu fort. L'Hervé voulait en découdre, il attrapa Antoine à la gorge et entreprit de la serrer. Tu retires ce que tu viens de dire ou je t'étrangle. Antoine le laissa faire, refusant le piège, il aurait pu le balayer d'un revers, mais il ne lui parut pas indispensable d'envenimer une situation déjà embrouillée. Les membres du conseil s'interposèrent pour les séparer et l'Augustin en profita pour les engueuler tous les deux.

– Il va falloir que vous vous calmiez maintenant, dit-il après que tout le monde se fut rassis, on ne va pas s'entre-tuer pour ces Syriens de mes deux, on ferait mieux de réfléchir à une nouvelle parade.

– Une nouvelle parade, s'esclaffa Antoine, vous allez encore passer pour des…

– Au lieu de se masturber la tête on devrait organiser la résistance dès qu'ils franchiront nos lignes, les bicots.

– Et prendre le maquis s'ils s'implantent.

– Bordel, on va pas se faire baiser sans réagir, faut organiser une contre-offensive !

– Oui, barrer les routes, mettre le feu aux bâtiments réquisitionnés, couper les lignes téléphoniques.

– On va devoir être créatifs les gars.

– Faudrait mettre la population au courant et lui demander son aide.

Antoine se levait.

– Je sens que cette discussion ne mènera nulle part. Je n'ai plus d'énergie pour écouter vos idioties. Je m'en vais. Ma démission tient plus que jamais.

Il était furieux. Au-delà de paroles extrémistes débitées sans réfléchir, il s'inquiétait pour la suite des événements. Cet après-midi la tension montait au sein d'une entité aussi négligeable qu'un conseil municipal, qu'allait-il advenir des réactions de la population quand les Syriens seraient *effectivement* réceptionnés dans le village ?

Dehors piaffait l'attroupement, « Alors Antoine, les nouvelles ? — Le maire arrive pour vous les exposer. » Il n'avait pas envie de discourir. Il rentra chez lui sans s'arrêter sous le chêne où un groupe de ses amis l'interpella. Il leur fit un signe en indiquant sa montre du doigt. Il voulait prendre un bain, se reposer, oublier les pénibles incidents de cette fin de journée. Je vais écrire ma chronique là-dessus et j'ai été bien avisé de démissionner, on ne pourra pas m'accuser de partialité.

Il se souvenait de n'avoir pas toujours été d'une grande clairvoyance et que, parfois, lui avait manqué d'infuser une fine dose de scepticisme dans ses chroniques. Il pensait à l'irruption des premières familles de cassosses : les discussions auxquelles il avait participé l'avaient convaincu qu'il fallait s'attendre à des oppositions violentes, des levées de boucliers. Or rien de tel ne s'était produit. Pas d'avis de grand vent, calme plat, drapeau vert. Certes, dans beaucoup d'endroits où le cassosse a été introduit, les équilibres restent fragiles et les antagonismes entre voisins récurrents, mais c'est la loi du genre, le grand jeu de la solidarité imposée. Antoine était novice à l'époque et ses articles avaient illustré cette absence de circonspection qui lui aurait permis d'apprécier la réalité à sa juste valeur : les gens parlent beaucoup, mais agissent peu. Des moulinets pour la galerie. Surenchères de piliers de comptoirs. Cet après-midi je me suis excité pour des prunes, il ne se passera rien, les demandeurs d'asile s'installeront avec l'obligeance de la population et tout le monde y trouvera son compte.

Il prépara son bain. Où ai-je mis les sels ? Il fouilla dans les placards. Un bain sans les sels de la mer Morte ? Comment se détendre ? Il les trouva là où ils avaient toujours été, devant lui, sur le plateau de la baignoire. Où avait-il la tête ?

Il se déshabilla dans sa chambre, s'examina dans la grande glace de l'armoire. Pas si mal, des amatrices? Qui sera la prochaine heureuse élue? Elle? Non, bien entendu, il plaisante, utopie, utopie, rêverie inconsistante.

Il sortait du bain lorsqu'il perçut du remue-ménage en bas de chez lui. Il se précipita sans son peignoir à la fenêtre de la chambre donnant sur la place.

⋆

Accompagnée d'Isaure qu'elle était allée chercher avec sa sœur à la sortie de leur pensionnat pour ce grand week-end de l'Ascension, Léa arriva avec Natalie et les Courtil devant la mairie où une soixantaine de personnes écoutaient Augustin Gersant perché sur une chaise avec un micro dans la main. Elle tapa sur l'épaule de Manon qui se retourna et leur dit qu'il était en train de faire un compte rendu de la visite du sous-préfet. «Alors? lui demanda-t-elle. — Vous avez loupé l'essentiel, ils sont devenus fous, figurez-vous qu'ils veulent entrer en résistance! — Comment? — Oui, c'est n'importe quoi, il paraît qu'Antoine a démissionné du conseil et qu'ils se sont battus, lui et Hervé Lauras, le cantonnier du Murinais, mais je n'ai pas compris pourquoi.»

– ... à la majorité absolue a pris cette décision. Nous sommes maîtres chez nous et libres d'accueillir qui on veut; ceux dont on ne veut pas, la route est encore longue pour vous, merci de poursuivre votre chemin.

Se sachant soutenu par 68 % de sa population il entonnait là un chant de combat.

– Nous refusons le chantage anti-démocratique de la préfecture qui nous met le couteau sous la nuque et le revolver sur la gorge.

Le Norbert, premier adjoint, prenait la parole pour enfoncer le clou.

– L'affaire suivra son cours, conclut l'Augustin, mais quoi qu'il arrive on sera prêts, qu'on se le dise. Il y va de nos libertés vitales. En attendant vous pouvez rentrer chez vous.

– Les ânes seront mieux gardés, brailla une voix dans la foule.

– Tous unis derrière le maire, cria Léon.

– Défendons la République, pas de colonisation de nos territoires, brama Édouard.

– Non à l'occupation du village par des zarbis, beugla Louis-Marie.

– Les envahisseurs dehors, rugit Bernard.

– Faites marche arrière, retournez chez vous, hulula Colette.

– Racailles de sous-race, glapit Annie Rastaing.

– On va se les braconner s'ils arrivent ces bouffeurs de chameaux, croassa le Julien.

Dorlange monte à l'assaut. Union sacrée. Braves gens, armez-vous! «… qu'un sang d'impurs…», «… jusque dans nos bars égorger nos filles et nos compagnes...», «... des cohortes d'usurpateurs feraient la loi dans nos villages !...», «Liberté, liberté ma chérie...».

L'éloquence des guerriers en charentaises et pulls tricotés maison.

«Manon, qu'est-ce que c'est que ce foutoir? Léa et Natalie étaient médusées. — La France des petits blancs racistes qui se défoule, venez on remonte au village, on en parlera là-haut lui répondit-elle. — Je n'avais jamais vu une chose pareille, avoua Natalie, tant d'altruisme et de tolérance ! — Ils ont été infectés par le mal des ardents, constata Jean Courtil, ils sont en proie à des hallucinations sanguinaires ! — Les fous, ils voient des musulmans partout, poursuivit Catherine. — Vous pouvez m'expliquer ce qui se passe, s'écria Léa en prenant la main d'Isaure effrayée. — Maman pourquoi ils hurlent comme ça, ils font peur, on dirait qu'ils vont se battre.»

Ils débouchaient sur la place. Des voitures les dépassèrent dans un joyeux concert de coups de klaxon. Les Rastaing qui revenaient avec plusieurs habitants du Murinais et des Baronnies levèrent les doigts en signe de victoire. D'autres remontaient à pied et en chantant. L'allégresse générale. Clément et Christophe sortirent de leurs maisons respectives. Ils se dirigeaient vers la fontaine, l'endroit-neutre-réservé-aux-assemblées-villageoises-pour-discuter-des-problèmes-communautaires. Il était 19 heures. Ils virent Antoine ouvrir sa fenêtre, rouge et torse nu. «Encore en pleine action, collègue ? » cria quelqu'un. Tout le monde éclata de rire, sauf Antoine, qui referma aussitôt la fenêtre, le visage écarlate.

Manon résuma les faits présentés par Augustin Gersant : la sous-préfecture posait un ultimatum en ordonnant à la municipalité de se préparer à recevoir les demandeurs d'asile et s'ils n'organisent rien la préfecture réquisitionnera des bâtiments.

– Ils vont en faire des crises d'apoplexie, s'exclama Clément.
– Elles ont commencé, le maire a dit qu'il refuserait de se conformer aux ordres.
– Et donc ?
– Il y aura réquisitions, on n'en est pas encore certains à 100 %, mais c'est ce qui va leur tomber sur le crâne.
– C'est génial, s'exclama Christophe, on va pouvoir les accueillir et s'occuper d'eux, mais pourquoi tout ce chahut ?
– Pas si simple, mon cher, pas si simple.
– Comment ça pas si simple ?
– Ils ont décidé de s'y opposer et de lancer des actions de résistance, non, non, tu ne rêves pas, de résistance, répondit Manon.
– Ils, c'est qui, le maire et le conseil municipal ?
– Oui, mais pas que, la plupart des habitants de la commune aussi, ces malheureux encerclés bientôt submergés par le tsunami migratoire ! poursuivit Jean.
– Quand je pense qu'ils ont le droit de vote, releva Natalie, on devrait le réserver à ceux qui ont un QI minimum.

– 70 % pour le bleu milicien, comment s'étonner de leurs réactions lorsqu'on leur apprend que des Syriens vont débarquer sur leurs plages !

– Des actions de résistance, ça veut dire quoi ? demanda Isaure qui les écoutait avec attention.

Les Drevois et Roxana les avaient rejoints ; ils se mêlèrent à la conversation qui se poursuivit chez Natalie et Michèle autour d'un apéritif improvisé.

On expliqua à Isaure la signification des mots « actions de résistance ». C'était obscur, le maire ne s'étant pas étendu sur le sujet. Clément lui fit un résumé succinct de Vichy ainsi que de la Résistance et de la Collaboration. Elle n'avait pas étudié cette période au lycée, mais d'après ce que tu me dis Clément, les réfugiés syriens sont les Allemands, les habitants de Dorlange les résistants et ceux en faveur des Syriens les collaborateurs, n'est-ce pas ? Elle avait tout compris.

Il faut sang-froid garder : un maire qui jacte haut et fort en relevant le menton, les membres du conseil municipal s'escrimant des deux bras et des villageois qui beuglent la *Marseillaise* en se trompant sur les mots et le refrain avant de récupérer leurs voitures et de rentrer chez eux portières sécurisées et ceintures bouclées, ça ne prendra pas le maquis au premier coup du tocsin ! Mais la haine balaie la peur et ils se figurent déjà héros ou compagnons de la Libération.

– Nous aurons des Syriens à Dorlange quoi qu'il arrive, le mieux serait de s'accommoder pour les recevoir et en débattre sans animosité avec les habitants, leur dit Roxana, elle-même d'origine étrangère, pourquoi n'organiserions-nous pas une réunion où chacun donnerait son avis, on négocierait ensemble et on s'accorderait sur un consensus ?

– Si le consensus c'est dehors les Syriens, on fera comment après, conclut Léa, une guerre ouverte entre eux et nous ?

Dommage que Victoire ne soit pas venue s'instruire avec sa sœur, mais elle doit préparer un exposé. En réalité elle a un BF potentiel à émoustiller sur son compte *YoungForever* où elle a posté des photos d'elle manquant d'ambiguïté.

Victoire s'était révélée plus précoce qu'Isaure, ou moins tourmentée qu'elle à propos du pouvoir de son corps. Elle avait remarqué le manège du Florimond qui la reluquait de la cuisine d'Antoine avec une discrétion toute relative. Elle le trouvait touchant Florimond. Pourquoi s'en serait-elle offusquée ? Elle se déhanchait pour lui et étudiait ses poses les plus évocatrices par pure bonté de cœur, le pauvre, à son âge, il avait bien mérité un petit bonheur.

Depuis l'an dernier, elle avait l'habitude de surfer sur des sites pornographiques. Au début, elle était écœurée. Petit à petit, et sans que ses parents qui se refusaient à contrôler les activités *online* de leurs jumelles ne devinent quoi que ce soit, elle y prit goût et commença à pratiquer ce qu'elle voyait sur son écran avec son BF actuel, Jules, un godelureau qui n'en espérait pas tant et qu'elle connaissait depuis la cinquième. Lorsqu'ils étaient supposés rédiger une fiche de lecture à deux Christophe la descendait le samedi après-midi à Pontbrac où habitait Jules. Ils exerçaient alors leurs ardeurs juvéniles sur les postures des vidéos en ligne sur www.abcdusexe.fr : le vert paradis des amours enfantines version XXIe siècle.

XIV

Antoine ne s'était pas déplacé pour l'apéro chez Natalie et Michèle. Il était resté chez lui. Il aspirait à la tranquillité, au silence. Une pensée le tourmentait : comment devait-il juger les regards que Camille semblait lui adresser plus fréquemment que de coutume ? Le tourmentait ? L'obnubilait, oui ! La nuit il avait du mal à penser à autre chose. À autre chose qu'elle. Il prenait ses désirs pour des réalités ! Depuis l'entame de l'Affaire syrienne, ils se retrouvaient souvent pour en discuter. Ne recherchait-elle pas sa présence, les migrants offrant une bonne excuse ? Méfie-toi, Antoine, pas d'écarts, se raisonnait-il, tu vois des mirages partout, Camille est une amie, proche, certes, mais une amie, souviens-t'en.

Il se coucha tôt, mais se releva lorsqu'il perçut des coups frappés contre la baie vitrée de sa véranda. Il tendit l'oreille. De nouveau : trois coups lents, deux coups rapides, un coup sec. Il reconnut le code. Il enfila un tee-shirt et son pantalon et descendit lui ouvrir.

– Mon ami l'ermite ! Salut l'artiste, entre vite.
– Ça va-t-y, garçon ? On dirait que je te réveille, à 9 heures du soir ! Vous êtes de concert demain les *Rednecks* ?
– Non, mais j'étais naze aujourd'hui. Tu as faim ?
– Quelle question !
– Allez vous servir, Maître, vous connaissez le chemin du frigo ! Je vais chercher les bières à la cave.
– Merci mon bon Foutriquet ! Tu peux me consacrer quelques heures ce soir ou bien t'es fatigué et je repasse un autre jour ?
– Non, non, pas de problème.

Mon ami l'ermite ?

Plusieurs mois auparavant, Antoine chassait dans les bois d'Amble. Il était parti à l'aube avec son arc et ses flèches à pointe assommoir. Il rentrait presque bredouille (un lièvre) quand, au détour d'un chemin, il était tombé nez à nez avec l'ermite de la forêt, cet étrange hominidé sans passé ni identité, réfugié dans la Cent-Sermons. Antoine n'avait plus eu de ses nouvelles, ni lui ni personne de sa connaissance. Il avait oublié son existence. Il était vêtu, remarqua-t-il, un bon point pour lui, pas de peaux de bêtes ni de nudité masquée par un étui pénien, pas de sagaies, de haches de pierre, ni d'armements plus modernes.

L'ermite le salua d'un grand sourire et s'approcha de lui.

– Bonjour, je vous connais, vous êtes Antoine, de Dorlange.

Après un moment de saisissement tout à fait explicable – il est habillé et il parle – Antoine serra la main que lui tendait l'ermite.

– Euh, oui, bonjour à vous aussi, oui, je suis Antoine, mais comment le savez-vous ?
– Moi c'est François ; vous revenez de la chasse, vous avez attrapé quelque chose ?
– J'ai tué un lièvre.
– Avec votre arc ? Chapeau. Moi j'y arrive, mais j'en bave, faudra que vous me l'appreniez votre technique, je dois m'y prendre mal. Je peux regarder votre bestiau ?

Antoine ouvrit sa gibecière, sortit le lièvre en le tenant par les deux oreilles. « Si vous le voulez je vous le donne, j'en ai un plein congélateur. — Ce ne sera pas de refus », lui répondit l'ermite. Il le prit, le regarda, le soupesa, un grand merci, ça va me faire du bien par où il va passer !

Antoine était de plus en plus stupéfait. C'est quoi ça, une apparition ? Il se frotta les yeux. Je suis en communication avec les esprits ?

– Vous ne vous attendiez pas à me rencontrer, n'est-ce pas ? Je le vois à votre tête toute chamboulée ! Je dis ça, c'est pas méchant. Pourtant y a du monde en forêt, pas autant que sur les Champs-Élysées le 31 décembre, aussi question solitude, par moments, c'est moyen, mais bon, je sais où me cacher pour être tranquille. Les femmes, j'en vois défiler par ici, des vraies processions ! Non, je plaisante, pas tant que ça, vous allez me prendre pour un satyre !

– Des femmes ?

– Oui. Je vous raconterai un jour si vous êtes sage. Ne restons pas là plantés comme deux poireaux. Venez avec moi, je vais vous montrer ma cabane.

Qu'est-ce que c'est que cette conversation surréaliste, pensait Antoine, je suis où là ? Il regarda autour de lui en secouant la tête, dérouté. Je n'ai rien mangé de spécial ce matin, pas bu d'alcool ni fumé de pétard. L'ermite paraissait amusé de sa confusion, venez, n'ayez pas peur, c'est par là.

Antoine lui emboîta le pas et ils s'enfoncèrent dans la forêt.

Sur le chemin de sa cabane, l'ermite, ou plutôt François, un homme en excellente forme et très prolixe, résuma l'essentiel de sa vie à Antoine qui avait des difficultés à comprendre ce qui lui arrivait. Voilà un ermite bien sociable et démonstratif pour un ermite, se disait-il. Il recouvra ses esprits et, habitué à entendre les confidences de ses interlocuteurs, l'écouta avec attention en relançant la conversation avec des questions précises.

– Tu peux me tutoyer, mon pote, je vais pas te manger ! l'exhorta François dans le courant de leur conversation.

Avec l'affermissement de leur amitié, Antoine s'étonnera toujours de son langage, un mélange de sophistication et de verdeur, voire une effronterie gouailleuse, déconcertante au premier abord, mais très efficace pour casser la glace.

En arrivant à la cabane, une construction rudimentaire de branches, de fagots et de rondins de bois, recouverte de genêts, Antoine n'ignorait rien de l'insolite, et fantasque, personnalité de son propriétaire. Gentillette, cette cahute, mais ce n'est pas moi qui vivrait là-dedans !

– Attends, on n'est pas encore arrivés, celle-ci c'était à mes débuts, la cinq-étoiles elle est plus loin.

Ils marchèrent un long moment avant de déboucher dans une clairière au milieu de laquelle trônait un tipi. Ils entrèrent.

– Je l'ai monté en suivant les instructions de mon manuel de survie, les bâches je les ai récupérées à la déchetterie de Pontbrac, mais le fût en métal qui me sert de poêle et les tuyaux de conduite je les ai trouvés dans les bois, si tu savais ce qu'on peut dégotter en forêt, une poubelle en pleine nature, en tout cas je me chauffe et je peux cuire ma bouffe.
– Pas mal du tout, lui avoua Antoine, bien isolé, pas grand, mais confortable.
– Un petit nid d'amour ! lui dit François en riant.

Si tout ce qu'il me raconte est vrai, je pourrais écrire une super chronique avait-il songé tandis que François déroulait son parcours à cœur ouvert. Plusieurs semaines plus tard, après qu'ils eurent fraternisé, il lui avait proposé de l'interviewer, mais François avait répondu par un non catégorique, « ça me couperait l'herbe sous le pied et je perdrais l'effet de surprise ».

Herbe sous le pied, effet de surprise ?

Se convertir en ermite avait été un choix délibéré pour François qui avait renoncé à son existence parisienne afin de voyager à travers la France avant de s'établir dans la Cent-Sermons où il avait la ferme intention de vivre en homme des bois, loin du vacarme dérisoire de la ville, loin des technologies modernes qui éloignaient l'homme chaque jour davantage du monde réel. Être autonome, accepter de vivre en marge, solitaire – il pensait qu'il n'aurait pas de meilleure compagne que la solitude –, à l'écart de la civilisation.

Sa démarche pour autant n'était ni gratuite ni aveugle.

Romancier ayant connu le succès public grâce à un prix littéraire prestigieux, il n'avait plus été édité par la suite, à part un second roman, bide total. Son inspiration était à sec, ses idées ordinaires, son style plat, ses histoires sans souffle, sa construction romanesque bancale. On trouvait néanmoins là les critères de base de la réussite littéraire contemporaine, alors que me manquait-il ? Ah, si j'étais une femme, jeune, jolie, photogénique et vêtue court et échancré, le moindre de mes étrons serait publié. Je pourrais citer des noms. Il y avait songé, écrire sous un nom de femme, mais il s'abstint, la supercherie serait vite repérée. Étais-je condamné à n'être que l'homme d'un seul livre, écrivain mineur, sitôt monté au firmament, sitôt retombé dans l'obscurité et incapable de se relever ? Écrits vains ? L'écriture n'étant pas une science exacte – sauf pour ceux fabriquant à la chaîne les mêmes best-sellers industriels au fil des rentrées –, il est difficile de construire *une œuvre* sur la durée. Il écrivait, il écrivait et chaque année le manuscrit enfanté dans la douleur était rejeté par l'éditeur ou balancé direct dans une broyeuse. Il avait eu droit à son quart d'heure de gloire : les interviews à la radio et à la télévision, les portraits dans les journaux et les magazines, la participation aux salons les plus courus, les conférences dans les universités, les lycées, les médiathèques, les rencontres et les signatures dans les librairies et les foires aux livres, les TGV première classe, les meilleures chambres d'hôtes, les invitations au restaurant, les femmes qui lui glissaient leur numéro de portable, celles qui l'attendaient en pâmoison, des groupies !, au sortir d'une lecture, d'un débat, d'une séance de signature Bonjour mademoiselle c'est pour qui, c'est pour moi, et votre prénom c'est, Marjorie j'ai adoré votre livre, Pour la belle Marjorie qui a adoré *La Femme quotidienne* comment lui donner tort ! Une vedette ! Un moije, s'il vous plaît, François. La nuit, il fallait assurer, sa réputation était en jeu. Consentantes bien sûr. Aujourd'hui il serait obligé de leur faire signer une décharge, un protocole, une convention. Avant, pas après. Les avant-ébats sous les regards des avocats, des témoins des deux parties et du comité de moralité publique, maintenant que vous vous êtes mis d'accord sur les points abordés vous pouvez l'inviter à boire un morceau, manger un coup, tirer un verre. Son éditeur pavoisait, à Francfort on a vendu les droits dans onze langues, François, tu réalises, dont l'ourdou, le berbère et le tagalog ! Cet état de grâce ne dura pas. Année après année il se demandait comment écrire qui soit fondateur, révolutionnaire, attrayant, lisible, vendeur ? Sur quel sujet ? Avec quel style ? S'inscrire à un atelier d'écriture ? Pour manufacturer des romans standardisés, coulés dans le même bronze, captivants comme le mode d'emploi d'un robot de cuisine ? Les années passaient, s'enfuyaient, les illusions avec. Récriminations, aigreur, colères, déprime. Sa femme avait fini par le quitter. Heureusement ils n'avaient pas eu d'enfants. Que lui restait-il ? Son travail de professeur d'anglais au lycée de Suresnes ? Salaire, sécurité sociale, retraite, treizième mois. Fascinant. Un matin, il se réveilla d'un coup : je lâche tout, je pars. Année sabbatique. Congé sans solde. Sac à dos, chaussures de randonnée, polaires, tee-shirts, chaussettes anti-ampoules, tente légère, sac de couchage. Je vais à la rencontre de la France. Un petit pécule : je reviendrai quand il aura été entièrement dépensé. Téléphone portable, cartes de crédit, papiers d'identité : au fond d'un tiroir. Pas de filet de protection. C'est tout ou rien. Carnets de notes, crayons à papier, dictaphone. J'écrirai le roman de la France rurale que j'aurai traversée à pied du nord au sud et d'est en ouest.

Il marcha près d'une année, couchant à la belle étoile, dans les granges ou chez l'habitant, mangeant chez l'un, mangeant chez l'autre, chapardant un œuf, un bidon de lait, fouillant les poubelles des supermarchés et se battant parfois avec ceux qui s'y ravitaillaient. Les carnets de notes se multipliaient. Il les envoyait chaque mois, chez lui, poste restante. Le pécule fondit. Il arriva à Pontbrac un jour de marché, y épuisa ses derniers euros. Il avait changé, n'était plus le même homme qu'au début de son périple. Aguerri, ingénieux, rusé, silencieux. Le projet de départ lui aussi avait changé. Plus de France rurale. Elle n'existe plus. Comment en parler ? L'inventer ? Il voulait habiter dans les bois, se construire une cabane, chasser, pêcher, cueillir des baies, se laver au ruisseau, faire du feu, grimper aux arbres, courir nu, revenir aux bases et vivre en communion avec la nature comme les premiers hommes, renouer avec la part d'animalité qui sommeille en nous en retournant à la vie sauvage. Puis raconter son expérience dans un livre choc que les éditeurs se battraient pour publier et que les lecteurs plébisciteraient par centaines de milliers avant de se précipiter dans les salles obscures pour en applaudir l'adaptation.

– Vivre à la Jeremiah Johnson, c'est ça ? lui avait demandé Antoine.

– *Yep*. Un Jeremiah Johnson du XXIe siècle en France. Super original. Du jamais-lu.

– Vivre ou survivre ?

– Survivre, je ne souhaite pas dépasser ce stade sinon mon expérience n'aurait aucune valeur.

– Comment tu t'en sors ? Je veux dire, comment es-tu passé du mode Confort au mode Survie, c'est impossible, le savoir-faire ne tombe pas tout cuit, on ne s'improvise pas ascète, chasseur, bûcheron ou ermite au milieu de forêts à plus de mille mètres d'altitude !

– Au début j'en ai sué et pas qu'un peu, je ne le cache pas. Le plus gros problème c'est la nourriture, je dois sans cesse explorer la forêt pour trouver de nouvelles sources d'approvisionnement dans un environnement hostile. Je vis au jour le jour, impossible de rien prévoir, il faut apprendre en permanence à tout faire tout seul, sur le tas, même si tu ne sais pas comment. La clé du succès, c'est la débrouillardise et surtout l'observation constante de la nature pour la comprendre, la connaître, tenter d'être en harmonie avec elle. Patience et persévérance, sans elles tu meurs. Ça aussi je l'écrirai, ce sera puissant. Je me suis acclimaté, j'ai réfléchi, je me suis organisé, note bien que je ne partais pas de zéro non plus, j'avais déjà vadrouillé pendant un bout de temps et puis j'ai été aidé, je le suis toujours d'ailleurs, par quelqu'un de chez toi !

– Quelqu'un de chez moi ?

– Florimond, *the old-timer.*

– Florimond ? Ça alors ! Qu'est-ce qu'il a fait, comment il t'a aidé ? Florimond ?

– J'avais acheté un manuel de survie au cours de mes pérégrinations, mais il était inadapté pour une vie dans les bois, c'est pour ça que j'en ai chié. J'étais très mal préparé et j'ai eu un démarrage vraiment calvaire. Un soir j'ai rencontré Florimond, à l'étang de la Bourdine, il braconnait je ne sais plus quoi, si, à la lampe électrique, ça devait être des grenouilles. Il a été aussi surpris de me voir que toi tu l'as été ; on a beaucoup parlé, longtemps et à de nombreuses reprises, et puis il m'a invité chez lui, j'y suis allé, j'y vais encore souvent et...

– Je ne t'y ai jamais vu !

– Je viens la nuit, sans me faire repérer, même si sa maison est en dehors du village. C'est lui qui m'a enseigné comment survivre en forêt.

– Je t'admire parce que j'en serais incapable ; dans ma prime jeunesse oui, mais maintenant... Florimond, il t'a enseigné quoi ?

– L'essentiel : comment pêcher les poissons, les écrevisses, les préparer pour les manger, comment utiliser un couteau, poser des pièges, éviscérer, dépecer, reconnaître des traces, quelles sont les fleurs et les racines comestibles, comment aménager un potager, allumer un feu qui tienne toute la nuit, couper des arbres, solidifier une cabane, se protéger du froid et de la neige, faire des bougies avec de la graisse de faon, ce que tout bon Jeremiah Johnson doit maîtriser. L'arc c'est lui qui me l'a donné, je ne suis pas doué mais je persévère, le problème c'est que ça me prend des heures l'affût, le matin ou le soir. On a chassé le chevreuil ensemble, mais j'ai encore de la peine pour les dégommer. Avec les collets c'est plus efficace, par contre il faut beaucoup marcher et on n'attrape pas toujours ce qu'on veut, j'ai bouffé du blaireau une fois, je te le conseille pas, c'est dégueulasse, j'ai tout jeté. Florimond m'apportait, m'apporte toujours, des légumes et des fruits de son jardin. Il m'a aussi fait découvrir la cabane de chasse aménagée dans l'ancien moulin sur le torrent, plus haut, tu dois la connaître, non ?

– Elle est spartiate.

– Je m'y réfugie quand il pleut ou quand il neige, ou qu'il fait trop froid, il y a un poêle à bois et un grand lit avec des couvertures et aussi un réchaud au gaz, on s'éclaire à la bougie. J'essaie de ne pas m'y rendre tout le temps sinon je perds en authenticité et l'authenticité, dans mon projet, c'est primordial. Florimond m'a sauvé et je le citerai en remerciement à la fin de mon livre. Sans son soutien on aurait découvert mon cadavre à moitié gelé au pied d'un boqueteau ! Quand je vais chez lui, je me lave, je prends un bain, je me rase et puis je mange à ma faim, il fait un de ces barboton, putain, je vendrais mon ex-femme, *God forbid.* Il me parle souvent de toi, il t'aime bien, je sais que tu hériteras de lui, il me l'a dit, j'en profite pour prendre des nouvelles du monde, je regarde la télé, je lis les journaux, tiens par exemple je lis tes chroniques, elles sont géniales, j'aimerais écrire comme toi !

– Je ne suis qu'un journaliste, je décris, je n'invente rien ; toi tu es romancier, on n'évolue pas dans la même division.

Jeremiah Johnson devant la télé ? Avec une paire de pantoufles fourrées et une combinaison isolante Carhartt ? Il aurait à sa disposition les derniers miracles de la technologie : un Smartphone, la 5G et un iPad, un parquet chauffant, un poêle à granulés électronique et une motoneige. En matière de solitude et de retrait du monde, François pouvait mieux faire. Antoine ne le jugeait pas. Sa démarche était courageuse et les deux hommes sympathiseront vite. Par la suite François viendrait souvent chez Antoine, au crépuscule et débouchant par le jardin, derrière, pour rester invisible aux yeux des villageois. Il avait son livre à écrire, un roman véridique et sincère, pas de demi-mesures, du factuel et de l'au-then-ti-que. Il vivait dans les bois et pas ailleurs. Il ne raconterait pas ses dimanches devant la télé ni ses repas et ses bains chauds chez Antoine ou le Florimond. Manquerait plus que la messe et un lit garni. Jeremiah Johnson à la messe de 10 heures. Où va-t-il garer son 4×4 ? Roule-t-il à l'huile végétale ? Après l'office, à la pâtisserie, deux choux à la crème, un nègre-en-chemise et une religieuse s'il vous plaît madame. Et sa squaw ? Bien dressée : ménage, vaisselle, repassage. Douche intime, viens là mon bichon que je t'envoie au septième ciel.

– Cette vie, tu pourrais l'inventer de A à Z !

– Comment peux-tu écrire sur quelque chose que tu n'as pas vécu ?

– C'est le principe du roman, non ?

– La vérité vraie, voilà ce qui marche auprès du lectorat. J'ai compris cette donnée depuis bientôt, quoi, deux ans que je suis parti. J'ai foutrement cogité sur ce sujet. Je t'explique : dans un roman autobiographique, ou une autofiction, le lecteur ne doit pas se perdre, les faits qu'il va lire sont déjà arrivés pour de vrai à quelqu'un qui existe réellement, tu comprends, sinon il est désorienté le petit chéri !

– Un roman autobiographique ? Comment un roman peut-il être autobiographique ? Autofiction ? On marche sur la tête ! On n'en a pas soupé de ces impuissances imaginatrices ? Un roman c'est une fiction, un monde imaginaire. Inventer voilà qui devrait être ton objectif, François, et l'imagination, l'imagination, la liberté absolue, le grand vent du large qui souffle, qui lave et qui nettoie, la vue des crêtes sur tout l'horizon, rien ni personne ne pourra jamais te la reprendre, avec elle tu domines le monde et…

– Attention, mon grand, tu deviens lyrique ! Je suis d'accord avec toi, mais c'est ce qui se vend à la tonne sur les étals des librairies.

– Tu vas écrire le roman de ta survie dans la forêt et tout sera vrai.

– Exactement.

– Un récit, en d'autres termes.

– Un roman, camarade, un roman. En parlant avec toi, je m'aperçois que ce serait plus correct d'appeler ça un roman-réalité, oui, un roman-réalité. Une nouvelle terminologie qui séduira les masses populaires. Important la sémantique en littérature, n'est-ce pas !

– Au moins tu n'écriras pas de mensonges en racontant des histoires d'Indiens ou de grizzlis surgissant de nulle part pour te tuer.

– À leur place il y a les femmes !

– Les femmes ne tuent pas.

– Sentimentalement, psychologiquement, financièrement, si, elles peuvent t'anéantir.

– Tu en vois tant que ça dans nos forêts ? Je suis le premier surpris.

– Beaucoup, non, restons calmes ; après que je me suis installé le bruit a couru qu'il y avait un homme vivant seul dans les bois, une sorte d'anachorète et ça les a fait venir. Au début par curiosité, qui est cet ermite dont on entend parler, un sage, un maître, quel enseignement pourrait-il nous dispenser ? Ça les fait frétiller, tu penses, elles se tiennent plus, un sauvage, un reclus, un indompté si près de chez elles, tout entier à ses pulsions. Pourtant c'est pas glamour tous les jours.

– Je veux bien le croire.

– Bref, pour en revenir aux raisons de mes succès auprès de ces dames de la vallée, je ne sais pas pourquoi je les attire, la nostalgie d'un monde disparu, d'une vie sans compromissions, la communion avec la nature, la liberté totale, le refus des apparences et de la consommation effrénée, je n'ai pas d'explications définitives, j'observe simplement ; je les accueille toujours avec plaisir, au moins certaines dont je tairai les noms !

– Tu raconteras ces expériences-là dans ton livre ?

– Je ne dissimulerai rien, sinon ce serait de la gonflette, du pipeau, artifices et forfaitures, non, j'écrirai sur mon vécu sans fard ni censure.

Pourtant, au fur et à mesure de leurs discussions (Antoine lui offrait le couvert plusieurs fois par semaine), François modifia son approche d'un roman-réalité. « Était-ce une démarche si intéressante », se demandait-il à haute voix devant Antoine. Il remplissait des cahiers et des cahiers de notes sur l'emploi de ses journées mais il commençait à douter de leur pertinence et surtout de leur utilité pour un lecteur lambda qui n'habiterait jamais dans un galetas au fond des bois, je me lève avec le soleil, y a pas d'eau, je vais en chercher au torrent, un brin de toilette, fait pas froid ce matin, je suis à poil, je fais ma crotte sous un noisetier, je m'essuie avec des feuilles ou de la mousse, je ranime le feu, réchauffe quelques racines, ya bon ya bon, merci Florimond, deux cuisses d'écureuil, slurp

slurp, j'enfile mon pantalon, j'y crois pas j'ai encore maigri, je suis pieds nus, où j'ai mis mes chaussures, une belette me les a bouffées pendant la nuit, je sarcle trois plants dans le Pot-T'as-J'ai, je dois me réapprovisionner en bois, en eau, en nourriture, *I'd better get my butt out*, les corvées du quotidien, *so fucking tedious*, macédoine de légumes, pièce de bœuf, saint-marcellin, île flottante, un verre de gevrey-chambertin, je salive je salive, où sont les pièges, mon arc, mon arc, quel est le con qui m'a fauché mon arc, une femme se pointe, c'est laquelle celle-là, Pocahontas, Sacagawea ou Âme-Câline, je me rappelle plus son nom, elle m'apporte un saucisson, du pain de seigle, des mandarines, elle a oublié le beurre et les cornichons cette tête de linotte, les *country girls*, l'intellect d'un oisillon, nous papotons, gna gna gna, nous babillons, areu areu, tu vas me trouver volage si j'enlève ma culotte, gruik gruik à quatre pattes sur ma paillasse, bam bam bam devine qui est là, c'est toi mon bélier, elle va se nettoyer dans le torrent, elle hurle l'eau est glaciale, les oiseaux s'envolent, les lapins détalent, j'accours avec une serviette, pas très propre mais on n'est pas là pour faire du petit point, elle repart, je pourrai revenir, oui oui quand tu veux appelle-moi d'abord, mais tu n'as pas de portable, c'est bien pour ça, quelle heure est-il, bordel, même pas 11 heures du mat, qu'est-ce que je vais foutre le restant de la journée, me promener, putain je les connais par cœur tous ces bois.

Un dimanche alors qu'il se plaignait à nouveau de ses difficultés narratives Antoine lui avait fait part d'une idée à laquelle il avait songé.

– Si au lieu de parler de toi et de cette vie qui te déplaît de plus en plus tu racontais l'histoire du village et de ses habitants ?

– Quel village ?

– Dorlange.

– Il ne se passe jamais rien.

– C'est ça qui est intéressant, pourquoi ne se passe-t-il jamais rien dans une zone rurale, en moyenne montagne, loin de tout ?

– Précisément parce qu'on est dans une zone rurale, en moyenne montagne, loin de tout et que la vie des habitants n'a aucune espèce d'importance.

– Que tu crois ! Tu te rendrais compte du contraire, tu rencontrerais des personnalités hautes en couleur, des passés compliqués, des avenirs palpitants, des liens singuliers, des secrets qui n'attendent que d'être criés sur les toits, la vraie vie des vrais gens en somme.

– Je ne vais pas interviewer les villageois pour leur tirer les vers du nez.

– Pourquoi pas ?

– Je suis romancier, pas journaliste.

– Pourtant tu veux écrire sur ta vie et ça ressemble plus à du journalisme qu'à du roman !

– Du roman-réalité, nuance.

– La vie des habitants du village racontée par eux-mêmes, tu l'utiliserais comme matériau pour un véritable roman et ensuite tu extrapolerais et tu aurais toute latitude pour inventer des histoires d'amour, des haines tenaces, des conflits entre l'ancien et le nouveau, entre les locaux comme moi et les néoruraux, la réalité ici n'est ni blanche ni innocente, on y voit du noir et du gris, regarde les Syriens qui vont débarquer et les divisions que cela entraîne, tu aurais des tombereaux d'événements à raconter ou à transformer, et puis tu pourrais être violent et dérangeant, outrancier, puéril, manichéen, cinglant ou satirique, politiquement incorrect, liberté de parole, liberté de ton, ta rage créatrice s'en donnerait à cœur joie, rien ne doit t'arrêter, la morale, les convenances et la vérité, au trou, la vérité, au trou, la vérité c'est nous journalistes qui l'écrivons, et tu les abuserais tes lecteurs avec un univers dont ils n'ont aucune idée et les choquerais en même temps, c'est ça le but d'un roman, déranger, sinon pourquoi écrire ?

– Écris-le toi !

– Mon métier m'accapare, mais toi tu es libre, ou tout comme, tu n'as pas décidé de retourner à Paris, prends le temps d'écrire le roman d'un village.

– Je réprime un bâillement !

– Penses-y à l'occasion.

Il y pensa. Décréta que l'idée n'était pas si sotte, je reste encore six mois, avril-septembre, printemps, été, les deux meilleures saisons, je me les suis gelées cet hiver, j'aurai le temps de tout noter et je fignolerai les détails à Paris. Parut satisfait. *Mûrit le projet.* Y apporta une modification fondamentale. En parla avec Antoine, négocia. S'accordèrent.

– Je serai probablement obligé de passer sous les fourches d'un *sensitivity reader.*

– *Sensitivity reader, what the hell is that ?*

– Un éclaireur de sensibilité. Une mode qui va nous arriver très bientôt des éditeurs américains qui l'imposent à leurs auteurs : des experts payés pour corriger les manuscrits et éliminer ce qui pourrait déclencher la fureur d'un groupe de pression, ou de militants de n'importe quelle cause, sur les réseaux sociaux. Imagine que tu ne sois pas une femme, mais que ton roman parle d'elles, comment leur donner la parole de façon que ça n'offense personne ? C'est simple, tu fais appel à une éclaireuse, une femme dans ce cas, qui t'explique ce que tu dois écrire et comment pour ne heurter aucune catégorie de la population féminine, par exemple ; l'idée c'est que rien ne trouble la sensibilité d'un lectorat par essence hétéroclite.

– C'est de la censure qui n'ose pas dire son nom ! Si Flaubert avait dû suivre une éclaireuse, il n'aurait jamais écrit *Madame Bovary* !

– Non, bien sûr. Aujourd'hui il faut éviter les foudres des gardes-chiourmes de l'ordre moral et de la bien-pensance, ces conformistes blafards, la confrérie des éjaculateurs sans joie, des culs-serrés, des donneurs de leçons, des victimes autoproclamées. Ça nous fabrique de la littérature insipide, mais correcte, avec pas un poil qui dépasse, rasée, tondue, lisse.

– Moi qui croyais que tu voulais écrire un roman fondateur !

– Tu es trop naïf, Antoine ; j'en ai pris mon parti et je m'en vais te leur pondre un roman-réalité bien comme il faut, droit, sage et réglementaire !

– Tu plaisantes, j'espère ?

– Oui ! Ou non !

Ce soir, tandis qu'Antoine cherchait des bières dans sa cave, il s'installa sur la table de la cuisine et mit le couvert. Du frigo il sortit trois épaisses tranches de jambon à l'os, de la doucette sous vide, quatre œufs durs, un reste de terrine, un sachet de pruneaux d'Agen dénoyautés, du rôti de porc froid, des blancs de poulet en gelée, un camembert entamé, du pâté en croûte, des tomates, deux petits chèvres. De la panetière, une miche de pain. Il est tard, Antoine a dû dîner, je commence sans lui.

Quand Antoine revint avec les bières il s'assit en face de François qui dévorait à pleines dents, fabuleuse ta terrine c'est du quoi ? Du sanglier. Le tien ? Oui. Tu me donneras ta recette ? Secret d'État ! C'était la kermesse au village ce soir, j'entendais les klaxons d'en bas, avec l'écho, putain, ça résonnait, vous fêtiez quoi ? Ah oui ! je ne t'ai pas parlé de ça. Les descendants du général Boulanger ont à nouveau fait des leurs ? Ils sont odieux. Alors raconte.

Deux heures plus tard, Antoine avait sommeil, je vais me pieuter, François, je suis crevé, demain j'ai une journée tendue. Ok chef, je file, merci pour tout et à la prochaine.

XV

Antoine s'endormit en repensant à ce qu'il venait de raconter à François.

Il se réveilla avec un mal de tête carabiné. Pour mon Ascension je suis gâté, ironisa-t-il. Il avala deux Doliprane avant de descendre à la cuisine préparer son petit déjeuner. Dehors le soleil brillait. Mon Dieu, s'écria-t-il, mais quelle heure est-il ? 11 h 40 sur l'horloge. Il avait dormi plus de dix heures ! Dormi naturellement ? Hier soir, après le départ de François il avait pris un Lexomil, épuisé qu'il était par son manque de sommeil ces derniers temps. Il devrait prendre des vacances.

Les vacances. Un concept original. Ses dernières remontaient à quand ? Seul ou en compagnie ? Il ne partait jamais plus de trois jours. On ne s'éloigne guère dans ces cas-là. Il n'éprouvait pas le besoin de découvrir une ville ou des paysages à l'étranger. Des découvertes il en faisait tous les jours en parcourant son département. Pourquoi chercher ailleurs ce qui se trouve sous vos yeux ? Pour lui les vacances consistaient à enlever la batterie de son Smartphone et la ranger dans un tiroir, loin des yeux, loin des oreilles. Pas de contraintes. Pas de problèmes à régler, de comptes à rendre, de soucis à se faire. À Noël il restait à Dorlange enfoui sous la neige. Qu'aurait-il fêté ? Il n'avait jamais cru en Dieu. Le 31 décembre à 20 heures il éteignait les lumières et montait se coucher avec un roman policier. Le passage d'une année à l'autre : une célébration pour le genre humain, une journée tragique pour lui. Le temps qui s'égrène avec sa seule certitude, la mort au bout, plus proche avec l'année écoulée.

Il alluma son portable. Écouta un message de Léa le suppliant d'écrire quelque chose sur les folies de la veille. Il la rappela aussitôt : «Ton idée est excellente, mais en l'occurrence irréalisable, pour une question de déontologie journalistique. — Tu pourrais discuter avec Gersant pour le ramener à la raison ? — Inutile, j'ai démissionné du conseil municipal. — Oui, on nous l'a dit ; on pensait lui suggérer d'arbitrer une réunion publique où chacun s'exprimerait à cœur ouvert sur la venue des Syriens.» À cœur ouvert ? Bigre, voilà qui transformerait un vertueux rassemblement citoyen en bagarre générale, pensa-t-il. «Formidable idée, lui répondit-il. — Sur ton blog tu n'as pas les mains moins liées par la déontologie ?»

Il aurait apprécié qu'ils le laissent souffler cinq minutes, elle et les autres, je ne suis pas le Tout-Puissant ni le médiateur en fonction pour résoudre toutes les crises, ça devient lourdingue, j'ai ma vie à mener moi. Il avait même un métier et des obligations. Après son petit déjeuner il jeta un œil sur son agenda. S'aperçut avec stupeur de plusieurs actualités à couvrir ainsi qu'un rendez-vous à Ménarques chez un jeune couple star de la télé-réalité, originaire de la région. Soupira profondément. Se demanda s'il ne devrait pas téléphoner à la DRH pour négocier les vacances et les RTT qu'il n'avait jamais pris. Des mois, des années, cumulés en report. Je reviendrai quand j'aurai épuisé mon stock, d'accord ? Rit de son audace. Imagina leur proposer un système de congés à la carte. Aujourd'hui je le sens pas, je travaillerai dimanche, ou l'année prochaine. S'esclaffa. Des vacances, pour quoi faire ? Soupira à nouveau. Monta se laver, s'habiller. Redescendit au salon, ouvrit la grande baie, sortit par le jardin. S'émut de l'état de son potager. Le sol ne gèlerait plus, il était temps de bêcher, ratisser, préparer les plants. On verra demain. Gagna le terre-plein à l'entrée est du village où était garée sa voiture. Les clés ! Il avait oublié les clés. Repartit en marchant vite. Dans la venelle croisa Victoire qui lui fit un clin d'œil et un sourire coquin. Rentra par le jardin, la grande baie, le salon. Où étaient les clés ? Fouilla, s'énerva. Les trouva là où elles étaient toujours rangées, dans le cendrier sur le guéridon. Tous ces oublis, ces étourderies, à quoi pensait-il dernièrement ? Ressortit par le jardin, en courant cette fois-ci. Arriva sur le terre-plein. Entendit une voix derrière lui :

– Alors Antoine, on travaille un jour de fête !

– C'est un sacerdoce Bruno, mais là je suis hyper pressé, je passerai ce soir vous faire un petit bonjour, sinon tout va bien chez toi, ô toi le sauveur des cœurs ?

– Sauveur des cœurs, toujours poète, Antoine !

– Quotidiennement.

– Pas mal comme image, ça me va bien, Camille m'a fait la même réflexion, il y a des maladies du cœur qu'un chirurgien ne peut guérir.

– Les grands esprits se rencontrent.

– Oui, mais pas ce week-end, je suis monté avec les filles, ma mère et un copain, Camille ne se sentait pas bien, elle est restée à Lyon, elle n'arrête pas de se plaindre qu'elle est fatiguée, une femme au foyer, comment peut-elle être fatiguée, elle ne travaille pas.

– Elle s'occupe de la maison, c'est du plein temps non ?

– Si on veut.

– Bruno, je suis au taquet, je dois te laisser sinon je vais me faire sonner les cloches.

– Tu vas où ?

– À Fongérac-Saint-May pour le repas annuel des centenaires du département.

– Il y en a beaucoup ?

– Suffisamment pour que le préfet loue un gymnase entier.

– Faudrait les aider à partir plus vite, vu ce qu'ils coûtent à la collectivité.

– Ils seraient moins nombreux si c'était toi qui les opérais !

– Quel humour, Antoine, quel humour !

– N'est-ce pas, bon, je file, à plus.

Le vendredi 25 mai il se réveilla d'un bond avec dans la tête le texte pour sa chronique. Dévala l'escalier, se précipita sur la table de la cuisine avec son ordinateur.

S'assit. Commença à écrire, les idées chaudes, ses mains qui voltigeaient sur le clavier. Ne vit pas l'horloge qui tournait. Releva la tête vers 11 heures. 15 250 signes. Beaucoup trop long. Beaucoup, beaucoup trop long. Appela l'Éric pour le prévenir qu'il lui soumettait un texte à lire en priorité. Attendit d'être rappelé en buvant des litres de café. Sursauta à la sonnerie. « Pourquoi t'es pas venu à la répétition hier soir, on t'a appelé dix fois, tu lis pas tes messages ? » C'était Lucie. « Lucie, j'ai complètement oublié, je suis désolé, je suis débordé en ce moment. — Tu te souviens qu'on joue demain à Espérandiou ? — Demain, mais demain c'est impossible, faudrait que je boucle ma chronique ce soir, j'ai pas le temps, on peut annuler ? — Tu t'es encore lavé la tête Antoine ? — Quoi ? — Oui, et tu as oublié de remettre ta cervelle en place, putain on en parle depuis trois semaines de ce concert, 21 heures, café-lecture Les Beaux Mots, rue des Hallebardiers, près de la Grand-Place, nous fais pas un coup fourré, sois-y. » Raccrocha en fulminant. Sursauta de nouveau. « Non, on peut pas le publier maintenant ton papier, les nerfs sont à fleur de peau avec toutes ces histoires, ça attiserait les braises, et on n'a pas besoin de ça pour l'instant, il paraît qu'à la préfecture ils sont sur les dents, t'as pas un autre sujet dans tes cartons ? — Je peux le coller sur mon blog ? — Non plus. — Et en changeant le titre ? — *Le village du racisme ordinaire* et on le remplacerait par quoi, *Les cons font de la résistance*, non, Antoine, c'est pas une question de titre ni de contenu, c'est juste pas opportun ; les deux simplets vulgosses et incultes de l'émission de télé-réalité tu les as rencontrés ? — Jessica et Dylan, oui, hier.

— Et alors ? — Et alors ce sera TRÈS difficile de ne pas être TRÈS ironique. — Tant mieux, c'est ce qu'on te demande ; bon, sur ce, play-boy, j'ai du boulot et toi aussi, adios. »

Samedi 26 mai Antoine ne se leva pas tôt. Pressé par la montre il occupa le restant de la matinée à écrire sa chronique sur le couple d'étoilettes de la télé-réalité, *Une voiture vide, Jessica et Dylan à l'intérieur*, et ne sortit que pour rejoindre son groupe à Espérandiou où ils jouèrent pendant deux heures devant un public nombreux qui bissa *Dear Old Dixie* et *Roll on my Sweet Baby's Arm*, deux classiques du bluegrass.

Après avoir conduit sous emprise, compliments d'une fête post-concert très arrosée, mais sans incident – même si lors d'une opération-surprise de dépistage il avait été arrêté à un carrefour par les gendarmes qui, le reconnaissant, le laissèrent filer sans avoir recours à l'éthylotest –, il était arrivé chez lui vers 3 heures du matin dans un état qui aurait justifié une incarcération immédiate, s'était effondré tout habillé sur son lit, avait jeté un œil hagard sur le portable oublié sur l'oreiller et dans un demi-coma avait cru reconnaître le nom d'Estelle en déroulant ses messages, tiens, comme c'est é., et avait sombré dans le sommeil.

Pendant la journée du 26 après le déjeuner il s'était endormi sur le canapé du salon et s'était réveillé en entendant la sonnerie de son portable. Un message de Clément en ébullition : « Manon a eu une super idée, on se voit tous ce soir à la maison. » Monumental, avait-il pensé avant de glisser au message suivant, de Natalie elle aussi frémissante : « Manon a une solution infaillible, on se retrouve chez eux à partir de 20 heures, viens sans faute. » Une solution à quoi ? À la faim dans le monde ? Aux conflits du Moyen-Orient ? J'en ai ma claque de ces discussions interminables, ça rime à quoi, les Syriens, ils vont être hébergés à Dorlange quoi qu'il arrive, mairie d'accord ou pas d'accord.

Comment le savait-il ? Secret professionnel, protection des sources d'information. Le jour de l'Ascension il avait téléphoné à Lætitia pour lui raconter la visite de Thierry Vilder.

– Vous mettez en œuvre votre stratégie pour emmerder les communes d'extrême droite.

– Tout à fait Antoine, elle avait répondu, tu as bien assimilé la leçon !

– Vous avez conscience des problèmes que ça va engendrer, naturellement.

– Ne t'inquiète pas, *big guy*, tout a été cogité au plus haut niveau, *carefully thought through*, lui répliqua-t-elle en riant.

– *As always*, répondit-il du tac au tac, *and that's what I am afraid of*, mais si votre objectif final c'est de les embarrasser devant le pays entier, en attendant, les Syriens on les logera où et on en fera quoi ?

– Vilder, quand il est monté à Dorlange, il était seul ?

– Non, il avait deux gars avec lui, mais ils ne sont pas rentrés dans la salle.

– *Keep it for yourself, will you*, c'était des agents du SRT, le Service du Renseignement Territorial, ils devaient fouiner dans le village pour voir quelles maisons on pourrait réquisitionner au cas où, parce qu'il y aura au moins deux familles avec des enfants et quelques jeunes célibataires, mais je ne peux pas t'en dire plus pour l'instant.

– Putain, ça va être sanglant, le maire, le conseil et la majorité des habitants s'y opposeront de toutes leurs forces.

– S'opposer à quoi ?

– À leur arrivée.

– Je ne savais pas ; c'est quoi l'idée ?

– Ils ne donneront pas suite aux instructions de Vilder, il n'y aura pas de plan d'accueil à lui soumettre et ils entreront en résistance.

– Tu me nargues là, Antoine !

– Pas du tout, et comme avec eux on n'est jamais sûr de rien, ils pourraient bien aller au-delà des vents qu'ils lâchent habituellement.

– Ils se foutent de nos injonctions ? J'en parle à Numéro 1, je te tiendrai au courant, mais toi reste où tu es, tu seras notre taupe, comme ça on saura ce qu'ils mijotent, ces imbéciles.

– Ce sera pas possible, j'ai démissionné du conseil.

– Tu quoi ?

– J'ai démissionné du conseil.

– *Huge mistake*, Antoine, demande à Gersant de la reprendre cette démission, on aura besoin de toi à l'intérieur pour anticiper leurs conneries et coordonner les dispositions adéquates.

– Lætitia, ce que je t'ai dit là, c'est Secret Défense, d'accord, ça ne vient pas de moi.

– *No problemo kiddo !*

Revenir sur sa démission ? En plein vaudeville ? Dans cette pantalonnade ?

Il ne s'était pas rendu au symposium chez Manon parce qu'il était sur la route d'Espérandiou. Concert ou pas concert il n'avait plus l'intention de participer à ces initiatives citoyennes rendez-vous des bavards, des on-n'a-qu'à, des faudrait-que et des si-c'était-moi professionnels. Qu'ils se débrouillent sans moi, clap de fin, je renonce.

★

La réunion du 26 chez Manon avait fait flop-flop. À 21 heures les activistes se comptaient : les Courtil, Léa, Isaure et Christophe, Natalie sans sa Michèle. Bruno avait préféré demeurer chez lui avec ses filles, sa mère, son ami et la télé ; Camille était à Lyon, baptême d'une nièce oblige (en réalité grosse langueur). Les Drevois avaient fait acte de présence. Par contre pas de Roxana et de Jean-Noël, ni de Rastaing ; Pomme et Erwan ne voulaient pas se déplacer, trop absorbés avec leur auberge ; Bertille et Ghislain régalaient trois blogueuses taïwanaises ; les deux maisons-contemporaines n'avaient pas répondu aux coups de sonnette ; quant aux babosses et aux pétras du village, ils avaient des activités plus sérieuses à gérer ; ils étaient disposés à s'impliquer, mais dans le futur, parce que ce genre de réunion « c'était juste pisser dans les violons », comme l'avait joliment décrit Patrice Lafarge.

En quoi consistait la solution « super » et « infaillible » *made in* Manon ? Elle préconisait que les Dorlangeais se cotisent et s'offrent une pleine page dans *L'Écho du Temps* dans laquelle ils lanceraient un Appel à la Mobilisation des bonnes volontés et des bénévoles de tous les villages environnants pour accueillir au mieux les familles syriennes.

L'idée avait du panache. Le prix fixé par *L'Écho* les découragea. Personne n'émargeait à la soupe populaire, mais de là à investir plus de mille euros par tête, voilà qui exigeait réflexion. Il faudrait frapper à d'autres portes.

Ils s'étaient séparés un tantinet abattus.

Abattu, Antoine l'était le lendemain matin lorsqu'il se réveilla avec une gueule de bois Premier Choix. Il commença par tomber du lit puis rampa jusqu'à la salle de bain pour vomir dans la cuvette des toilettes. Il parvint à se relever et s'aspergea le visage d'eau froide avant de prendre deux comprimés de Doliprane. Il se déshabilla, cassa trois boutons lorsqu'il enleva sa chemise et se mit sous la douche avec son caleçon et sa montre. Il récupéra ses esprits, s'habilla en essayant de se souvenir du déroulement de la soirée et comme il descendait l'escalier, nom de Dieu, la voiture ! Dans quel état la trouverait-il ? Il enfila une paire de mocassins et partit en courant vers le terre-plein. Il découvrit l'aile avant droite enfoncée ainsi que de multiples rayures, du passager jusqu'au coffre. Il avait dû heurter un obstacle au bord de la route, ou longer de trop près une rangée de buissons. Pas de traces de sang sur l'aile cabossée, il n'avait donc pas renversé un sanglier ou un piéton. Il retourna chez lui perplexe, se demandant par quel miracle il avait pu revenir d'Espérandiou en pleine nuit, bourré, sur une route – entre Pontbrac et le village – escarpée, avec ravins, virages et précipices, et en prime un barrage de gendarmerie qu'il avait franchi grâce à l'intervention du Saint-Esprit. Il se dégrisait, mais ne se souvenait de rien : le concert s'était déroulé sans anicroches, ils avaient été invités à une soirée chez le propriétaire des Beaux Mots et à partir de là, plus rien, nuit noire, vide absolu, amnésie post-cuite. Pourquoi s'était-il enivré, lui qui ne boit pas quand il doit conduire ? À force de ne penser qu'à celle à laquelle il ne devrait jamais penser, il jouait sa vie sans s'en apercevoir. Il était rentré seul, c'était la seule certitude. À moins que. Il remonta ventre à terre dans sa chambre et retourna la couette. Ouf, s'exclama-t-il, je n'aurais pas eu besoin de ça.

Mal rétabli de son inexplicable beuverie, il se recoucha après avoir pris un bain et un énième Doliprane plutôt que de travailler au potager. Il n'avait pas consulté son portable de la journée, posé sur la table de chevet. Par acquit de conscience, avant d'entamer une sieste réparatrice, il l'alluma. Des messages sans intérêt, mais soudain un prénom jaillit sur la liste : Estelle. Estelle ? Mon Estelle ? La dernière fois c'était à mon retour de Los Angeles, ça fait quoi, un siècle, qu'est-ce qu'elle me veut aujourd'hui ?

« Antoine, c'est moi, Estelle, tu te souviens, ta cousine, un petit coucou pour te dire que je serai à Doves pour mon travail la semaine du 10 juin. Serais-tu d'accord pour qu'on passe le week-end ensemble, celui de la fête des pères. Je m'invite chez toi, seule rassure-toi, Paul-Henri est en Asie pour un mois et les enfants seront chez leurs grands-parents, si tu es ok dis-moi, je t'embrasse, cousinet, à très vite j'espère. »

Il s'était redressé sur son lit, dessoûlé, merci Estelle. Que lui répondre ? Super top, on fera le point, tu connais la route. Nul. Je serai là, je te présenterai la femme de ma vie. Peu crédible, surtout qu'elle est déjà mariée. Bien reçu, d'accord pour moi, bises. Trop carré. J'hallucine ou quoi, l'Estelle de nos seize ans quand on baisait avec le Kama-sutra sous les yeux, tu veux qu'on reprenne à la page où on s'était arrêtés ? Non, vulgaire. Les vieilles marmites les meilleures soupes ? Hypocrite. Tu t'es servie de moi comme d'un paillasson quand on était jeunes, j'ai aucune envie de te revoir, ça me rappellerait que de mauvais souvenirs. Élégant. On s'est vus il y a dix ans, pour moi c'est suffisant, la prochaine fois à mon enterrement, ou le tien ? Pas très subtil. Ma maison a été détruite dans un incendie, je vis chez des amis. Idiot. Désolé, à cette date je ne serai pas disponible. Habile, c'est non, mais la porte reste ouverte. Je ne réponds rien et je ne prendrai pas ses appels ? Lâche. J'ai envie de la revoir ou j'ai pas envie ? J'ai pas très envie de la revoir, mais elle a fait partie de ma vie à une époque lointaine, lointaine, si lointaine.

« Salut Estelle, bien reçu ton message, ok pour moi, je serai ravi de te revoir, on fera le point, mon adresse n'a pas changé. »

XVI

Dans les hameaux de la commune Les Français parlent aux Français personne ne restait inactif, les bras croisés à attendre l'invasion des Sarrasins-violeurs-égorgeurs. C'était réunion chez l'un, réunion chez l'autre où l'on fourbissait les arguments et puis bientôt, tous l'espéraient, les armes.

La haine de l'autre, inépuisable fonds de commerce.

On parlait en hommes, discours virils, postures martiales, gesticulations belliqueuses, la logorrhée de la soldatesque sur le sentier de la guerre. Les Drevois venus en observateurs étaient ressortis traumatisés de l'une de ces réunions quasi quotidiennes en ce mois de juin. Contrairement aux militants survoltés de La France aux Français ni Pierre ni Mathilde n'envisageaient de nettoyer les fusils, aiguiser les haches et les fourches ou graisser les chaînes des tronçonneuses en signe de bienvenue.

Car enfin, et chacun au village l'avait entendu, quelle que soit sa tendance politique, l'arrivée des Syriens était une non-question, un fait accompli, une conclusion ratifiée. Le sous-préfet Vilder avait été très clair et l'Augustin l'avait répercuté auprès de ses administrés : si pas de programme d'accueil réquisition et arrivée certifiée homologuée ; si programme d'accueil arrivée certifiée homologuée. Pourquoi se casser la tête à élaborer un projet ? Mais refuser d'examiner en commun la décision préfectorale était une faute politique grave, un aveuglement stratégique regrettable, c'est ce qu'avait expliqué, sans convaincre, Antoine réintégré au CM. Ils auraient pu négocier un compromis acceptable avec la préfecture tandis qu'en adoptant cette position d'indomptables ils s'interdisaient par avance tout accommodement.

Après les admonestations de Lætitia, Antoine avait repris son siège au CM… en ces heures graves et sombres, Augustin, chacun, ses responsabilités, son devoir de Français, la patrie en danger, continuer la lutte, resserrer les rangs, défaite pas définitive… « Tu reviens à la raison, Tonio, tu m'avais blessé mais je suis d'accord, ta démission on se la met où on le pense. »

– Lætitia, tout est arrangé, j'ai regagné mon poste.
– *Dude, don't fuck it up this time*, lui avait-elle répondu, hilare.
– J'ai mieux à faire que de jouer les agents doubles pour toi, tu te rappelles que j'ai un boulot et des contraintes ?

Il était las de ces facéties, mais voulait être quitte avec Lætitia qui lui avait rendu un fieffé service quelques années auparavant, aussi continuait-il, pour l'instant, à jouer au mouchard ainsi qu'elle le souhaitait.

– J'apprécierais si tu nous pondais des papiers allant dans notre sens, l'exacerbation des contrastes, le réchauffement des tempéraments, tout ça.

– *Sorry*, Lætitia, je ne suis pas la voix de son maître, mes sujets je les choisis tout seul et il n'est pas question qu'il en soit autrement.

Elle avait compris qu'elle exagérait et n'insista plus.

Que mentionnaient ses rapports ? La mairie de Rougereuse avait décidé un front commun avec celle de Dorlange : devant l'hostilité de sa population le maire avait enclenché la marche arrière et, avec Dorlange, conspirait aux ripostes à envisager.

Il avait réussi à l'inquiéter lorsqu'il lui apprit que la mairie passerait aux actes le jour où un bâtiment serait officialisé « Réquisitionné ». On n'évoquait plus harangues ni prédications, mais barricades, obstructions, sabotages et, en version light, campements sous les fenêtres et manifs silencieuses : « Ils ne parlent pas de prendre les armes, mais ils s'en rapprochent.
– Merci pour l'info ; nous allons étudier les moyens de contenir des débordements éventuels, le type de dispositif déployé quand les pedzouilles viennent déverser leurs charrettes de fumier devant la préfecture. »

– À propos, lui apprit-elle, j'ai lu le procès-verbal des agents du SRT : ils proposent trois maisons, deux abandonnées et celle de la Béate.

– La Béate, trop tard, c'est notre musée des traditions populaires, on l'inaugure à la fin du mois.

– On verra ça ; par contre est-ce que tu as entendu parler du FLIC ?

– Quel flic ?

– Le F-L-I-C, le Front de Lutte contre l'Islamisation de nos Communes, un groupuscule mystérieux dont on n'arrive pas à croire qu'il puisse prendre l'ampleur que nos agents nous rapportent.

– Non, c'est la première fois que j'entends ça, ils étaient chez quels gâteux tes agents ?

– Je ne sais pas si c'est du lard ou du cochon avec ces débiles mentaux, mais si c'est vrai, on a de sacrés abrutis dans le département, il va falloir s'en occuper avant qu'ils ne dérapent.

Le FLIC ? Antoine n'en était pas revenu, on lui en avait raconté de belles au cours de ses années à *L'Écho* mais là, Lætitia, on tient le pompon !

– Je ne t'ai pas raconté le meilleur : nos gars soupçonnent une organisation avec des chefs locaux, des réseaux et une structure moins primitive qu'au premier abord puisqu'ils ont découvert un vade-mecum du résistant et des tracts appelant à se regrouper derrière nos belles valeurs chrétiennes.

– Non !

– Comme je te le dis.

– Comment des insanités pareilles peuvent-elles germer dans les cerveaux ?

– Ces torchons prêchent la mobilisation des familles chrétiennes pour empêcher la venue des demandeurs d'asile et lutter contre eux en envoyant des commandos.

– La lumière divine ne les nimbe pas de son halo, ces cons d'intégristes, on aurait voulu l'inventer on n'y serait pas parvenu.

– Oui, tu les verras s'assembler avec des cagoules et des croix en feu devant les bâtiments où seront logés vos Syriens !

– Vous savez qui sont les chefs de cette conjuration des aliénés et des bande-mou ?

– Non, on cherche et si on les trouve je te leur promets une dérouillée façon mahousse.

★

Estelle était arrivée samedi 16 juin vers 10 heures. Antoine avait réservé une table aux Quatre-Chemins. Après le déjeuner ils s'étaient promenés autour du village car elle voulait revoir les lieux de sa jeunesse.

Elle salua le Dorlange embelli, et ressuscité avec les gamins qui jouent ensemble, comme dans notre enfance ! Les deux pavillons de banlieue ceinturés de leurs fortifications de conifères la navrèrent, une mutilation du panorama ! Ils allèrent jusqu'à la Pierre qui Chante dont elle se souvenait comme d'un tas de rochers et non comme d'une formation néolithique creusée de main d'homme ! Elle rit bien fort devant cette exquise entourloupe.

Léa et Christophe les avaient invités le premier soir avec Manon et Clément, et les Vancelle avec les Courtil et les Drevois le second soir. À peu près toutes les discussions furent dédiées aux controverses syriennes ; Antoine les écoutait sans ajouter de commentaire. Estelle et lui ne firent aucune allusion à leurs amours d'antan. Dis-moi cousinet, ils sont vachement sympas tes voisins, mais leur fixette sur les Syriens j'ai trouvé ça très chiant, ils n'ont pas d'autres centres d'intérêt ? lui demanda-t-elle une fois de retour chez lui.

Antoine lui avait préparé l'une des chambres d'amis dont les fenêtres donnaient sur le jardin, plus tranquille. Il y eut un instant de gêne imperceptible au moment de se coucher. Fallait-il se serrer la main ? S'embrasser sur les deux joues ? N'ouvrir qu'une seule porte ? Ils se regardèrent en souriant. Leur embarras ne dura pas. Antoine s'apprêta à parler, Estelle posa un doigt contre ses lèvres et entra dans sa chambre.

Au terme de ce bref séjour, Antoine savait tout de la vie de sa cousine, de son mari, son métier, ses enfants et de ses aventures puisque, en dehors du strict lit conjugal, Estelle ne refusait pas de donner libre cours à ses instincts. Elle lui confessa la vérité : son couple battait de l'aile, pas uniquement de son fait et elle cherchait des solutions pour se ménager un après-Paul-Henri de qualité.

Dimanche, Antoine reçut un appel de Lætitia qui l'énerva passablement. Il raconta la conversation à Estelle.

– Quelle Lætitia, je la connais ?

– Oui, la fille Paillet, notre prof de français.

– Le gros Paillet ? Je me souviens, un macho de base, les yeux vissés sur mes seins et qui me soufflait dans le cou pendant l'étude en suant comme un porc ; il m'aurait touchée, ce goret, il se serait pris mon genou dans sa caisse à outils. Sa fille elle ne s'appelait pas Lætitia, mais, comment déjà, Marion ?

– Marion était en classe avec nous, mais Lætitia était plus âgée, elle était en fac à Lyon quand on était au lycée. On parlait des problèmes avec nos demandeurs d'asile.

– Ça va pas être joli-joli ni paisible, des Syriens en plein milieu des petits Blancs malintentionnés !

– Ils ne le sont pas tous.

Il lui relata les investigations des agents du SRT :

– D'après Lætitia ils ont désigné la maison à réquisitionner, elle voulait mon avis.

– Des maisons à Dorlange ?

– Oui, au départ celle du père Blanchard ou du fils Pézenet, mais pour des motifs légaux un peu abscons ils ont conclu que ce serait irréalisable.

– Ils ont raison ; je connais bien ce type de litiges : *la réquisition de logements vacants, inoccupés ou insuffisamment occupés*, mais la procédure est peu employée.

– Pourquoi ?

– Il faut indemniser le propriétaire et si celui-ci est

absent, injoignable ou introuvable on ne peut pas la lui confisquer d'autorité sa baraque. Dans votre cas, la préfecture va devoir trouver une autre solution ; vos Syriens seront transportés ailleurs, les fachos du coin vont se démilitariser et vous éviterez les troubles à l'ordre public.

– Au contraire, ça les exacerbera : la préfecture va saisir la maison de la Béate, ou plutôt notre musée des traditions, une bourde de première classe, je le lui ai dit, ils auraient dû choisir celle du père Blanchard, personne n'aurait levé le petit doigt, mais avec le musée, le village va se dresser en masse contre ce diktat.

– En quoi ça te touche, tu t'en branles, non, qu'ils confisquent ton musée ou la maison de X ?

– Oui et non, je m'étais investi dans le projet et il me tenait à cœur ; évidemment, s'il faut utiliser le musée pour secourir les réfugiés, j'applaudis des deux mains, je l'avais d'ailleurs suggéré au conseil municipal, mais lorsque les habitants apprendront qu'on va loger des familles syriennes dans un lieu conçu pour ramener du fric à la commune…

– Le préfet agite un chiffon rouge sous leurs nez et quand ils vont charger il s'en mordra les doigts ?

– Exactement.

– Changeons de sujet : au dîner hier, ce Vancelle, quel péteux, ça pérorait, ça pérorait, et moi je, et moi je, putain, ces chirurgiens, ça se croit supérieur à tout le monde ! Et figure-toi qu'en m'embrassant au moment de partir il en a profité pour glisser une main sur mes fesses ! Quasiment devant sa femme. Marrant qu'à chaque génération il y ait un obsédé rôdant autour des culs au village, tu te souviens du père Tardon ?

– Lui c'était pathologique et je te signale qu'à l'époque on était trop jeunes pour comprendre, on ne l'a su que plus tard.

– Trop jeunes, mon œil, on s'est déniaisés tôt, toi et moi ! À propos, cette Camille, elle est plutôt belle et…

– C'est même spectaculaire.

– J'ai remarqué qu'elle te couvait avec des yeux, comment dire, presque amoureux ! Y aurait-il quelque romance dont j'ignorerais encore tout ?

– Tu me fais marcher, Estelle ! On est très amis, mais elle est mariée et nous sommes voisins, ça devrait suffire comme explications, non ? Son mari a beau être un désaxé, c'est lui qu'elle a épousé.

– Les femmes mariées, ça te connaît, je le suis bien, moi !

– Estelle, je t'en prie, tu vas me faire rougir.

– Je croyais que tu aimais prendre des risques, je me serais trompée ?

– Oui, je ne suis qu'un petit être sensible et timoré, un inquiet, un craintif !

⋆

Prise de risque : l'option de Jean Courtil lorsqu'il se rendit à la mairie le jour de permanence. Après discussions avec sa femme, Manon, Léa et Roxana il fut convenu que ce serait lui qui parlementerait avec Augustin Gersant. Il y alla avec Camille, une flanflan que le maire ne méprisait pas ouvertement : les Vancelle possédaient la plus grosse propriété de Dorlange et il n'était pas inutile d'avoir un cardiologue dans son carnet d'adresses.

Avec les tensions qui fermentaient et le tintamarre provocateur dans les hameaux, ils allaient soumettre à l'Augustin la proposition de Roxana, celle d'une réunion publique où chacun s'exprimerait sur la question syrienne afin que nous trouvions un consensus derrière lequel Dorlange se rassemblerait et qui nous permettrait de recevoir avec dignité les demandeurs d'asile, qu'en pensez-vous monsieur le maire ? Monsieur le maire ne pensait pas qu'il faille baisser son pantalon et écarter les fesses devant le préfet, ils veulent nous voler nos maisons ces gratte-culs, ils vont comprendre de quel bois on se chauffe en montagne ; comme il ne pouvait donner cette réponse à haute et intelligible voix – on ne brusque pas un pioupiou des villes, surtout quand il s'occupe g-r-a-c-i-e-u-s-e-m-e-n-t du budget municipal – il approuva la proposition, mais où et quand ?

Jean suggéra la maison des Vancelle, « Si tu es d'accord Camille, vous avez un salon assez grand pour contenir cent personnes, ou dans votre grange, en tout cas pas dans un lieu officiel, comme la mairie. »

Camille ne vit pas d'un œil favorable la perspective d'une centaine d'habitants piétinant les tapis de son salon ; quant à sa grange, le plancher était trop fragile. « Cette réunion, pourquoi ne la tiendrions-nous pas dans l'église, avança-t-elle, une zone impartiale, propice à la paix et à la décence. » Le maire acquiesça. On fixa la date au 14 juillet.

Ils retrouvèrent leurs amis sous le chêne.

– Comment n'y avait-on pas réfléchi plus tôt ?
– Dans le genre sioux, Camille, bravo !
– Magistral ce plan !
– Catherine, tu as toujours les clés ?
– La difficulté sera d'attirer le plus de monde possible.
– Je m'en charge, je vais composer et imprimer des flyers qu'on déposera dans toutes les boîtes aux lettres du village, leur dit Léa qui n'oubliait pas qu'elle avait été graphiste dans sa vie antérieure, comme ça personne ne pourra prétendre qu'il n'était pas au courant.

Antoine fit une courte apparition. On le pressa de livrer les dernières informations en provenance de la préfecture. Il se contenta de répondre qu'il n'était pas dans le secret des dieux, je suis journaliste, rappelez-vous, pas porte-parole. Il n'allait pas révéler le contenu de ses discussions avec Lætitia ni son rôle au sein des réunions de va-t-en-guerre.

XVII

Dans quatre préfectures les compagnons du Secret ne dansaient plus sur le même tempo. Un incident récent les avait plongés dans un état de nervosité extrême et, présageant le pire, ils échafaudaient ses conséquences sur leurs carrières. Le pire n'était pas un postulat, mais une réalité qui allait les frapper tous.

C'était état d'alerte maximum et réunions de crise.

Lætitia s'était résolue à s'épancher auprès d'Antoine, cette fois-ci sans omissions ni semi-vérités mensonges-vrais et en dépit des menaces de rétorsion applicables aux bavards éventuels. Elle l'avait supplié de garder pour lui ses révélations, sinon tu perdras ma confiance, Antoine, promets-moi d'être muet comme une tombe, c'est du sérieux là, on est dans une merde pas possible.

Promis juré, avait-il répondu, si je vends la mèche je vais en enfer.

Lætitia était bien sibylline. Et sa voix ? Tremblotante, bouleversée. Antoine ne la reconnaissait pas.

– Tu ne préférerais pas qu'on se rappelle plus tard ?
– Je termine ma cigarette, j'ai clopé un paquet depuis ce matin, ok, je te phone dans une minute, laisse ton portable ouvert.

Antoine était confus. Pas du tout la Lætitia normale qui ne perdait jamais le nord ni son sang-froid. Antoine la contactait lorsqu'il avait besoin d'informations ou de confirmer des rumeurs courant dans le département. Elle ne l'appelait pas d'elle-même, c'était l'accord établi entre eux. Elle était la source et une source ne prenait pas l'initiative, sinon ça n'était plus une source, mais une fuite, et les fuites finissent toujours par être repérées.

Aujourd'hui c'était le cadet de ses soucis.

– Antoine, je me suis calmée, je vais te raconter depuis le début et secret absolu, nous sommes d'accord ?
– Absolument. Absolu.

Une idée avait germé dans les esprits au sommet de la préfecture. Elle partait d'un constat simple et d'une analyse lucide de la crise migratoire en France : les centres de rétention étaient submergés par les flots de migrants et on avait beau les renvoyer à la case départ, il en arrivait d'autres, en vagues inlassables. « On en chasse dix, il en revient cent. » Rien ne semblait pouvoir endiguer ce raz-de-marée. Les immigrés débordaient sur les trottoirs, dans les parcs publics, en lisière des villes. Ça ne pouvait plus durer. La question des demandeurs d'asile était la plus brûlante. Qu'est-ce qu'on en fait? On les met où?

– Où les loger, entre de vrais murs et sous des toits qui résistent aux intempéries et non en plein vent ou dans la nature. Tu vois où je veux en venir?

– Oui, vous allez faire ce qui était prévu, c'est-à-dire les implanter dans certains villages sélectionnés. C'était l'idée originelle, à moins que vous n'ayez modifié le programme. Je ne vois pas où est ton problème.

– Non, aucun changement d'objectifs, mais depuis hier on devient fous, des emmerdes comme s'il en pleuvait et on ne peut rien divulguer sinon on finit sur le bûcher.

– Lætitia, tu me dis ça tu me dis rien, pourquoi ces jure sur la tête de ta mère pour une affaire réglée et dont tout le monde est au courant?

– C'est si épouvantable que je ne sais pas par où commencer. Bordel, j'ai les mains qui flageolent.

– Respire à fond, bois un verre d'eau, ou si tu veux on en reparle à tête reposée?

– Non. Faut que ça sorte. Quitte pas, je bois un coup.

Antoine entendit le bruit d'une bouteille qu'on débouchait et d'un liquide qu'on versait dans un grand verre. Il ne pipa mot.

– Je vais tout te dire et ce sera la vérité vraie, Antoine, pas l'édulcorée ou la travestie. D'un côté on avait des instructions gouvernementales précises : répartition équitable des demandeurs d'asile à travers le pays, organisation de leur hébergement et de leur participation à la vie collective dans les petites villes et les zones rurales, en vertu des valeurs de fraternité, de solidarité, de générosité, cuicuicui bouzoubouzou, le boniment rituel sur l'image de la France. Tout ça sentait le bon et le propre, encore fallait-il le mettre en application.

– Pas vraiment la mer à boire !

– Laisse-moi continuer. De l'autre côté les hésitations et des réactions hostiles (c'est un euphémisme là, Antoine) chez les habitants dans les bourgs ou les villages désignés pour accueillir des familles, surtout si celles-ci sont de confession musulmane. Beaucoup de ces habitants étaient, ou avaient été influencés par cette affligeante campagne, tu dois t'en souvenir, « Nous ne voulons pas être des *dhimmi* » (c'est-à-dire des non-musulmans dans un pays musulman), menée par les mouvements populistes d'obédience Front Bas-Petit Cerveau.

– Je lis les journaux comme toi.

– Bref des ordres à exécuter, mais ce faisant, les probables troubles à l'ordre public que nous remontait le SRT, ici et dans toutes les autres préfectures. Puisque tu lis les journaux tu as vu que ça a dégénéré, à Carpentras, à Béziers, mais aussi à Toulon, au Puy-en-Velay, dans le Pas-de-Calais, la Haute-Marne, le Doubs et je te fais grâce du reste : agressions de migrants, campements attaqués par des fafs ou des nervis de l'extrême droite, squats incendiés, tas de fumiers devant les Cada, étudiants tabassés parce qu'ils avaient recueilli des réfugiés dans leurs coloc ou dans les chambres sur leurs campus ; en un mot ça surchauffe dans le pays, le mécontentement gagne du terrain, les connards s'électrisent et nous on se retrouve entre le marteau et l'enclume avec un dilemme : comment obéir aux injonctions gouvernementales tout en évitant le déchaînement des passions humaines ? Tu me suis ?

– Oui, mais je ne vois pas où tu veux en venir, si ce n'est que ta tête est entre un marteau et une enclume !

– Sur le billot ma tête, mais bon, poursuivons. Nous, dans le département, on n'avait à se soucier que des demandeurs d'asile syriens. Je t'en ai déjà parlé. Avant de les répartir dans les communes on avait décidé d'accorder un temps de réflexion aux municipalités concernées pour qu'elles se fassent à l'idée, en débattent, estiment les moyens matériels et financiers nécessaires pour les aider, choisissent les maisons appropriées, etc. On voulait lisser les réactions sans donner l'impression d'imposer une décision, un peu comme si on faisait jouer la démocratie au niveau communal.

– Alors que tout a été décidé à l'avance.

– Alors que tout a été décidé à l'avance, mais là n'est pas la question. Les Syriens, c'est l'inspiration qu'on a eue, et notre première erreur, au lieu de les abandonner en plein air à la merci des violences racistes, on s'était dit qu'afin de les protéger on récupérerait ceux que nous devions accueillir et on les logerait tous ensemble en un endroit X, en attendant de les installer pour de bon dans les villages. C'est ce que nous avons fait.

– Admirable idée, pleine de noblesse et de bonté, mais je ne comprends pas ce que tu cherches à me dire. Vous les avez emmenés où ces Syriens ?

Lætitia ne mentait plus : depuis de nombreuses semaines environ trois cents demandeur-euse-s d'asile syrien-ne-s (hommes, femmes et enfants) étaient enfermé-e-s dans le fort du Dravhar, perdu sur un flanc de la montagne de la Donnelle, à la pointe nord du département.

– Le fort du Dravhar ! Tu te fous de moi ?
– Non.
– Qui a eu cette idée insensée ?
– Chavrile.
– Le sous-préfet de Valjauve ?
– Lui-même.
– Faudrait le virer en express ! Il sort d'où cet imbécile ? Vous connaissiez l'histoire du Dravhar ou vous n'en avez rien à battre des symboles ?
– Peu importe Antoine, ce qui est fait est fait et je ne t'ai pas encore raconté le pire.
– Ah, parce que vous avez fait pire ?

La Gestapo secondée par des miliciens se servait du fort comme prison où ils torturaient des résistants avant de les exécuter et de balancer leurs cadavres dans des réservoirs creusés sous les fondations.

– Comme lieu d'accueil vous ne pouviez pas trouver quelque chose d'un peu moins abject ?
– Nous étions dans l'urgence, Antoine.

– Je récapitule pour voir si je suis dans tes traces : nous avons trois cents réfugiés syriens…

– Demandeurs d'asile.

– Trois cents demandeurs d'asile syriens internés dans un repaire gestapiste en attendant qu'on veuille avoir l'amabilité de les transférer dans huit communes où ils seront hébergés dans d'excellentes conditions puisque les populations locales auront eu le temps de s'apprêter psychologiquement à leur apparition.

– Pas tout à fait ça, mais passons, c'est à partir de là que le merdier a démarré.

– Tu m'étonnes ! Vous êtes fous à lier. Vous réfléchissez dans vos bureaux avant d'agir ? Une information pareille transpire en première page et vous êtes dans la queue à Pôle Emploi dès le lendemain. Le Dravhar ! Parquer des demandeurs d'asile dans une prison nazie. Incroyable !

– On ne les parque pas, Antoine, on les met à l'abri en les sauvegardant des foies blancs qui voudraient leur créer des ennuis. Les nazis, on s'en fout, c'était il y a soixante-dix ans, personne ne s'en souvient et le monde a changé.

– Le fort doit être dans un état déplorable depuis le temps. Qui s'occupe d'eux ?

– Nous avons procédé à des aménagements dès que notre Plan Confidentiel a été validé, mais ils sont aux petits soins, c'est nous qui finançons, on a tout arrangé et d'ailleurs c'est juste temporaire.

Plutôt confus comme stratégie, pensa-t-il, mais s'il y a pire je me demande ce qu'elle va m'apprendre.

– Maintenant on va rentrer dans le vif du sujet. Je t'ai brossé le tableau préliminaire et tu vas voir, quand je te dis qu'on est dans la merde, on y est jusqu'au cou.

– Je suis tout ouïe.

– Il y a quatre jours nous avons rencontré une complication. Au départ on pensait la résoudre discretos mais on n'a rien réglé, au contraire, ça a empiré et cette complication est en train de se transformer en désastre.

– Diable, tu m'inquiètes. Des plaisanciers les ont aperçus ? Ils sont allés cafter ? Des croisés sont montés les assiéger ?

– Pas d'ironie s'il te plaît, le moment est mal choisi. Les gendarmes ont délimité un périmètre de sûreté et placé des panneaux « Danger chute de pierres » sur les routes et les chemins pédestres autour du fort pour décourager les fureteurs.

– Il n'est pas si secret ce plan si les gendarmes, les artisans responsables des rénovations et sûrement beaucoup d'autres sont au courant !

– On leur a fait signer des accords de confidentialité, aucun risque de ce côté.

– Alors c'est quoi, tu la craches ta pastille, Lætitia, ça fait un quart d'heure que tu me fais tourner en rond !

– Il y a quatre jours, trois Syriens ne sont pas revenus.

– Revenus de quoi ?

– De leur promenade.

– Ils ont le droit de se promener ? Dehors ?

– Dehors, deux fois par jour.

– Les veinards ! Je parie qu'ils se sont perdus dans les bois. C'est ça ton énorme merdier ?

– Je n'ai pas le droit d'en dire plus, mais on avait aménagé un dispositif de surveillance a minima, rien d'étouffant parce qu'on n'imaginait pas qu'il puisse leur arriver quoi que ce soit.

– Tes trois types se sont égarés, mais ils ne doivent pas être loin ; vous êtes allés voir dans les fermes des environs, ils ont dû être recueillis par des paysans qui leur ont offert le gîte et le couvert.

– Nous avons fait le tour des habitations dans un rayon de trente kilomètres et on ne les a pas retrouvés.

– Embarrassant, mais j'aurais du mal à qualifier cette escapade de désastre. Qui peut se perdre dans cette région ? Nous ne sommes pas en Alaska ! Ils doivent vous attendre dans une clairière.

– Ils ne se sont pas perdus, Antoine, ils se sont échappés.

– Échappés ? Du zoo du Dravhar ? Si je m'attendais ! Ils vont rentrer au bercail, ils avaient juste envie de respirer l'air pur de la liberté ! Mets-toi à leur place, Lætitia.

– Tu n'y es pas. On s'en est aperçus le lendemain quand les gardiens ont fait l'appel.

– Donc il y avait un minimum de vigilance.

– Oui, mais superficielle, la preuve il a fallu une journée avant de se rendre compte qu'il y avait un problème. On a envoyé leurs dossiers avec leurs noms, photos et copies de leurs passeports à la DGSI, par simple prudence, tu vois, du genre au cas où, jetez-y un œil, vous auriez peut-être des renseignements intéressants à nous communiquer.

– Aïe.

– Comme tu dis, aïe, trois fois aïe, mille fois aïe, dix mille fois aïe. On a eu le retour d'information hier matin via le MIT, les services turcs, les trois étaient fichés chez eux comme combattants de l'État Islamique et l'AISI, les services secrets italiens, l'a confirmé hier soir, ils avaient pris leurs empreintes dans le cadre du fichier Eurodac quand ils ont débarqué à Lampedusa.

– Noooooooon.

– Tu vois, quand je parlais de désastre !

– Personne ne les avait contrôlés avant de les envoyer au Dravhar ?

– Si, mais ils voyageaient avec de faux passeports ; c'est grâce aux photos et aux empreintes digitales qu'on a pu les identifier.

– Il y en a d'autres parmi ceux qui sont parqués au Dravhar ?

– On est en train de vérifier.

– Trois djihadistes disséminés dans le paysage ! Désastre, le mot est faible. Vous avez leurs signalements, comment se fait-il qu'au bout de quatre jours vous ne les ayez pas encore arrêtés ?

– Ça fait quatre jours qu'on les cherche, mais au départ on croyait qu'ils s'étaient perdus et on n'avait rien engagé de lourd. On a gaspillé un temps précieux. Depuis hier c'est plus seulement la gendarmerie départementale qui est en action, mais aussi les agents du RAID en liaison avec la DGSI.

– Les gens là-haut doivent se poser des questions, ils vont finir par trouver bizarre cette agitation et s'interroger sur le remue-ménage autour de chez eux, des gendarmes, des hélicos, des chiens, des véhicules de l'armée, les barrages sur les routes, les contrôles dans les gares.

– Non, les agents sont prudents et on ne tient pas

à ce que ça s'ébruite. On planche sur des explications compréhensibles et rassurantes pour éviter la panique, singes échappés d'un cirque, randonneurs sans boussole, rien qui puisse susciter de réelles inquiétudes.

– Ça ne tiendra pas la distance, les gens ne sont pas idiots. Vous devriez vous interroger sur la meilleure façon de gérer la situation si les vraies infos sortent dans la presse ou chez les politiques. Les demandeurs d'asile n'étant pas les bienvenus partout, si on apprend que parmi eux se trouvent des djihadistes en cavale sur le territoire, je ne voudrais pas être défaitiste, mais vous pourrez dire adieu à vos velléités d'hospitalité. On devine sans peine qui réagirait les premiers pour exploiter ce fiasco.

– Si c'était que ça. S'ils projetaient de commettre un attentat ?

– Ils n'étaient pas armés, j'espère, quand vous les avez amenés au fort ; ils ont été fouillés ?

– Personne n'a jamais été fouillé. On était en réunion ce matin avec des huiles de la DGSI : ils craignent qu'ils ne rejoignent une cellule dormante.

– Lætitia, Lætitia, dans quel pétrin vous vous êtes fourrés, et sans que ce soit de votre faute. Vous aviez mis en place une opération charitable et maintenant vous risquez de dérouiller dans les grandes largeurs s'il arrive quelque chose, et alors là… Le Dravhar est isolé, mais pas tant que ça, il y a forcément eu des témoins qui les ont vus marcher, faire du stop, monter dans un train, je ne sais pas, ils ne se sont pas volatilisés !

– N'en rajoute pas, mes nerfs sont à bout, je suis sous Lexomil depuis mardi et ça me fait rien, je dors plus, je demanderai du Rohypnol à ma sœur, elle en a sûrement en stock dans sa pharmacie.

– La vente du Rohypnol est interdite, Marion doit le savoir. J'en avais abusé quand Ashley a refusé de revenir avec moi en France, je t'avais raconté, ma dépression nerveuse ; ne t'avise pas de te lancer là-dedans.

– Je doublerai mes doses de Lexomil.

– Si vous les capturez ces fugitifs avant qu'ils ne passent aux actes, les médias ne parleront plus que de ça. Qui étaient-ils, d'où venaient-ils, qu'est-ce qu'ils foutaient au Dravhar. Dans tous les cas de figure, vous avez la tête dans la lunette de la guillotine ! Je ne veux pas appuyer là où ça fait mal, mais…

– Je sais, je sais, je sais. On est foutus, on est foutus, je suis foutue. Un vrai cauchemar. Plus on avance plus j'ai le sentiment que nous n'avons même pas entrevu l'esquisse de l'ombre du début de l'horreur. Si on les coince, tout le pays va se jeter sur leur histoire, les journalistes vont se lécher les babines et nous on sautera en premier. Notre seul vœu, si on les localise, c'est qu'on les abatte comme Mesrine, fusillés à bout portant, bang, bang, bang, sur le carreau, balayettes, on ramasse, camion-poubelle et direction crématorium. Affaire classée, secret d'État.

– *Wishful thinking !*

– *Not so fast* : d'après une de mes sources à l'Élysée, et là attention on n'est plus dans du *off*, Antoine, mais carrément du carrière-brisée et de la retraite-anticipée, le président de la République aurait, je dis bien aurait, donné son accord pour une Opération Homicide, c'est-à-dire une opération militaire destinée à les éliminer *with extreme prejudice* comme on dit dans les films, si le

RAID les harponne. C'est notre dernier espoir, qu'on les liquide définitivement, ni vu ni connu et notre problème, à la trappe, boum, pouf, escamoté ! On sera blâmés en interne devant une commission fantoche, deux coups de règle sur les doigts, mais on se trouvera des excuses, on sait faire.

– Je vois que tu reprends du poil de la bête !

– Pas vraiment, je délire, je vois du rose et du tout gai, mais tu imagines une seconde si on ne les retrouve pas avant qu'ils mitraillent une foule dans une église ou une école ? Je me suicide illico !

– Concentrez-vous plutôt sur les moyens de limiter les dégâts auprès du public et de la presse et faites confiance à ceux qui les traquent, vu les enjeux ils ne doivent pas chômer. Mais une armada pareille ne doit pas passer inaperçue, surtout que ces trois zozos peuvent être n'importe où en France !

– Pour l'instant, on n'a pas eu de retour sur des glandus qui s'amuseraient à poser des questions. Là encore Antoine, je n'ai pas besoin de te préciser que c'est le secret le plus complet et que quoi qu'il arrive tu ne diras jamais rien, même sur ton lit de mort.

– Surtout sur mon lit de mort ! Je te remercie de ta sincérité, mais j'avoue que je n'échangerais pas ma place contre la tienne, ni celle de ton préfet. Tu tiendras le coup ? Tu veux que je vienne vous voir ? Je vous invite au resto toi et Arnaud. Tu en as parlé avec lui ?

– C'est gentil, Antoine, mais l'ambiance sera pas terrible. Avec Arnaud, non pas encore, c'est délicat à cause de son boulot, peut-être ce soir, je ne sais pas, je verrai.

– Tu devrais, c'est ton mari ; il a bien dû s'apercevoir que tu n'étais pas dans ton assiette si tu te bourres de

Lexomil. Tiens-moi au courant, tu pourras me joindre à n'importe quelle heure, je laisserai mon portable allumé. *Hang in there* et souviens-toi, *Always look on the bright side of life !*

– *I'll work on it buddy boy !* Merci Antoine, te parler m'a soulagée, j'en avais vraiment besoin ; quant au reste, promis, tu seras le premier informé s'il y a du nouveau.

Ahurissantes révélations. Pourquoi les lui avait-elle faites ? Étrange. Qu'espéraient-ils dans les préfectures ? Que rien ne filtre ? *No Deep Throat.* Une presse bien dressée, complaisante ? Pas de vagues, dormez citoyens. Nous on regarde ailleurs. Si je ne vois rien c'est qu'il n'y a rien à voir. Je ferme les yeux. Je me bouche les oreilles. Je me couds les lèvres. Sagesse orientale. Pourvu qu'il n'arrive rien, pourvu qu'il n'arrive rien, pourvu qu'il n'arrive rien. Quand on cesse d'y penser, les menaces disparaissent-elles d'elles-mêmes ?

XVIII

Les clans ne s'affrontaient pas encore à Dorlange. Sur le front syrien les hostilités se contenaient dans une Paix de Dieu et les derniers jours de juin se déroulèrent sans incidents majeurs comme si la « question syrienne » avait été balayée sous le tapis. On évoquait lors de réunions, dont l'agressivité avait baissé de plusieurs octaves, un événement certes inévitable, mais suffisamment éloigné dans un futur aléatoire pour ne pas être angoissant, et puis tant d'événements pouvaient se produire dans l'intervalle : un jour c'est blanc, le lendemain c'est noir, la préfecture, l'administration, le gouvernement virtuoses du revirement et de la retraite maîtrisée ou en débandade, on pouvait tout espérer et, en l'occurrence, pour la majorité des habitants, surtout le meilleur, c'est-à-dire l'expédition des Syriens dans une autre contrée, mains nues militari, avait précisé Annie Rastaing.

Les flyers de Léa avaient été distribués : samedi 14 juillet, 18 heures, église Saint-Étienne. Le maire avait donné son accord, mais ne présiderait pas puisque ce séminaire n'était pas organisé sous le patronage de la plus haute autorité municipale, manœuvre habile pour se dédouaner en cas d'embrouilles ou pour se cacher derrière un pilier et surgir au moment opportun afin d'emporter la mise.

On avait l'impression d'un redoux dans un climat qui avait eu tendance à s'embraser.

Certains villageois, en revanche, comme Bertille et Ghislain, ne dévièrent pas de leur position initiale : pas question de s'immiscer dans ce remue-ménage syrien, concentrons-nous sur nos Chinois. Las, sur ce front-ci ils ne progressaient pas, on pouvait parler de surplace, presque de reculade. À part Prudence Chen, aucune des bloggeuses invitées à grands frais ne semblaient avoir été convaincues par l'attrait du concept *Immersion totale* en plein désert montagneux. Bertille les abreuvait de mails les pressant de poster leurs avis, mais, sur le Net comme sur les réseaux sociaux, on ne trouvait rien de positif – ni de négatif – sur les Balcons de Dorlange. Ils s'impatientaient. Avaient-ils fait le bon choix en rachetant cette propriété ? Leur investissement sera-t-il rentable un jour ? Juillet arrivait et pas de *guests* à l'horizon. Dans cette région la saison touristique est courte (juin-septembre) et si le carnet de réservations n'est pas plein fin juin pour août et septembre, l'année est fichue. Bertille et Ghislain le savaient-ils ? Avaient-ils suffisamment fignolé leur étude de marché ? La question méritait d'être posée. Ghislain se la posait. Qu'est-ce qu'on est venus foutre dans cette savane, pas de commerces, pas de cafés, on aurait dû acheter dans le Lubéron ou le pays de Sault, la saison là-bas c'est avril-novembre, même à Noël on peut louer, le Sud bon sang, il n'y a pas de neige au mois de mai, elle n'a pas voulu m'écouter et si on n'a que dalle d'ici quinze jours, on perd encore un an, je ferai quoi moi pendant ce temps? Ghislain n'était pas un manuel. Lorsqu'ils en parlaient entre voisins, Bertille se moquait affectueusement: «Ghislain pour les travaux dans la maison il a deux mains gauches!» Peu pratique pour bricoler, réparer, construire, aménager, jardiner, peindre ou couper du bois. Quant au *blog post* de Prudence Chen, il avait donné lieu à un grand nombre de pages vues sans se traduire par la moindre réservation et Ghislain se demandait si cette fille était aussi influente qu'elle le leur avait laissé croire. Au souvenir du coût de son séjour, entre les billets d'avion Shanghai-Paris-Shanghai en business class, le TGV Paris-Lyon-Paris en première et la location au prix de l'or d'une Audi A8, il en avait des remontées acides, «Elle nous a bourré le mou, cette chienne, il n'y a pas de doute.»

Dans cette atmosphère conjugalo-financière délicate où le désenchantement de Ghislain devenait palpable, on admettra que leur couple n'avait guère de motivation pour s'intéresser au sort des Syriens.

Antoine, lui, s'y intéressait et il crut respirer la nuit où Lætitia le réveilla alors qu'il s'était endormi sur son ordinateur après avoir galéré sur «Libre Cours».

– Ça y est, tout le monde est libéré, on recommence à vivre, mais on a eu chaud, putain, on a eu chaud.

– Super, bâilla Antoine somnolent, je suis heureux pour toi.

– Et moi donc, j'allais exploser sinon !

– Une seconde, libéré ? Qui est libéré ? Les trois terroristes n'en étaient pas ?

– On est libérés parce que le problème a été définitivement, je dis bien dé-fi-ni-ti-ve-ment, réglé, *see what I mean ?*

– Tu peux être plus explicite ?

– Nous sommes dans la configuration habituelle, c'est-à-dire que ça ne sortira jamais de ta bouche.

– *As always, dear, as always.*

– On s'en est débarrassés *once and for all* !

– Vous les avez appréhendés, ils sont en garde à vue ou en détention provisoire et ils vont être mis en examen avant d'être présentés au juge pour être incarcérés ?

– Que non, on n'est pas débiles, pour que toute cette colique fasse le tour de France et qu'on se retrouve en une des journaux pendant six mois ?

– Mais la présomption d'innocence, les droits de la défense ?

– On s'assied dessus dans un cas pareil.

– Et la transparence ?

– À géométrie variable, on ne peut pas rendre public la moindre chiure, c'est dangereux pour la démocratie. Quand les enjeux sont suprêmes, la transparence on s'en tamponne. Tu devrais le savoir, toi non plus tu ne révèles jamais toute la vérité à tes lecteurs.

– *Fair enough.* Tu en viens aux faits ?

– Les djihadistes, on les a retrouvés dans une ferme abandonnée, dans le Cher, un magnifique travail de nos agents, seulement ils n'étaient plus trois mais sept, des complices, ils avaient tout prévu ces salopards, la gendarmerie a bouclé les parages et le RAID a déclenché l'assaut, aucune perte chez nous à part deux blessés légers, mais trois terroristes au tapis, *DOA as they say* et…

– Les quatre autres ont été arrêtés ?

– *Of course*, on les a mis au secret pour les questionner, je crois que ça a été assez rugueux, pour eux, pas pour nous, et à la fin, je te le donne en mille, devine quelle a été l'apothéose ?

– Ils ont balancé les noms de leurs frères terroristes déjà sur le sol français.

– On l'avait obtenu lors des séances de, de, d'interrogatoire. Non, plus grandiose que ça : ils se sont suicidés tous les quatre.

– Redis-moi ça ?

– Super, non ? Merci les gars pour votre abnégation. Aucun des acteurs de cette farce n'ouvrira plus la bouche, rien dans les médias, pas de *muckraker* pour nous baver sur les couilles, je parle pas de toi, les journalistes ne sont pas tous des rats d'égout, pas de procès non plus, tu les imagines ces enculés dans un tribunal défiant la justice, criant *Allah Akbar* devant des millions de Français et le charivari causé par des avocats voulant les défendre pour se faire mousser ou ces associations d'humanitaires mon cul constamment à l'affût d'une cause médiatisable, putain, non.

– Tous les quatre ? C'est pas suspect ?

– L'essentiel c'est le résultat, mon lapin, pas la manière d'y parvenir. Je veux bien te l'avouer, en réalité c'est plus tordu.

– Tiens donc !

– Attention, Antoine, écoute bien et garde ça pour toi.

– Comme d'habitude.

– Ils ont été suicidés.

– Pardon ?

– Le RAID a fait intervenir un commando des Forces spéciales rompu à ce genre d'exercice, je n'ai pas d'info là-dessus, on m'a dit qu'ils les avaient abattus comme s'ils étaient en train de se protéger contre eux, genre légitime défense, paraît que le scénario est bien rodé et très convaincant en cas d'enquête ; peu importe d'ailleurs puisqu'on ne saura jamais rien de cette séquence ; depuis leur évasion du Dravhar jusqu'à leur fin tragi-comique, tout a été verrouillé !

Antoine se taisait, abasourdi.

– Tu m'écoutes, Antoine, allô, Antoine, tu es là ?

– Tu n'aurais pas dû me raconter ça, Lætitia, c'est trop lourd pour moi.

– Et pour nous, tu crois que ça ne l'a pas été ?

– Je pensais pas à ça, je pensais plutôt que j'aurai du mal à conserver ces informations pour moi.

– Tu me l'as promis, rappelle-toi.

– Je sais oui, mais ton histoire de *cover-up*, c'est du 100 % scandale d'État et la presse doit jouer son rôle.

– Fais pas le con, Antoine !

– Lætitia, un truc aussi énorme, je ne peux pas ne pas réagir, c'est hyper grave ce que je viens d'entendre, en plus d'être moralement inacceptable.

– Antoine, arrête de déconner, ça me fait pas rire.

– Je déconne pas, je suis très sérieux. Entre des terroristes assassinés, des Syriens enfermés dans une prison nazie et le déni de démocratie dont vous vous rendez coupables en faisant croire à la population qu'elle a son mot à dire alors que vous avez tout manigancé depuis le début, la presse ne peut pas laisser filer des affaires pareilles.

– Bien sûr qu'elle le peut, si on vous en donne l'ordre.

– C'est toi qui es venue me chercher, moi j'avais rien demandé.

– Quelle importance qui a commencé quoi, tu me fais une danse de Saint-Guy pour un détail insignifiant.

– Lætitia, tu joues toujours au billard à quinze bandes, tu ne m'as pas contacté pour le plaisir, j'en suis sûr, c'est quoi ton stratagème ?

– J'ai pas envie de m'énerver, Antoine, on se connaît depuis trop longtemps, mais si tu es sérieux, moi je vais plus mettre de gants avec toi ; soyons clairs : t'es le seul journaliste dans la confidence, y en a pas eu d'autres, uniquement à cause de nos liens passés et si tu crois que tu serais capable de remonter les fils de cette histoire à toi tout seul, même si on acceptait de parler devant toi, ce qui n'arrivera jamais, mets-toi ça dans la tête, t'es en plein rêve, l'ami, t'es qu'un plumitif de province dans un canard de province, tu veux péter plus haut que ton cul, mais t'as pas les moyens ni le talent pour sortir une affaire de cette ampleur, reste dans ton domaine de compétences, la petite vie des petites gens, et cherche pas à te prendre pour un journaliste du *Washington Post*, t'es pas Bernstein, t'es pas Woodward, c'est pas ton rayon, pas ta ligue, pas ton milieu, le costume est trop grand pour toi, tu flotterais dedans, si ça te va, ok, on oublie je t'ai rien dit et on continue à se parler comme avant, si ça te plaît pas et que tu baves dans ta chronique, alors là ça pourrait mal se terminer, pour toi ; là-dessus, je te quitte, j'ai du travail, moi.

Elle raccrocha. Antoine resta un moment bouche bée, incapable du moindre mouvement, le portable à l'oreille, avec la tonalité qui s'éternisait. Quand il le reposa sur la table, il était blême.

Qu'allait-il faire de ces révélations ? Fallait-il prendre les menaces de Lætitia pour argent comptant ? Pourquoi l'avait-elle choisi, lui ? Besoin de trouver une épaule compatissante pour soulager sa conscience ? Elle pouvait le faire avec d'autres, son mari, sa sœur, Marianne son amie d'enfance ? Parce qu'elle savait qu'il ne révélerait jamais rien ? Ou parce qu'elle savait qu'il révélerait tout ? Révéler tout ? Antoine y songea, mais Lætitia avait raison : il n'avait ni les moyens ni le talent de s'attaquer à un fait-divers de ce calibre. Il n'avait aucune envie d'avoir un accident de voiture sur une route de montagne, sa direction bloquée et plus de freins, ni de se retrouver noyé au bord d'un étang, baignant dans deux millimètres d'eau. Plus il réfléchissait, moins il décryptait la combinaison qui lui permettrait de divulguer ce scandale d'État sans se mettre en danger tout en se vengeant de Lætitia qui l'avait traité comme un sous-minable.

Comment n'y ai-je pas pensé plus tôt ? sourit-il après de longues cogitations. La solution, il l'avait sous les yeux.

XIX

Les cloches sonnaient le tocsin à toute volée samedi 14 juillet en fin d'après-midi ; un quart d'heure sans interruption pour alerter la population, comme au bon vieux temps jadis, d'un danger imminent. Un danger imminent ? Une catastrophe naturelle : tempête, inondation, tremblement de terre, éruption volcanique, chute d'un astéroïde ? Rien de tel. Une déclaration de guerre contre un ennemi envahissant les prés et les collines, les villages et les hameaux ? Ça chauffe. Un appel à la mobilisation générale ? Brûlant.

Massés dans la petite église, sanctuaire inviolable, les paroissiens arrivaient des Setties, de Pandirac, de Valeyrac, de Faissac, des Baronnies, du Murinais et de la Monte-Chauvet ; ils débouchaient en processions régulières, accompagnés de leurs enfants. Pas un n'était resté chez lui devant sa télé, son potager ou son établi, des pioupious de Faissac aux flanflans disséminés sur la commune, des AOC aux classes pop, des pétras et des bobobéats du Tout-Dorlange intra-muros aux deux maisons-contemporaines et au Florimond attiré par l'offre en boissons. Seuls les Groot étaient absents, personne n'ayant jugé nécessaire de les avertir.

Concile extraordinaire en l'église Saint-Étienne de Dorlange, sous les fresques médiévales et la mémoire des amours de Gontrade et de son amant, Giacomo Alfieri, peintre italo-byzantin, pour la convocation de l'assemblée villageoise en « un endroit neutre pour discuter des problèmes communautaires ».

Ils entraient en silence, se saluant d'un mouvement de tête, d'une tape sur l'épaule, de trois bises sur les joues. Une main dans le bénitier pour se rafraîchir, 37° à midi, l'autre sur le portable pour vérifier qu'il était en mode silencieux. Imprégnés de la magie du lieu, ils n'étaient que recueillement, amour de mon prochain, élevons notre cœur, donnons-nous la paix, pour le salut du monde.

Augustin Gersant était assis sur un banc du fond avec l'Eugénie. Il avait dit, redit et répété son refus ca-té-go-ri-que de présider cette séance mise sur pied par des civils non élus. Il se tenait en réserve de la République. En fonction de l'évolution des discussions, il pourrait fluctuer d'une position à l'autre selon le sens du vent et se poser en maître du jeu à la fin des joutes. Les cinq autres membres du CM étaient à ses côtés avec leurs épouses respectives, prêts à le suivre.

Devant l'autel, les guides du troupeau : Léa, Manon (malgré les consignes de Clément) et Jean Courtil – les animateurs de ce rendez-vous citoyen où toutes les opinions pourraient s'exprimer, se confronter et finir par se rapprocher autour d'un objectif commun : comment accueillir une population étrangère déracinée.

Le texte du flyer rédigé par Léa ne posait pas le problème autrement : « Les Dorlangeais doivent se rassembler autour des demandeurs d'asile syriens que la préfecture de Doves a souhaité inviter parmi nous. Afin de stimuler un débat collectif et de célébrer le pluralisme des opinions, tous les habitants, qu'ils soient en principal ou en secondaire, sont invités à venir en discuter à cœur ouvert et sans langue de bois autour d'un verre le vendredi 14 juillet à partir de 18 heures dans l'église Saint-Étienne. »

Antoine (avec Lætitia en sous-main) avait contacté la télévision régionale pour qu'elle diffuse un reportage sur ces délibérations à bâtons rompus.

Camille se rendit seule à l'église, sans ses filles ; Bruno était resté à Lyon, trop de travail, trop de patients, trop de responsabilités.

En retard à cause d'une interview laborieuse, Antoine traversa le village sans rencontrer âme qui vive. Délicieuse sensation. Il longea le cimetière à la grille duquel le car de régie de FR3 était garé n'importe comment et, en arrivant à l'église, redouta que les protagonistes d'un pénible spectacle soient déjà en train de s'empoigner pour la postérité devant les caméras.

Léa, Manon et Jean Courtil présideraient aux destinées de ce meeting mais Antoine doutait de leurs aptitudes à maintenir le public dans les limites de la civilité. Ses plus récentes conversations avec Lætitia, avant l'épisode du secret-scandale, l'avaient inquiété par leur teneur alarmiste.

La première personne qu'il vit en pénétrant dans l'église fut Camille, qui ne se rendit pas compte de sa présence, occupée qu'elle était à le chercher des yeux dans la foule. Il s'approcha d'elle. Elle sourit en se tournant vers lui. Il la pria à voix basse de lui résumer l'essentiel. Elle n'avait pas écouté grand-chose sinon que Manon avait prononcé quelques mots de bienvenue et que Jean avait remercié l'assistance ; Léa parlait maintenant, mais elle n'avait pas suivi son discours.

Léa exposait ses idées et l'auditoire l'écoutait *religieusement*. «… qui nous concerne, aussi l'entraide devient une exigence, c'est pourquoi, si vous êtes d'accord, nous proposons d'adopter une position claire autour de la.…» Camille et Antoine, dissipés et riant comme s'ils étaient seuls, ne remarquèrent pas l'Augustin qui se retourna vers eux à plusieurs reprises, les sourcils froncés.

Le discours de Léa vibrait de générosité. Elle évoquait drame humain et social, épreuves tragiques, misère intolérable, personnes en détresse, réponses collectives, urgence de la solidarité, foi chrétienne au service des plus démunis, droits fondamentaux, chaîne humaine, rassemblement des bonnes volontés, démarches charitables, dons en nature, aides multiformes, village accueillant, notre âme en jeu.

«… le destin, et l'attitude unanime sur laquelle nous baser pour les recevoir, les intégrer et leur montrer que dans leur malheur ils trouveront parmi nous le réconfort dont ils ont tant…»

Une voix retentit soudain: «Pas de bougnoules à Dorlange.» Passé un court instant de flottement médusé, des rires parcoururent les rangs avec quelques applaudissements.

Cette voix, Antoine la reconnut. Il se pencha vers Camille:

– Annie et son racisme primaire et obsessionnel!
– Il faudrait l'enfermer avec une camisole de force! chuchota-t-elle à son oreille. Je te parie qu'au prochain braillement elle en appellera aux ratonnades, cette gourde!
– Une vraie punaise!
– Et vicieuse en plus, toujours à médire derrière notre dos.
– Le plus embarrassant c'est son ignorance crasse

et tous les clichés qu'elle enfile comme des perles sur n'importe quel sujet.

– Tu es méchant, elle n'est pas si inculte, j'ai entendu dire qu'elle avait lu un livre !

– Oui, mais elle n'a jamais fini de le colorier.

Léa ne suspendit pas le fil de son discours et le poursuivit sans tenir compte du ricanement hyéneux d'Annie Rastaing : « … rencontre avec l'autre, sans agressivité ni rejet, et c'est aussi une responsabilité morale que nous devons assumer même si elle bouscule nos certitudes et nos… » Elle fut interrompue à nouveau, bruyamment, par des clameurs, des poings brandis avec les incontournables « Les Maures dehors », « Réquisition aberration », les indémodables « Tous des violeurs », « Pas de terroristes dans nos montagnes » et un très inédit « Non au multiculturalisme » dont on pouvait se demander comment un concept aussi sophistiqué avait pu grimper jusqu'ici.

Le pays réel se réveillait de sa léthargie. Il était temps d'autoriser la voix de la déraison à s'exprimer.

Dorlange allait se couvrir de barbelés.

– Écoute-les, JN, ils répètent les mêmes formules absurdes, dit Roxana à Jean-Noël, ils n'en ont pas marre d'être grossiers et obtus tous ces rassis ?

– C'est la France au ras des pâquerettes, aveuglée par la frilosité, la peur et la mesquinerie, leur répondit Christophe derrière eux.

– Moi je suis consternée, avoua Mathilde Drevois à leurs côtés.

Son mari opina à son tour :

– Affligeant, affligeant.

– Chut, bordel, réagit quelqu'un devant eux, arrêtez de couiner et tirez-vous si vous êtes pas d'accord.

Le public, assis sur les bancs ou debout dans les travées, s'ébrouait. L'heure n'était plus au recueillement ni à l'écoute polie. On avait laissé causer Léa « la belle âme », « cette petite pécore », « une vraie pimbêche », mais elle avait dépassé la ligne rouge.

Après les vitupérations préliminaires, des voix plus mesurées s'élevèrent arguant qu'on ne pouvait permettre à ces étrangers de déferler comme s'ils s'appropriaient un territoire fraîchement conquis :

– La moindre des choses était de nous demander notre avis.

– C'est pourquoi nous sommes là ce soir, répliqua Octavie Landron à voix haute.

– Oui, poursuivit Natalie qui s'était levée à son tour et prenait la foule à témoin, ceux qui sont d'accord pour les accueillir présentent leurs arguments et ceux qui sont contre peuvent le dire aussi, tous les avis seront bien reçus, en évitant les injures si ce n'est pas trop exiger et….

« La France aux vrais Français » cria quelqu'un. Le ton montait. « Aux chiottes les barbus », « Pas de mosquée à Dorlange », « Les femmes voilées, les maris égorgeurs hors d'ici ». Des sbires du FLIC auraient-ils réussi à s'introduire dans l'église ? « Ils n'ont pas peur du ridicule, concéda Patrice Lafarge à Agnès, sa femme, debout elle aussi contre un pilier. — Tu parles d'une régression, rien ne les retient plus, les digues sont submergées par la bassesse, lui répondit-elle. — Moi ce qui me sidère c'est la profondeur de leurs raisonnements, poursuivit Patrice tandis que Pomme leur assura qu'elle craignait le pire, ils vont en venir aux mains. — J'en ai assez vu, je rentre à la maison, tu viens avec moi Erwan ? — Non, j'aimerais savoir comment ça se termine. »

Plus d'une centaine d'individus massés dans un lieu sacré pour réfléchir sur un problème divisant la commune, il eût été salutaire qu'une personnalité intègre – un curé ? – ait pu se rendre disponible pour désamorcer les conflits et limiter les débordements. Depuis les annonces préfectorales, personne n'aurait pu affirmer tomber des nues : pourquoi la préfecture n'avait-elle pas fait monter un cordon de CRS ni interdit la réunion au motif de troubles éventuels à l'ordre public ?

Les propos de Lætitia à Antoine revenaient en mémoire. N'avait-elle pas affirmé que le choix de Dorlange comme lieu d'accueil des demandeur-euse-s d'asile n'était pas dépourvu d'arrière-pensées ? Un piège était tendu. Les fanatisés tomberaient-ils dedans ? Sous le couvert de reportage, les caméras de FR3 avaient été adroitement placées dans l'église, Lætitia y avait veillé : elle pensait que la diffusion d'images de violence discréditerait le village devant la

France entière et avec lui les militants du racisme au quotidien, ces membres d'un Ku Klux Klan *made in Bien de chez nous.*

Le brouhaha s'intensifiait. Léa, interpellée d'une manière ordurière par trois malotrus s'estimant soutenus par le public, dut suspendre son prêche, en pleurs ; Jean Courtil lui prit le micro des mains pour appeler à la pondération. Il espérait adoucir les esprits avec des paroles conciliantes : « Nous ne sommes pas là pour nous houspiller, mais pour discuter d'un problème qui touche chacun d'entre nous, essayons de conserver notre sang-froid, je vous rappelle la présence des caméras de FR3, évitons autant que possible de nous ridiculiser en direct. »

Peine perdue. Les piaffements, les grossièretés, les sarcasmes et puis très vite les invectives, les vociférations et les insultes couvrirent sa voix ainsi que celle de Léa qui avait récupéré son micro après avoir essuyé ses larmes, celle de Manon qui s'était égosillée avant d'être exfiltrée par Clément, celles de Natalie et de Roxana, des Lafarge et des Landron et du Tout-Dorlange qui imploraient silence, retenue, civisme et harmonie, tandis que les enfants pleuraient.

Les différentes factions du Parti de la Haine se huaient, un comble, comme s'il y avait des hiérarchies dans le rejet de l'altérité, le ressentiment, l'exécration de la différence. Des sensibilités jusqu'alors contenues dans les sphères privées trouvaient en l'église Saint-Étienne un lieu d'exutoire.

Qui balança la première craquée ? Nul ne pourrait le dire avec certitude même après le compte rendu (tronqué, à la demande de la gendarmerie) retransmis aux informations de FR3 le lendemain à midi et à 19 heures.

De nombreuses personnes, dont des enfants, furent piétinées dans la cohue pour évacuer l'église. Une vingtaine se retrouva aux urgences de Monfray avec des blessures sans réelle gravité, parmi lesquelles Léa, Jean Courtil (mâchoire fracturée), Natalie et Ingrid ainsi que trois autres Dorlangeais intra-muros ayant tenté de s'interposer dans la bagarre, des Dorlangeais qui en majorité ne s'étaient pas battus, choisissant d'abandonner aux insurgés le soin de se châtier entre eux.

La campagne n'est pas un jardin, c'est un champ de bataille, un camp retranché.

Au lendemain de ce 14 juillet pour le moins festif, la préfecture se fendit d'un communiqué plat et peu intimidant : «Toutes actions et manifestations à caractère violent feront l'objet de réponses appropriées et toutes les mesures nécessaires pour assurer l'ordre et la sécurité des citoyen-ne-s seront prises. L'-L'-Lea-es instigateur-rice-eurice-s ainsi que le-la-lea-es meneur-euse-euseux devra-ont s'attendre à être poursuivi-e-ie-s avec toute la sévérité de la loi.»

À l'issue d'une conversation téléphonique avec le ministre de l'Intérieur le préfet adopta des mesures sévères :

1. Destitution du maire et du conseil municipal de Dorlange, mise sous tutelle de la commune et nomination d'un maire intérimaire (Jean Courtil) et de deux adjointes (Manon et Léa).
2. Organisation de nouvelles élections à Dorlange dans la deuxième quinzaine de septembre.
3. Blâmes et avertissements à la municipalité de Rougereuse.

La gendarmerie n'était pas restée inactive. Elle avait surfé sur les réseaux sociaux pour récupérer les vidéos des incidents. Après avoir requis par voie de justice celles de FR3, elle procéda à l'arrestation des meneurs déférés devant le parquet pour une comparution immédiate. Ils furent déchus de leurs droits civiques pendant cinq ans. Un petit comique qui avait posté, avec une légende désopilante, une photo des gendarmes en train de procéder à une arrestation, fut condamné à 1 000 euros d'amende pour diffamation d'une autorité publique. Justice égale pour tous.

Joli coup orchestré de main de maître par Lætitia qui amputera de plusieurs voix la liste des Chemises Noires et des Petits Blancs sans instruction aux élections municipales à Dorlange.

Les médias firent leurs choux gras de ces événements. Des journalistes de Paris et quelques grandes plumes se déplacèrent en personne pour prendre-le pouls-du-pays-réel avant l'introduction d'une population musulmane.

Les empoignades dans une église, l'opposition violente d'une partie de la population à l'arrivée des demandeurs d'asile au village et voilà Dorlange en première page, se couvrant de honte, avec ses édiles virés sans sommation, ses habitants montrés du doigt, raillés pour leur étroitesse d'esprit et leur intolérance.

À *L'Écho du Temps*, on ne perdit pas une seconde pour éditer l'article réactualisé d'Antoine « Le village du racisme ordinaire ». Cette expression reprise par l'ensemble de la presse flétrissait Dorlange, marqué du sceau de l'infamie.

Craignant des représailles Antoine avait demandé que son article ne soit pas signé. Il fut publié sous un nom d'emprunt.

L'objectif principal des autorités avec l'Opération « Des Syriens à la campagne » était atteint : discréditer une commune d'extrême droite aux yeux des Français. Un brillant succès. Il fallait remercier les Dorlangeais de s'être précipités têtes baissées et (à quelques exceptions près) comme un seul homme dans le piège habilement tendu.

À la préfecture de Doves, on se congratulait avec effusion.

Plus modestement, Lætitia, en première ligne depuis le début, se félicitait sur tous les fronts puisque que le dérisoire épisode évoqué dans le SECRET LE PLUS TOTAL avec Antoine n'était plus à l'ordre du jour. Il y avait bien eu ce fouille-merde au *Messager du Val de Loire* qui s'était posé quelques questions et avait commencé à en poser, mais les autorités ayant eu vent de ses démarches, une visite de courtoisie des agents du SRT à son domicile eut tôt fait de couper court à ses ambitions investigatrices.

Lætitia et Antoine s'étaient croisés lors du cocktail pour l'inauguration d'un casino à Doves. Elle l'avait pris à part :

– Antoine, as-tu pris le temps de méditer nos intérêts communs ?

– Tu n'as aucun souci à te faire Lætitia, aussi bien sur ton secret d'État que sur vos pratiques douteuses pour manipuler la vie démocratique au niveau local.

– Ce ne sont pas des pratiques douteuses, juste une question d'efficacité.

– Les demandeurs d'asile vont arriver, mais la maison de la Béate n'est pas aménagée pour loger quiconque, comment vous allez faire ?

– On a démarré les travaux il y a dix jours.

– Je n'ai rien vu !

– Les artisans bossent dans la discrétion, ils sont déguisés en employés d'Enedis et de Gaz de France.

– Nos Syriens seront sur place quand ?

– Avant le 31 juillet, mais je ne peux pas t'en dire plus.

– Pourquoi ?

– On le saura au dernier moment pour garantir qu'ils ne soient pas saignés dès qu'ils descendront des paniers à salade.

– Vous les amènerez dans des fourgons policiers ?

– Ben oui, Antoine, tu croyais qu'on allait les parachuter ou les faire atterrir en hélicoptère ?

– Vous pourriez affréter un bus, ce serait plus humain. Vous les avez tous contrôlés depuis le fameux incident qui n'a jamais existé, pas de *would-be terrorists* parmi eux ?

– On a veillé au grain, nous n'avons gardé que les bons et on les a fichés avec un logiciel de biométrie qui identifie une personne en analysant l'iris de ses yeux.

– Parce qu'il y avait des mauvais ?

– Sur les trois cents au Dravhar on en a éloigné un assortiment pas très net.

– Éloigné ?

– Éloigné, oui, c'est-à-dire éjecté hors de France ; éloigné c'est le politiquement correct du jour.

– C'étaient qui ces pas très nets ?

– Des gars en provenance des prisons vidées par Assad ; on dévie de notre sujet, tu ne m'as pas répondu.

– Répondu à quoi ?

– Ta décision sur nos récentes discussions.

– Tes secrets seront bien gardés.

– Tu me le promets ?

– Oui.

– Alors jure-le.

– Lætitia, on n'est plus des gamins !

– Jure-le quand même.

– Je jure de ne jamais révéler nos récentes discussions,

croix de bois croix de fer, si je vends la mèche je vais en enfer.

– Tu dois me promettre que tu n'écriras jamais rien là-dessus.

– Je promets que je n'écrirai jamais rien personnellement là-dessus.

– Tu vois, c'était pas si difficile, quand on demande gentiment !

XX

Antoine était las, ces derniers mois l'avaient rompu, vidé, son travail, ses manœuvres pour Lætitia et la pression qu'elle mettait sur lui, les épisodes syriens, les interminables discussions entre voisins, les échauffourées du 14 juillet, un certain visage qui monopolisait ses pensées, il avait besoin de vacances. Il s'en émut auprès de sa direction. « Des vacances Antoine, mais pourquoi ? — Comment ça pourquoi, je n'en ai pas pris depuis que je travaille à *L'Écho* ! — Il y a urgence ? — Je suis à bout de forces, il m'en faut sinon je craque. — Tu aurais pu nous prévenir plus tôt, on s'organise comment au débotté, et ces vacances tu les veux pour le blog, les pages locales ou "Libre Cours" ? — Les trois. — Négatif : le blog on peut l'interrompre, mais pas ta chronique ni les locales. — Les locales, donnez-les à l'un des stagiaires, qu'il apprenne le métier au lieu de compter les heures au courrier. — Et "Libre Cours" ? — Trouvez quelqu'un pour me remplacer. — Te remplacer ? — Oui, pendant mon absence. — Non, non, non, c'est toi qui vas chercher un remplaçant, dès que tu l'auras tu nous le confirmes et tu pourras partir en vacances. — Comment je fais pour en dénicher un? — À toi de voir.»

À moi de voir, à moi de voir, c'est toujours à moi de voir. Par chance ce soir-là François venait pour l'une de leurs conversations-vérités. Antoine lui proposa d'écrire ses chroniques à sa place. «Pendant quelques semaines, je suis crevé, je me mets en disponibilité! — Je signerai de ton nom ou du mien? — Le tien, naturellement. — Et ma clandestinité? — Elle est relative, depuis le temps. — J'écrirai sur quoi, ou sur qui? — Tu pourrais t'intéresser par exemple à la vie des Syriens au village, une fois qu'ils auront été stabilisés, tu pourrais même rédiger une chronique journalière sur leurs premiers pas, joies, déboires, quiproquos, surprises? — Pas bête; ce serait du vécu, j'y réfléchis et je te dis.»

François étudia cette proposition pendant deux jours et revint voir Antoine avec son accord. Celui-ci téléphona à sa hiérarchie, une solution inespérée, un ami romancier, en sus vous aurez droit à un papier quotidien sur l'intégration des Syriens et leurs rapports avec les habitants, c'est neuf ça. Cette proposition fut acceptée, belle prise, un romancier ayant connu une heure de gloire, mais tu lui préciseras bien qu'il s'agit de journalisme, de l'objectivité avant tout, qu'il n'aille pas nous balancer de la fiction ou ses commentaires, pas d'effets de manche ni de style, des faits, du concret, des informations; à ce propos, ils arrivent quand tes Syriens? Personne ne le sait, mais ça ne saurait tarder, j'imagine avant la fin de ce mois. Ton pote pourrait planter le décor et nous décrire les préparatifs, les activités au menu, les bénévoles qui vont s'y coller, ce serait intéressant, vois ça avec lui.

– Heureux coquin, ils ont dit oui.
– Je commence quand ?
– Maintenant ! Tu peux aller interroger les habitants, fouiner à droite et à gauche et révéler l'atmosphère au village.
– Je vais les effrayer plus qu'autre chose, je préfère attendre l'arrivée effective des migrants, mais ce papier d'ambiance écris-le, toi.
– *Forget it*, je suis en vacances à partir de *right now* !
– Tu restes ici ?
– Non, j'ai loué une maison au bord de la plage sur une île grecque, je prends l'avion demain matin à Satolas.
– Y aura-t-il une camarade de lit dans tes bagages, Estelle par exemple ?
– *I don't kiss and tell !*
– Ils sont plutôt rapaces à *L'Écho*, tes vacances, on aurait cru que tu allais les écorcher vifs !
– Surtout que je n'en ai pratiquement pas eu depuis que je bosse pour eux ! Ils m'ont contrarié, me les refiler du bout des lèvres, comme si je réclamais le droit de grève ou la journée de huit heures. Imagine si je quémandais une augmentation de salaire !
– Tu serais déjà devant le peloton d'exécution. On devrait manigancer un plan pour leur jouer un tour pendable, genre un chien de ta chienne…
– Qu'est-ce que tu as derrière la tête ?

– Doucement, doucement, je me concentre. Rapporte les bières et on peaufine l'idée.

Il était écrit qu'Antoine n'aurait pas de rémission car après le départ de François, il reçut un très agaçant coup de téléphone de Lætitia.

– Ça y est, ils arrivent ! Tout est prêt ?

– Quoi ? Qui ? Quand ?

– Vos Syriens, bon sang, Antoine, *wake up*, tu suis le mouvement ?

– Comment ça ils arrivent, rien n'a été goupillé, vous n'avez jamais confirmé de date, pourquoi voudrais-tu qu'on soit prêts ? C'est pour quand, la semaine prochaine ?

– Cette nuit, vers 2 heures du mat. Sonne le branle-bas et va prévenir tes copains volontaires, depuis le temps qu'ils les attendent, ils vont enfin pouvoir se rendre utile ; la femme du cardiologue, elle a intérêt à être là, hein, pas de blagues, y en a pas un qui parle français, et toi, tu vas nous…

– Lætitia, *hold your horses*, tu me donnes le vertige. Désolé, mais je suis en vacances et je pars en Grèce demain à l'aube ; c'est pas à moi de piloter ça, appelle le maire, c'est son boulot.

– Gersant, ce taré, si on les fait venir en tapinois c'est pas pour le gazouiller à ses oreilles, il serait capable de leur tendre une embuscade avec ses suppôts du FLIC.

– C'est lui leur maître ?

– Possible, oui, il correspond au profil ; tu perds du temps, là, occupe-toi de tes bénévoles, allez, fissa, et arrête de glibotter !

– Je glibotte pas, mais, attends, Lætitia, le maire c'est Jean Courtil, Gersant vous l'avez démis de ses fonctions ; c'est à toi de lui refiler les informations, pas à moi, je suis pas l'intendant du village !

– Non, tu es mon contact et c'est pourquoi je te contacte, toi, mon contact ; après, tu fais ce que tu veux, mais en l'espèce, arrange-toi pour que cette nuit il y ait quelqu'un pour les accueillir, le personnage essentiel pour l'instant c'est l'interprète et dès demain, vous vous coordonnerez pour les animations à leur proposer, ou dans quelques jours, le temps qu'ils récupèrent leurs esprits et s'accoutument à se retrouver comme des ânes au milieu de nulle part, ah ah ah, bon, je te laisse, rappelle-moi seulement s'il y a du grabuge, *good night*, ah si j'oubliais, oui le maire intérimaire c'est ce Courtil, mais on m'a dit que c'était une couille molle, pas franchement l'idéal pour secouer les torpeurs, non, le gars de la situation, le gars qu'il nous faut, c'est toi, bises, je raccroche.

C'était bien la meilleure. Pourquoi n'avait-il pas envie d'exulter ? Elle repose tout sur mes épaules, elle exagère, j'en ai ras le bol, pourquoi c'est toujours sur moi que ça retombe ? Je vais faire comme si je n'avais pas reçu son appel : je fonce à Lyon, dodo dans un hôtel à l'aéroport, le portable reste ici, pas vu pas pris et bonjour Mykonos !

Pas très valeureux cette dérobade maugréa-t-il désemparé et, regardant sa montre, il s'aperçut qu'il était déjà 19 heures : l'heure courait. Plus question de tergiverser, ils vont se pointer, qui sera là pour eux ?

Il se leva et sortit pour aller frapper aux portes des activistes les plus proches. À chacun, il annonça la bonne nouvelle, écouta sans froncer les sourcils les différentes réactions et leur demanda de venir en discuter chez lui, le plus vite possible, le temps est compté.

Chez les Vancelle, Bruno lui ouvrit la porte.

– Camille est dans son bain, on ira te voir après, mais ne t'emballe pas, l'arabe elle ne le parle plus depuis longtemps, je ne suis même pas certain qu'elle puisse tenir une conversation sur la pluie et le beau temps, elle fera des dégâts plus qu'autre chose et la connaissant, je l'imagine mal au milieu d'un groupe en train de jouer les passeurs d'information, mais bon, ce que j'en dis, vous verrez à l'usage.

À 20 heures, ils étaient presque tous là.

– Je vous ai sollicités d'une manière un peu insistante, excusez-moi, parce que j'ai reçu un appel de la préfecture nous annonçant l'arrivée inopinée des Syriens dans la nuit. Nous allons…

– Pourquoi c'est toi qu'ils ont appelé, et pas Jean ? C'est au maire de prendre en main cette situation, d'accord il est sous antalgiques et sa mâchoire n'est pas encore d'aplomb, mais il y a des procédures à respecter, non ?

– Tu as raison, Catherine, mais je ne suis qu'un messager, pourquoi m'ont-ils appelé moi et pas lui, je n'en sais fichtre rien; toujours est-il que nous avons un problème sur les bras, un problème pressant puisqu'ils vont débarquer dans quelques heures. Procédons par ordre : Camille, est-ce que tu es toujours d'accord pour interpréter ? On ne l'a jamais confirmé officiellement, désolé, mais là maintenant on est dans le dur.

– Oui, je suis toujours d'accord, seulement il ne faudra pas s'attendre à des merveilles.

– On jugera en temps utile. Qui se dévoue pour les accueillir cette nuit ?

Silence.

– Léa ?

– La nuit je dors et je suis hyper crevée en ce moment avec la préparation de ma prochaine exposition.

– Christophe ?

– J'emmène Isaure demain matin à son stage de banjo, on doit partir tôt et comme c'est moi qui conduis, je préfère avoir les yeux ouverts.

– Très bien. Clément ?

– J'ai un rendez-vous téléphonique avec un gros client au Japon et à cause du décalage horaire, je serai sur Skype à l'heure que tu nous indiques.

– Et Manon ?

– Surtout pas, avec sa grossesse qui l'éreinte, elle a besoin de sommeil.

– Parfait, on avance, on avance. Catherine, je suppose que tu dois rester auprès de Jean pour surveiller l'évolution de son état.

– En effet.

– Bruno, ça te dit ?

– Non, et je ne parle ni l'anglais ni l'arabe.

– Camille, tu te sens d'attaque ? Le temps d'un clin d'œil, tu les attends, bonjour bonsoir, tu les fais entrer, dormez bien on se voit à votre réveil ?

– Si je dois interpréter toute la journée pendant plusieurs semaines, il vaudrait mieux que je sois, comment dire, enfin, tu comprends...

– En forme et bien éveillée pour ne pas faire d'erreurs d'interprétation ?

– Exact.

– Michèle, je te remercie d'être venue, je sais que ces histoires ne te passionnent pas, tu penses que Natalie pourrait se sacrifier ?

– Sûrement, mais elle n'est pas là, elle revient lundi ; quant à moi, non, ça me gonfle tout ça.

– Merci pour ta franchise. Mathilde, Pierre, c'est gentil à vous d'être là, j'apprécie, si, si vraiment, comme quoi on peut être de droite et humain, je plaisante ! Je me tourne vers vous en dernier recours.

– Je n'ai rien contre eux, moi, et je peux me charger de l'accueil, charité chrétienne oblige, même au milieu de la nuit.

– Tu nous enlèves une belle épine du pied, un grand merci Mathilde. Venons-en au sujet des activités pendant leur séjour.

– Il faudrait leur laisser quelques jours de répit afin qu'ils s'ajustent à leurs nouvelles existences avant de lancer des occupations à tire-larigot.

– Bien pensé, Christophe, mais nous devons envisager l'avenir tout de suite, sinon cascade de problèmes à l'horizon. Permettez-moi, à ce stade, de vous remémorer ce que nous avions convenu et...

– Tu parles des cours ?

– Oui, Clément.

– Y a pas le feu, on vient de dire qu'il fallait leur laisser du temps.

– En effet, mais je récapitule, pour confirmation : les cours de français, c'était Manon et Catherine ; les cours d'informatique, toi Clément ; les cours d'art plastique, Léa ; ceux de menuiserie, Christophe ; Catherine et Mathilde la cuisine et/ou le jardinage ; Natalie, la remise en forme. Je me suis laissé dire qu'elle avait fait une demande de subvention à ce sujet, Michèle, c'est vrai ?

– Faudra que tu lui demandes, je ne suis pas au courant.

– Si Natalie obtient du fric pour donner des cours, nous aussi on pourra faire payer les nôtres ?

– Clément, le principe du bénévolat c'est le volontariat et la non-rétribution monétaire.

– J'entends bien, Catherine, mais s'il y en a qui gagnent de l'argent avec, pourquoi on ne les imiterait pas ?

– Nous en reparlerons une autre fois, si tu veux bien, ce soir on essaie de mettre en place une organisation qui tienne la route ; Pierre, Pierre, je me souviens plus, tu avais proposé quoi ?

– Les promenades en forêt et la découverte de la nature.

– Génial. Les Landron, les Lafarge, Ingrid et Gaëtan, Harmony et Marin ont tous eu la même idée : apprentissage des travaux de la ferme, mais comme ils ne sont pas là ce soir, on avisera plus tard. Roxana, les cours de secourisme, c'est bien ça ?

– Pas de changement de mon côté. Jean-Noël a lui aussi envie de participer, avec des cours de judo si ça les intéresse.

– Magnifique contribution, on leur demandera, quoique je ne sache pas dans quel état physique nous allons les recevoir, probablement à bout, mal nourris, stressés, épuisés.

– Jean-Noël se fera un plaisir de les remettre sur pied, un ostéopathe, c'est sa spécialité !

– Il les prendra en consultation ou ce sera juste du mécénat ?

– Clément, je t'en prie !

– Je crois que nous avons à peu près tout balayé : reste les roulements en voiture, comment allons-nous les répartir, ces services ? C'est-à-dire, grosso modo, qui les emmènera à tour de rôle au marché de Pontbrac, à l'hyper de Monfray ou en visite culturelle de nos beautés régionales ?

– Tu mets la charrue avant les bœufs, Antoine, nous n'avons aucun détail les concernant, attendons les instructions préfectorales.

– Et celles du maire, Christophe, tu oublies que Jean a été nommé à ce poste.

– Si ça se trouve ils vont débarouler avec des coupons d'alimentation et des tickets restaurant.

– Tu as raison Michèle, ils vont assurer l'été des Quatre-Chemins !

– Les Quatre-Chemins ne font pas dans le halal, ça va être compliqué pour eux.

– Attention, on s'égare, les amis, on s'égare ; revenons à nos préoccupations immédiates : pour les voitures je sens que l'opinion générale est plutôt pour en débattre quand le vin aura décanté, je suppose que pour la collecte de vêtements d'hiver vous préférez aussi attendre les…

– Calendes grecques !

– Bien, j'en conclus que nous avons fait le tour de la question, merci à vous, bonne soirée, demain est un autre jour : après le temps de la réflexion, voici venu celui de l'action !

Mathilde attendait Antoine dans la cuisine.

– Antoine, il manque une information capitale : je les attends où, nos amis syriens ?

– Ah oui, flûte, l'essentiel ! Ils seront logés dans la maison de la Béate.

– La maison de la Béate ? Tu veux dire notre musée des traditions et coutumes populaires ?

– Oui, pardon.

– Qui a pris cette décision ?

– La préfecture. Elle l'a réquisitionnée.

– Sans nous en faire part ? Ils nous prennent pour des imbéciles.

– Mathilde, je ne fais que transmettre ce qu'on me demande de transmettre.

– Il n'est pas adapté, c'est un musée, pas une auberge ou un logement social !

– Je l'ai su ce soir quand ils m'ont appelé. Je suppose qu'ils ont pris des dispositions pour le mettre aux normes, mais écoute, si ça te pose un problème, dis-le-moi et je chercherai une autre solution.

– Non, non, j'ai juste l'impression qu'on nous place devant le fait accompli et je trouve ça sournois.

– En tout cas, merci pour ton aide, Mathilde, du fond du cœur.

Après son départ, il termina sa valise et put enfin se coucher. Quelle journée, pensa-t-il en éteignant sa lampe de chevet, heureusement que demain je m'esquive loin de tout cet enthousiasme. À peine avait-il cessé d'y penser que son portable sonnait.

– Oui ?
– Antoine, c'est Mathilde, je suis affreusement navrée, mais je dois emmener Pierre aux urgences de Monfray, il me refait une crise d'asthme.
– Encore ? C'est psychosomatique, non ?
– Les médecins le prétendent, moi je ne suis pas convaincue ; quoi qu'il en soit je préfère jouer la sécurité et je ne pourrai donc pas accueillir les Syriens tout à l'heure, tu me pardonnes ?
– Ah ? Euh, oui oui, bien sûr, aucun problème, ne t'inquiète pas, bon courage.

Ça n'en finira jamais ! C'est toujours moi qui écope. Jusqu'où vont-ils aller pour me faire chier ? Il reprit son portable.

– Quoi encore ?
– Y a une merdouille, la personne pour cette nuit me fait faux bond, elle doit accompagner son mari à l'hosto.
– Et alors ?
– Je n'ai personne pour la suppléer au pied levé.
– Demande à tes autres voisins.

– Ils ne peuvent pas, on a marchandé toute la soirée, il n'y avait que Mathilde Drevois pour…

– Tu n'as pas été assez persuasif. Va les attendre toi, au lieu de déléguer à des velléitaires.

– Là tu dépasses les bornes, Lætitia, j'en ai assez, c'est à vous de prendre vos responsabilités, moi je suis en vacances, j'ai sommeil et je vais me coucher, bonsoir.

Il alla prendre une douche glacée pour se détendre. Il était furieux, c'est comme ça que je suis récompensé, par des insultes, qu'ils aillent tous se faire foutre. Il se séchait lorsque son portable sonna à nouveau :

– Tu connais Béatrice Salvio ?

– La secrétaire de mairie de Pontbrac ? Oui, bien sûr que je la…

– On s'est mis d'accord pour lui rembourser le taxi et elle est en train de monter pour s'occuper de leur arrivée. Enfin quelqu'un en qui on peut avoir confiance, je m'en souviendrai.

– Mais les clés ? Qui va lui ouvrir ?

– Les ouvriers les ont laissées sur une table, dans le salon ; elle les trouvera en entrant. Tu sais tout, maintenant tu peux retourner faire ton petit dodo, comme un grand.

Sur ce, elle raccrocha. Antoine avait les oreilles qui bourdonnaient.

LIBRE COURS

LES PREMIÈRES FAMILLES SYRIENNES SONT ARRIVÉES À DORLANGE

par François Ripard-Galland,
ancien lauréat du Grand Prix du Lectorat de la Presse Féminine

Au milieu de la semaine ils sont arrivés à Dorlange, tout contents, tout pimpants, accueillis en grande pompe par Monsieur le maire Jean Courtil, sans étiquette, et son Conseil municipal au grand complet, devant la Maison de la Béate où ils vont être abrités gracieusement le temps de l'instruction de leurs dossiers de demandeurs d'asile.

En raison de son état d'abandon inquiétant le Conseil municipal avait décidé de la rénover pour la transformer en musée des traditions et coutumes populaires. Plaisante initiative et pittoresque but de promenade pour les vacanciers désireux de connaître et apprécier la culture rurale. De quoi mettre également du beurre dans les épinards de la mairie !

Pourtant, lorsque le préfet fit savoir qu'il souhaitait accueillir et héberger des familles de demandeurs d'asile syriens dans le département, la municipalité de Dorlange, dans un magnifique élan de solidarité, se proposa la première et, en accord avec les autorités, offrit comme lieu de résidence pour ces populations singulièrement défavorisées l'ex-Maison de la Béate devenue musée. Pour Augustin Gersant, l'ancien maire de Dorlange (malheureusement contraint de prendre une retraite anticipée en raison d'un cœur fragile) aucune tergiversation n'était possible : « *Accueillir des familles de réfugiés est notre impératif de solidarité chrétienne le plus naturel ; c'est pourquoi, avec mon soutien express, le Conseil municipal à l'unanimité a décidé d'adapter notre petit musée des traditions et coutumes populaires afin qu'il puisse servir à loger ces familles que tout le village sera heureux de recevoir.* »

La Maison de la Béate n'était-elle pas un symbole de charité et d'abnégation en faveur des autres ? Qu'elle puisse être utilisée à nouveau au service des plus démunis, pendant des années soumise aux quatre vents et à la furie des intempéries, quel émouvant témoignage de la résilience des vertus humanistes qui ont fait l'attrait de notre pays !

Pendant deux semaines d'affilée, des artisans locaux ont travaillé d'arrache-pied, sur leurs heures de repos et bénévolement, pour réaménager l'intérieur de la maison afin qu'elle soit prête à accueillir confortablement ses futurs occupants. Un bel effort collectif qu'il convient de saluer dignement : dans ce petit village de montagne, chacun fait de son mieux pour aider des étrangers en situation de grande désespérance à s'assimiler ! Cela fait particulièrement chaud au cœur.

À leur arrivée, une chorale des enfants de la communauté de communes de Pontbrac a attaqué la *Marseillaise*. Les pouvoirs consacrés et les parents leur ont également emboîté le pas, en français bien sûr, pas en arabe ! quoique dans un futur proche les invités syriens seront certainement capables eux aussi de l'entonner en toute circonstance dans leur nouvelle langue !!

Léa Maller, première adjointe, leur a fait visiter leur nouvelle demeure tandis que Monsieur le maire discutait avec les villageois. Madame Maller est une peintresse renommée pour ses aquarelles superréalistes ; elle était également accompagnée de Manon Zélicourt, elle aussi membre du Conseil municipal, et éditrice dans la vie civile. Madame Zélicourt, bien qu'étant enceinte, a tenu à venir à l'inauguration : « *Je souhaite manifester mon attachement aux valeurs qui ont fait notre grandeur et en même temps participer à l'élan exaltant de la solidarité pour tous.* » Paroles chrétiennes qui nous rendent fiers d'être français.

Léa Maller leur a préalablement présenté Madame Vancelle « *qui sera votre interprète, Camille habite le village et sera à votre entière disposition tout au long de votre séjour, il ne faudra pas hésiter à la mettre à contribution, elle se fera une joie !* ». Camille Vancelle, la femme d'un cardiologue lyonnais réputé, Bruno Vancelle, vit à Dorlange pendant les vacances avec sa famille. Elle parle arabe ! Quelle chance pour les amis syriens d'avoir à leur service une personne s'exprimant dans leur langue : « *Plus de problèmes de communication* » assure Madame Maller. Camille Vancelle s'est présentée à son tour et a interprété pour eux les mots d'accueil de la Première Adjointe. « *Le rôle de Madame Vancelle sera de traduire toutes les conversations afin d'établir une compréhension mutuelle absente de malentendus, aussi son concours sera précieux* » poursuivit Léa Maller. Une jolie petite fille dit en riant « *Je suis si contente d'être là, merci madame, notre maison est tellement belle* ». Camille traduisit. Léa Maller s'est retournée vers la jeune enfant et l'a regardée d'un air radieux : « *Merci pour ce que tu viens de me dire, ma chérie* » et se tournant vers le public : « *Vous voyez, à Dorlange nous carburons à la fraternité.* »

Nous avons fait ensuite une connaissance plus approfondie de merveilleux jeunes gens syriens et des trois familles rayonnantes qui étaient également du voyage. Camille interprétait pour nous aussi bien que pour eux avec une exaltation qui réchauffait l'âme.

Ainsi Sayid : « *J'ai 27 ans et je viens de Homs, dans la vie je suis ingénieur en télécommunications.* » Un ingénieur ! Gageons qu'il n'aura certainement aucun problème pour obtenir un emploi, non rémunéré hélas puisque les demandeurs d'asile n'ont pas le droit de gagner de l'argent.

Zineb, une superbe beauté vêtue d'une tunique noire du meilleur effet : « *Je suis née à Kobané, j'ai 20 ans et chez moi j'étudiais la logistique du commerce B2B. Je suis partie à cause de mon frère déserteur et des soldats officiels qui menaçaient ma famille.* » Elle espère que ses compétences seront utiles ici, mais, dans l'intervalle, elle souhaiterait apprendre le français et l'informatique. Magnifique motivation pour une demoiselle et Camille Vancelle ajoutera qu'elle trouvera beaucoup de mamans à Dorlange pour l'aider dans ce difficile apprentissage de la langue française, l'une des plus belles du monde, sinon la plus belle, la langue de l'amour et ici à Dorlange l'amour n'illumine-t-il pas le village ?

Rifat, un grand jeune homme un peu sévère avec une longue barbe très fournie, vêtu d'une djellaba d'un blanc immaculé et d'une kippa, nous apprend qu'il vient de Raqqa, une ville sainte dans le nord-est de la Syrie. Il a 28 ans et il était chimiste avant d'être obligé de quitter son pays après la mort de ses parents tués par les canonnages d'une coalition, explique Camille Vancelle qui nous apprend également qu'il a été défié dans son intégrité physique par des collaborateurs du régime avant de s'en échapper lors du transfert d'un endroit à un autre ; il a subi moult désagréments lors de son excursion vers la France : d'abord hébergé dans un bivouac au Nord-Liban il est parti à pied vers la Turquie avant d'être immobilisé et envoyé en Libye où blessé au nez lors d'une dispute parce qu'il fumait en public il a séjourné trois mois dans un abri sans que sa blessure guérisse, ensuite pendant sa traversée de la mer Méditerranée sur un canot pneumatique avec une cinquantaine de touristes syriens comme lui, leur embarcation a été arraisonnée par une ONG qui les a entièrement dévalisés ; à son arrivée en Italie, recueilli par des bonnes sœurs grâce auxquelles sa blessure a pu enfin guérir, il est remonté à pied jusqu'à Marseille où il a été pris en charge par la maréchaussée. Il a déposé une demande d'asile politique dont il attend une heureuse conclusion. La Syrie : que de tristesse dans ce si beau pays, berceau de toutes les civilisations, aujourd'hui traversé par d'épineuses rivalités fratricides qui le malmènent journellement.

Voici Nadim, le père de la petite fille si pétulante, qui nous viennent, lui et sa famille, de Palmyre. Difficile de savoir quelle était sa profession, Camille l'a senti réticent à l'avouer, mais il n'a qu'une hâte c'est d'étudier le français et de s'intégrer aussi rapidement que possible dans notre communauté d'après Camille qui discute également avec sa ravissante épouse tandis que nous nous apprêtons à rejoindre le comité des fêtes qui a préparé un succulent déjeuner en plein air avec les nouveaux amis syriens et les habitants du village afin que tous puissent faire connaissance dans un esprit de bénéfice partagé, de jovialité et de franche amitié, l'amitié entre les peuples, bien sûr !

Au menu, après le verre de l'amitié (la genboise, liqueur de gentiane mariée à la framboise), des spécialités de la région : charcuteries de pays, cochons de lait à la broche, fromages de brebis, gâteaux au chocolat, tartes au citron, le tout arrosé d'un vin local de grand renom, le fameux vin des Enfers, un breuvage diaboliquement bon !

« *Bénissons ce repas et ceux qui l'ont préparé,* déclara le maire Jean Courtil en portant le toast de bienvenue, *et que la paix soit avec nous tous !* »

Également au menu de ce jour de fête qui demeurera dans toutes les mémoires, des rencontres riches en découvertes réciproques.

Ah, quelle belle journée !

XXI

À l'issue de cette chronique publiée le dimanche 22 juillet dans le supplément week-end de *L'Écho du Temps*, la rédaction en chef qui n'avait pas eu le temps de la relire avec la rigueur accoutumée (ses membres étaient en séminaire de formation) décida à l'unanimité de se passer immédiatement et définitivement des services de François Ripard-Galland, ancien lauréat du Grand Prix du Lectorat de la Presse Féminine. « Qu'est-ce qu'il a fait pour l'obtenir ce prix ? J'ai regardé les commentaires sur le site, putain, on s'en prend plein la gueule. Il a tout inventé, cet écrivaillon, ça n'a pas pu se passer de la façon dont il l'a raconté. »

On rappela Antoine toutes affaires cessantes, mais le drôle n'ayant pas emporté son téléphone professionnel il fut impossible de le joindre.

En Grèce, éloigné du théâtre des opérations, il lisait beaucoup, se couchait tôt, nageait longuement en fin de journée, courait le long des sentiers de douanier, mangeait midi et soir dans un petit restaurant sur le port, poissons, tomates, pois chiches, grands verres de retsina. Il voulait donner à son cœur tourmenté la paix qu'il revendiquait. Loin des yeux, loin du cœur ? Un cœur qui bat ne connaît pourtant aucune frontière. L'éloignement rapproche, mais comment mettre un nom sur un état ?

Il ne revint pas tout de suite à Dorlange. En descendant de l'avion il appela un vieil ami vétérinaire qui ne fit pas de difficulté pour l'héberger quelques jours en son manoir du Freycinet, dans la Drôme.

Bertrand n'était pas que vétérinaire, mais aussi microkinésithérapeute. Connaître les bêtes c'est connaître les hommes. Il effleurait les parties douloureuses du bout des doigts, ressentant au toucher les contrariétés physiques ou psychologiques de son patient, puis il massait délicatement et la guérison intervenait après une ou deux séances.

Très vite il n'eut aucune peine à mettre un nom sur le désarroi d'Antoine. Il le questionna néanmoins :

– Résumons-nous : tu ne dors plus, tu te plains de maux de tête, de battements incontrôlables du cœur, tu n'arrives pas à te concentrer, tu n'as plus d'envie ni d'entrain, ton chef de service gueule parce que tu n'écris rien d'intéressant, on te parle tu n'entends pas, tu flottes dans les nuages, la vie te paraît fade et monotone et tu reviens de vacances guère plus reposé qu'au départ. Je me trompe ?

– Constat imparable, doc ! avait-il répondu en riant. Ton diagnostic ?

– C'est tout vu, gars, il n'y a pas de mystère.

– Comment ça pas de mystère ?

– Tu veux mon avis ?

– C'est pour ça que je suis venu !

– Je ne peux rien pour toi ; mes compétences sont vaines sur cette maladie devant laquelle nous autres médecins guérisseurs sommes impuissants.

– Mais encore ?

– Quelqu'un hante tes pensées.

– Quelqu'un hante mes pensées ?

– Je peux même avancer sans risque de me tromper qu'il s'agit d'une quelqu'une.

Il arriva à Dorlange dans la nuit du dimanche 29 juillet. Le village n'avait pas bougé, les maisons étaient toujours là, comme le chêne et la fontaine, pas de traces d'incendie ni de destruction massive constata-t-il, avant de faire une rapide inspection autour de la Béate plongée dans le noir. RAS. En passant devant les Vancelle il se hissa sur le mur d'enceinte en évitant de poser les mains sur les tessons et aperçut de la lumière dans la chambre de Camille et Bruno, ils ne dorment pas à cette heure ?

Le lendemain, il n'ouvrit ses volets que vers midi. Il pleuvait. Je suis en congé jusqu'au 15 septembre, je me désengage de tout et ne serai là pour personne ! Il alluma son portable et écouta les messages laissés par sa direction. Hé hé hé ricana-t-il, joyeux. Au début il ferait la sourde oreille. On le rappellerait, le prierait, l'adjurerait. Rien n'y ferait. Je suis en vacances. Une première augmentation de son salaire ne l'émouvrait guère. Un avenant à son contrat pas davantage. Une augmentation plus substantielle que la première le ferait chanceler. Un dernier effort. Oui si j'arrête les pages locales ; le blog aussi, c'est dépassé. Accord en vue. Deux chroniques par semaine, une grande enquête dans le mensuel, un pépié [1] par jour. Il finirait par accepter. Soulagement à *L'Écho du Temps*.

Lorsqu'un soir François viendrait le voir, les deux compères se complimenteraient en riant :

– Bien joué mon pote et encore merci, dirait Antoine.

– *Anytime*, lui serait-il répondu, *did you get what you wanted ?*

– *Yes I did ! Oh yes I did !*

– *Glad I could help !* Je te devais ça, camarade ! On les a bien eus !

Son frigo était vide. Avec ce temps pourri, est-ce que j'ai envie de sortir faire des courses ? Il entendit frapper à sa porte. Camille entra et le rejoignit dans la cuisine.

– Antoine, enfin, tu es là, tu m'as manqué, si tu savais. Depuis dix jours c'est l'horreur, je n'en dors plus la nuit.

– Toi aussi, tu m'as, mais, mais, que se passe-t-il ?

– Et Bruno qui n'est pas là, zéro soutien moral, j'ai l'impression de me noyer tous les jours.

– Il est où ?

1. *Tweet* en français.

– À Lyon, pour son travail ; il prendra quinze jours en août, on se retrouve au Lavandou à partir de l'Assomption, mais je ne tiendrai pas jusque-là. Je vais m'asseoir sur ton canapé, tu permets, je me repose cinq minutes.

Antoine s'assit à côté d'elle, confondu. Camille harassée, abattue, désenchantée ?

– Tu me racontes ?
– J'ai comme un roulis permanent dans la tête et quand je veux reprendre ma respiration, paf, un nouveau coup de bâton derrière la nuque.

Antoine ne comprenait rien. Voilà une Camille aux antipodes de la Camille habituelle. À quoi fait-elle allusion ? Je vais te faire un café. De la cuisine il lui demanda si c'était à cause des Syriens ou de quelqu'un d'autre, je m'absente dix jours et à mon retour je te découvre complètement déboussolée, qu'est-ce qui ne va pas ?

– Pas déboussolée, humiliée, démoralisée, exténuée ; je suis avec les Syriens du matin au soir, soit pour leur donner des explications et répondre à toutes leurs questions soit pour traduire n'importe comment, je m'y attendais, mais pas dans ces proportions, c'est rageant et aucun ne parle français. Des journalistes sont venus les interviewer j'en ai encore des sueurs froides, j'inventais les réponses, pour te dire combien j'étais larguée ! Je suis nulle, une véritable caricature, c'est embarrassant pour tout le monde, je te donne un exemple, Catherine pose une question, je la traduis, ils me regardent en souriant, mais je vois bien que je me suis trompée ; pourtant je fais des efforts, j'essaie de les écouter, mais de les écouter vraiment, pas comme une interprète de métier qui n'en a rien à faire de leurs sentiments, moi je ne suis pas orgueilleuse, je m'intéresse parce que je voudrais savoir qui ils sont, d'où ils viennent et que j'aimerais les sentir bien ici, soulagés, tranquilles, à leur aise.

– Tu n'es pas nulle si tu peux les écouter et leur répondre dans leur langue ! Je reconnais là ta modestie légendaire.

– Je saisis le quart de ce qu'ils me disent. Après c'est de la devinette dans du brouillard. De l'approximation au kilomètre. Je suis éreintée à force de pagayer comme une folle. Je vais continuer jusqu'à quand, avec Jean qui me harcèle, reste avec eux, Camille, reste avec eux, sinon ils vont péter les plombs.

– Pourquoi pèteraient-ils les plombs ?

– Un cauchemar. Impossible de te le décrire.

– Essaie.

– La Béate manquait de chambres.

– C'était prévisible.

– On a dû fournir des lits superposés, une grosse galère pour en acheter.

– Tu appelles cela un cauchemar ?

– Non, un problème d'économat, rien de dramatique, juste un mauvais prélude. Ensuite ça s'est vite détérioré : figure-toi que du lever au coucher, une trentaine de forcenés se relaient pour manifester silencieusement devant la porte de la Béate ; ils ne bougent pas, ils ne parlent pas, mais ils sont là, ils campent debout et ça traumatise tout le monde ; les Syriens n'osent pas sortir.

– Ils ont dû en voir d'autres, et des plus horribles, avec tout ce qu'ils subissent depuis des années.

– Je passe mes journées à la Béate, avec Catherine et Mathilde, Jean, Léa, Manon et les autres, je baragouine non-stop pour qu'ils pensent à autre chose, c'est ultra fatigant et comment puis-je les réconforter, je relance les conversations entre eux et nous et ça patauge, ça patauge ; le matin je suis hyper angoissée, les détraqués devant la maison vont-ils m'insulter, me cracher dessus ? J'entre, les Syriens sont là à tourner en rond, Internet n'a pas été installé, la télévision est en panne et les enfants surexcités. Le soir, je rentre harassée, excédée, je me couche, impossible de dormir, insomnie garantie, je pense à mille choses à la fois sans trouver le sommeil ; à ce rythme, je meurs d'ici pas longtemps.

– Le maire est responsable du maintien de l'ordre. Jean n'a pas requis l'intervention de la gendarmerie ?

– Il est gentil, mais indécis, pusillanime ; il ne veut pas déplaire à son électorat, il a les yeux fixés sur le scrutin de septembre ; il est maire depuis quoi, deux semaines ? et il a déjà intégré les enjeux. Ah, j'oubliais l'essentiel : le repas d'accueil.

– Quel repas d'accueil ?

– Léa a suggéré d'en faire un, dimanche dernier, pour que le village fasse leur connaissance.

– Une brillante suggestion !

– Oui, mais c'est Annie Rastaing qui a demandé à s'en charger avec son mari et quelques autres, de Faissac, je crois.

– Venant d'elle ça me surprend !

– Ils ont préparé des aliments qu'aucun musulman ne s'aviserait de manger, charcuterie, viande de porc, vin, alcool.

– Non !

– Tu saisis la perfidie ? Ils l'ont fait exprès. Quand on s'en est aperçus c'était trop tard. Les Syriens étaient indignés et nous aussi. Depuis tout part à vau-l'eau : une association, Repas Pour Tous, leur fait porter des plateaux-repas depuis lundi dernier et...

– Super sympa !

– Dans un monde idéal oui, mais Michèle nous a appris hier qu'en dépit du cahier des charges, les repas n'étaient pas halal et, cerise sur le gâteau, cette RPT serait financée en sous-main par des extrémistes catholiques !

– J'en apprends des moches et des pas mûres ! Je pars en vacances et en revenant c'est Beyrouth !

– Je n'ai plus de temps pour moi ; j'ai envoyé les filles chez mon frère, je n'avais plus d'énergie pour elles, tu imagines ?

– Tu es seule chez toi, alors ?

– Oui, mais il n'empêche, je suis lasse, Antoine, lasse, lasse, si tu savais comme je suis lasse.

– Je le vois bien. Détends-toi ; cette pagaille se résorbera d'elle-même et tout rentrera dans l'ordre.

– Pas sûr : on en a parlé entre nous, les bénévoles. On a la désagréable impression de n'être que des pions dans un jeu qui nous dépasse. Dans ces conditions, comment s'intéresser à eux ? D'ailleurs les belles intentions du départ s'effilochent peu à peu parce que jouer les faire-valoir, personne ne trouve ça motivant.

– Tu exagères, tu es épuisée, mais de là à peindre un tableau aussi sombre !

– Manon a donné un premier cours et s'est arrêtée, prétextant sa grossesse ; les cours de Léa, Christophe, Clément, Natalie ont été annulés. Ne nous voilons pas la face, ils sont trop occupés pour s'alourdir avec du bénévolat.

– Ils se sont portés volontaires !

– L'intimidation est une tactique qui porte ses fruits : comment veux-tu que nos amis syriens se rendent chez Léa, ou Natalie, avec les crétins encerclant la Béate ? Ils se feront agresser. J'ai de sérieuses appréhensions quant à la pérennité de cet arrangement, je veux dire la présence de migrants à Dorlange. Si les autorités ne s'impliquent pas, dans un mois on met un terme à l'expérience et les Syriens seront à nouveau trimballés au diable seul le sait. Ici ils pouvaient se poser, commencer à respirer et entrevoir le ciel bleu d'une nouvelle existence.

– Tu voudrais que je parle à Jean, ou à Augustin ?

– Gersant est le premier à faire le pied de grue devant la Béate ; avec Jean, ça ne servirait à rien, timoré comme il est.

– Tu es bien pessimiste !

– J'ai le sentiment que tout est vain, sans espoir. J'en arrive à croire que ma vie ne ressemble à rien : je suis là, à besogner dans le vide, à grand renfort de moulinets, sans remerciements, seule à Dorlange, avec un mari en vadrouille et…

– Il n'est pas à Lyon pour son travail ?

– Antoine, ne fais pas l'idiot. Moi j'en ai marre de me ridiculiser toute la journée avec personne sur qui m'appuyer.

– Pourquoi te ridiculiserais-tu ? Sans toi pour interpréter, ce serait la catastrophe généralisée.

– La catastrophe c'est mon inaptitude, ils s'en rendent compte, ils ne disent rien par politesse, et moi je suis fatiguée, fatiguée, fatiguée. J'aimerais m'endormir et ne plus me réveiller. Avec cet assortiment, donne-moi une seule bonne raison de ne pas être défaitiste.

Sapristi, pensa-t-il, elle broie vraiment du noir. Comment la consoler ?

Il passa son bras par-dessus son épaule, elle posa la tête contre la sienne. Ils se turent pendant un long moment.

Une seule raison ?

– Tu voudrais m'assister avec les Syriens ?

– J'aimerais bien, mais je ne parle pas arabe, ils ne parlent pas français.

– Ils parlent anglais et moi pas.

– Ils parlent anglais ? Pourquoi sont-ils venus en France au lieu d'aller en Angleterre ?

– Ils n'avaient pas le choix et si je n'ai pas fait d'erreur de traduction, ils n'avaient qu'une hantise : celle d'être coincés en France. Avec le recul, on le conçoit mieux : quel étranger aurait envie de s'implanter, au vu des réactions de la population ?

– Aucun.

– Tu serais d'accord pour coopérer avec moi ? Dis-moi oui, je t'en prie ! Ce serait tellement bien de faire ça ensemble, non, toi et moi ?

– Tu ne crains pas les sous-entendus, les regards en coin ?
– Si je les craignais je ne te le proposerais pas.
– Je ne suis pas sûr que nous parlions de la même chose, là, Camille ; est-ce…
– On ne fera rien de répréhensible ni que la morale réprouve.
– Ah ? Alors, dans ce cas.
– Antoine !

Il rit. Poussa un soupir de soulagement, l'idée me plaît, on commence quand ? Maintenant. Il lui caressa les cheveux, lui parla doucement, il raconta des anecdotes, elle s'esclaffait, ils étaient nerveux, et pourtant petit à petit, lentement, et sans qu'elle paraisse y prendre garde, encore qu'un œil exercé, ou simplement perspicace, eût pu s'apercevoir qu'après tout, elle n'était pas si sotte ni si candide, il approchait son visage du sien.

★

François débarqua à l'improviste, en fin de soirée. Il tapa contre la baie avec le code habituel. Antoine, dans la préparation de deux chocolats chauds, courut ouvrir avant de l'amener à la cuisine avec une mine de comploteur.

Se croyant seule avec lui, Camille arriva quelques instants plus tard vêtue de sa culotte et d'une chemise d'Antoine.

Prise en faute pratiquement sur le vif, sa tenue débraillée ne souffrant guère d'ambiguïté, elle courut s'asseoir à la table de la cuisine, ne sachant plus où ni comment se cacher. Elle était épouvantée : en flagrant délit, quelle horreur, à qui va-t-il tout raconter ?

– Bonsoir Camille, dit François très à l'aise, je m'appelle François, je suis un vieil ami d'Antoine.
– Ah, euh, oui, bonsoir, mais je, je, vous êtes un ami d'Antoine ? répondit-elle, rougissante.
– L'un de ses plus proches.

François devina ses inquiétudes, Antoine n'a pas de secrets pour moi, mais je n'ai pas pour habitude de les divulguer, soyez sans crainte, lui dit-il avec un sourire de connivence.

Elle parut soulagée.

Magnanime il ne s'appesantit pas sur sa confusion manifeste et embraya sur les Syriens.

– Vous êtes leur interprète, n'est-ce pas, ça se déroule comme vous le voulez ?
– Tout va bien, mais ils ne sont là que depuis une dizaine de jours ; a priori ils ont l'air satisfaits. Nous avons débuté les premiers cours de français, je crois que ça leur plaît, l'intégration se fera sans problèmes.
– Vous parlez le même arabe ?
– Oui, le dialecte libano-syrien.

Si elle ne mentait pas, elle ne disait pas non plus la vérité. Elle avait été franche avec Antoine, mais l'irruption de cet individu dont elle ne savait rien l'obligeait à présenter les choses avec circonspection.

– Qui leur donne ces cours ?
– Des femmes de Dorlange, je ne sais pas si vous les connaissez.
– Dites toujours.
– Catherine Courtil, Manon Zélicourt, Mathilde Drevois.
– Les fameuses bénévoles. Manon, c'est la peintre hyperréaliste ?
– Non, c'est Léa. Vous avez déjà vu ses toiles ?
– Antoine en a acheté une.
– Je sais, c'est celle qui est dans sa...

Elle s'interrompit et devint écarlate.

– Tu l'as payée combien Antoine ?
– Je ne m'en souviens plus, deux ou trois mille balles.
– Et vous Camille, comment la trouvez-vous cette peinture ?
– Je ne suis pas portée sur l'hyperréalisme, ni sur la peinture contemporaine en général.

Elle reprenait de l'assurance.

– Catherine Courtil, c'est la charmante vieille dame dont le mari est le nouveau maire de Dorlange ?
– Je vois que vous n'ignorez rien du village !

– C'est normal, je m'intéresse à mon environnement.

– Votre environnement ? Je ne vous avais jamais vu jusqu'à ce soir !

– Je suis furtif. Les enfants syriens, qu'est-ce que vous allez faire d'eux ?

– Ils participent aux cours de français avec leurs parents et ils iront à l'école en septembre.

– Celle qui va ouvrir à Dorlange.

– Euh, oui, en effet, vous êtes au courant de ça aussi ?

– Amandine Trulard, la bibliothécaire de Pontbrac, sera la future institutrice, n'est-ce pas ?

– Ah, euh, non, je ne savais pas.

Qui est-il, cet homme singulier ? Il n'a pas vu un coiffeur depuis la dernière guerre et ses vêtements, qui s'accoutre de la sorte de nos jours, je n'ai jamais entendu parler de lui et pourtant il est au courant de toutes nos affaires, c'est extraordinaire et en plus il m'a surprise à moitié nue, quelle idée va-t-il se faire de moi ?

– Attendez, il me semble que je vous ai déjà aperçu quelque part !

– C'est possible.

– Vous n'étiez pas à Dorlange le jour du repas de bienvenue ?

– Bravo, vous êtes fine observatrice ! Les imbéciles à l'origine de ce cirque dans l'église le 14 juillet, ils continuent à foutre la merde ?

– Pas pour l'instant. D'après nos informations, les gendarmes les ont chapitrés ; on redoute quelques actions d'arrière-garde cependant, c'est pourquoi on a ordonné aux Syriens de ne pas bouger de Dorlange, en attendant que les têtes chaudes refroidissent, lui répondit-elle en omettant bon nombre de faits récents qu'elle ne souhaitait pas révéler au tout-venant.

– Si c'est Lætitia Paillet qui vous a informée, faites gaffe, elle manipule comme personne.

Camille se souvint de sa tenue.

– Excusez-moi, j'ai un coup de téléphone à donner.

Elle se leva et monta dans la chambre d'Antoine pour se rhabiller avec les vêtements qu'elle portait à son arrivée et que l'on n'aurait pu taxer d'impudicité. Elle s'assit sur le lit, songeuse. C'est bien ma veine, pour ma première fois, et je suis démasquée comme si la punition devait tomber illico : tu ne récidiveras pas. Qu'est-ce que je fais, je descends discuter avec eux ou je reste ici en attendant Antoine ? Non, je m'habille et je m'en vais, c'est la seule solution, je passerai par la véranda, ils ne me verront pas sortir. On oublie tout, Antoine, je ne sais pas ce qui m'a pris, un écart incompréhensible, j'étais déprimée, on garde ça pour nous, d'accord. Elle sourit, se coucha en chien de fusil sous la couette et ferma les yeux.

– Alors petit cachottier, on ne me dit pas tout ? Je me doutais bien qu'un jour ou l'autre, vous deux, mais je n'imaginais pas que tu puisses être aussi diligent ! Je ne la voyais pas non plus céder avec autant de facilité ! Tu es parvenu à tes fins, tu as eu celle dont tu rêvais.

– Non, pas du tout, je n'ai rien calculé, c'est venu naturellement, comme dans un songe.

– Oui, très frais, très émouvant, mais tu sais que ça ne mènera nulle part.

– *Mister Rabat-Joie himself!* L'amour surgit et déjà tu le dénigres !

– Antoine, elle est bourrée de complexes cette femme, en plus d'être conformiste et d'avoir peur de l'ombre de son mari ; je flaire la Bovary à cent lieues.

– Tu la connais donc si bien ?

– Tu m'as tellement parlé de Camille et de ce que tu ressentais pour elle que je la connaissais mieux que toi ! Rappelle-toi, tu me décrivais aussi sa façon de s'habiller, les vêtements qu'elle portait, rien de plus enfantin pour déterminer la personnalité d'une femme, des comme elle, j'en ai rencontré plein dans ma vie !

– Dis-moi comment tu t'habilles et je te dirai qui tu es ?

– Précisément.

– C'est un peu léger pour se faire une opinion.

– Ce genre de femme s'épelle troubles et ennuis, crois-moi, ça veut, mais ça peut pas, ça peut, mais ça veut plus, tu ne t'en sortiras pas, pour elle tu es tout nouveau tout beau, la première fois qu'un homme s'intéresse à elle, tu penses, elle est au septième ciel, extasiée bien comme il faut, mais elle ne perdra jamais de vue sa famille, son milieu social, ses conditions de vie, les femmes c'est réalisme, pragmatisme et opportunisme. Tu la vois divorcer et venir habiter dans le trou du cul du monde avec ses trois filles ? Qu'est-ce qu'elle fera de ses journées ? De la quenouille ? Des soupes paysannes ? Tu n'es qu'un agréable passe-temps, une aventurette de saison quand le mari est absent. À la seconde où il reprendra son rôle dans la pièce, Bruno mon chéri comme je t'aime, comme je me suis languie de toi et elle repartira avec lui pour les vingt prochaines années. Tu te souviendras de ce que je prédis : à l'heure des comptes ce n'est pas toi qu'elle évaluera en priorité, l'amour passera au second plan. Je suis un réaliste, moi aussi. La femme mariée et l'amant célibataire, recette classique de l'amour sans issue ou qui se termine mal, voire pire.

– Tu es en verve ce soir ! Ta misogynie proverbiale, les femmes, ces monstres, ces diablesses calculatrices sans états d'âme.

– Misogyne, moi qui adore les femmes !

– Notre liaison débute à peine et tu prophétises un avenir calamiteux ! Tes préjugés sur Camille, je ne les partage pas. C'est ton avis, pas le mien et on te fera mentir sur toute la ligne, tu verras.

– *Hope for the best but prepare for the worst.* Je peux t'écrire le scénario de ce drame humain, du premier au dernier acte !

– Oublie-le au fond d'un tiroir.

Pourquoi ne pas leur donner le temps de la vivre, cette liaison, sans s'encombrer de son issue « inévitable » ?

Parce que Antoine et les femmes. Estelle, Ashley : une histoire d'amour par décennie, une dépression tous les dix ans ! Un vrai métronome. Régulier, ponctuel, sans surprise. Entre-temps, des parades sexuelles qui satisfont les sens et rien d'autre. Le résultat des courses ? Une cousine germaine, une *all american*, une femme mariée mère de trois enfants. Joli palmarès.

L'amour en plein village ? Au vu et au su. Cette harpie fielleuse d'Annie Rastaing se hâterait d'en *toucher un mot* à Bruno : « On dit qu'il ne faut jamais laisser seule une femme mariée, qu'en pensez-vous Bruno ?... Il était temps que vous rentriez, il s'en passe des choses par ici, vous n'êtes pas au courant, oups, suis-je maladroite, j'ai trop parlé, c'est tout moi ça. »

Camille : une eau dormante ? Un volcan assoupi ? Pourquoi s'était-elle abandonnée, sans combattre ? Avait-elle résisté ou bien s'était-elle conduite en parfaite connaissance de cause, libre de son choix, de ses envies ? Aurait-elle décidé de penser à elle désormais ? Après les dénégations de pure forme énoncées d'une voix manquant de conviction, non, Antoine, je t'en prie, pas ici, pas maintenant, pas ce soir, elle s'était délivrée du poids de la faute morale qui la paralysait jusqu'alors, ce très dérangeant, et fallacieux, concept de trahison.

Depuis plusieurs mois, ses sentiments à son égard avaient évolué : elle le regardait d'un œil différent tandis qu'auparavant elle l'appréciait comme un bon ami, un voisin agréable et complaisant. Que s'était-il produit pour déclencher ce changement ? Il n'avait pas dû remarquer quoi que ce soit : elle était mariée, comment aurait-il osé s'intéresser à elle ?

Elle était mûre pour forcer le destin malgré ses peurs. Ce soir, elle s'était sentie assez solide pour ne plus cacher ses émotions ni ses désirs : une révolution psychologique chez une femme qui toute sa vie avait évité ce qui l'aurait rendue vulnérable au chantage affectif : en toutes circonstances il fallait s'empêcher de montrer son trouble, garder un visage insondable, une apparente indifférence et demeurer imperturbable quoi qu'il arrive, afin d'éviter les déconvenues qui surviennent immanquablement dès que l'on fait preuve d'enthousiasme ou d'exaltation.

Mais les apparences étaient trompeuses chez celle qui courait depuis longtemps, sans s'arrêter. Qui conduisait les mains à 10h10. Qui faisait les courses. Qui préparait les repas et les servait. Qui emmenait ses filles à l'école, allait les chercher. Qui les aidait dans leurs devoirs. Qui prenait des notes dans les réunions de parents d'élèves. Qui ne fumait pas. Qui ne se maquillait pas. Qui fermait son sac à main. Qui contrôlait les additions dans les restaurants. Qui étiquetait les bocaux jj/mm/aaaa avant de les ranger dans le congélateur. Qui l'avait connu à dix-huit ans. Qui n'entendait que des « Moi je » sans le lui reprocher. Qui l'avait fait avec lui dans le studio d'un cousin. Qui avait demandé « Tu m'aimes ? » Qui avait conclu « Un jour sans ». Qui avait du mal à exprimer une opinion personnelle. Qui répétait les mêmes gestes, jour après jour après jour. Qui s'endormait devant la télé. Qui éteignait les lumières derrière elle. Qui aimait monter à Dorlange. Qui discutait avec ses voisins. Qui goûtait l'ambiance. Qui contemplait les étoiles. Qui marchait dans les bois. Qui respirait enfin. Qui était heureuse. Qui avait envie de crier sa joie. Qui regardait sa montre. Qui ne perdait pas un instant. Qui rentrait cuisiner. Qui ne lisait pas les journaux. Qui n'avait pas le temps. Qui était toujours d'accord. Qui n'aimait pas les conflits, les querelles de personnes, les ego surdimensionnés. Qui votait comme les autres. Qui pensait à lui. Qui ne s'en étonnait pas. Qui en était néanmoins troublée. Qui était rassurée quand ils étaient ensemble. Qui lui souriait. Qui le trouvait beau, et grand (188 cm). Qui murmurait son prénom, en rougissait intérieurement. Qui en était secrètement ravie. Qui ne se laisserait pas entraîner. Qui ne savait plus. Qui ne trempait pas sa cuillère dans le pot de confiture. Qui se lavait les mains avant de passer à table. Qui n'avait jamais pris de bain de minuit. Qui ne daubait pas sur les autres. Qui avait des tiroirs remplis de cartes de fidélité. Qui maîtrisait ses émotions. Qui n'aimait pas se faire plaisir. Qui acceptait son sort, sa place, son rôle, sa fonction. Qui se regardait dans la glace. Qui ne s'y reconnaissait pas. Qui était belle, mais ne s'en rendait pas compte. Qui ne recevait jamais de compliments. Qui ne s'en formalisait pas. Qui se croyait laide et périmée. Qui enfilait un peignoir brodé à ses initiales CV. Qui s'appelait Camille Vancelle. Qui se demandait pourquoi. Qui se souvenait pour le meilleur et pour le pire. Qui pariait jusqu'à ce que mort s'ensuive. Qui rajoutait pour les siècles des siècles. Qui rêvait souvent éveillée. Qui l'avait toujours trouvé petit (177 cm). Qui n'était jamais prise au dépourvu. Qui vérifiait la monnaie. Qui ne perdait pas sa carte Vitale, ses clés, son portefeuille.

Qui se trouvait trop grande (175 cm). Qui n'avait pas le temps pour la bagatelle, les distractions, l'amour de soi. Qui se déplaçait les yeux fermés dans son supermarché entre les rayons, les gondoles, vers les caisses et la sortie. Qui classait les reçus, les tickets, les factures. Qui n'était jamais à découvert. Qui s'occupait de la gestion de sa clientèle privée. Qui travaillait bénévolement. Qui voudrait tant être paresseuse, négligée, fantaisiste. Qui était toujours à l'heure. Qui ne savait pas dire non. Qui respectait les règles, les codes, les limitations. Qui admettait que. Qui ne dormait pas nue. Qui n'en pouvait plus d'être raisonnable, effacée, conventionnelle. Qui soutenait des deux bras le poids de la vie de famille. Qui avait espéré autre chose. Qui avançait dans une impasse sans pouvoir faire marche arrière. Qui n'avait pas eu d'amants. Qui était la femme d'un seul homme. Qui le premier, l'unique, le dernier. Qui se demandait s'il fallait le regretter. Qui découvrait que ça ne pouvait plus durer. Qui ne s'autoriserait pas les rendez-vous clandestins, le poly-amour, les folies de la passion. Qui était toujours bien habillée. Qui se coiffait dans le même sens. Qui s'essuyait la bouche après avoir bu du vin. Qui ne haussait jamais le ton. Qui ne resquillait pas dans les queues. Qui achetait des romans primés comme cadeaux de Noël. Qui voudrait tant oser, s'éprendre, être émerveillée. Qui voulait vivre dangereusement. Qui parfois ne portait pas de soutien-gorge. Qui prenait une douche glacée une fois par semaine en hiver. Qui voudrait tant être aimée. Qui envoyait des cartes, des mots pour les anniversaires, les décès, les divorces. Qui s'essuyait les pieds sur le paillasson. Qui criait « Il y a quelqu'un » en ouvrant la porte de la maison à Dorlange. Qui n'en pouvait plus de son quotidien. Qui était devenue une femme quotidienne. Qui voudrait tant être disponible, avide, effrontée. Qui levait les yeux au ciel. Qui restait debout devant la fenêtre. Qui marchait dans les rues de Lyon au hasard. Qui montait dans le premier bus. Qui oubliait d'acheter un billet. Qui descendait à la prochaine. Qui regardait autour d'elle. Qui ne reconnaissait rien. Qui était seule au milieu de nulle part. Qui voudrait tant être amoureuse, épanouie, rayonnante. Qui regardait sa vie la doubler, la dépasser, continuer sans elle, disparaître au tournant. Qui aurait bien aimé. Qui pensait trop à lui. Qui n'était pas là. Qui ne voyait pas d'issue. Qui se lamentait, se désolait, désespérait. Qui n'avait plus de courage. Qui comptait les heures, les jours, les nuits. Qui voulait tant naître à nouveau, vivre une seconde fois.

XXII

Le lendemain, à peine levée, Camille le pressait de téléphoner à Lætitia. Tu dois la sommer de mettre fin aux manifestations silencieuses devant la Béate. Je fais le café, on le boit, on va voir comment ça se présente et je l'appelle. À leur arrivée – il n'était pas 8 heures – une vingtaine de personnes ceinturaient la maison, sans un mot, sans un bruit, sans un mouvement. Ils étaient là, simplement là, une présence paralysante. Antoine fut surpris de n'en reconnaître aucun, à part deux habitants des Baronnies et un autre de Valeyrac.

– En quoi cela nous concerne-t-il ? lui demanda Lætitia quand il la joignit.

– Élémentaire question de maintien de l'ordre. Les Syriens sont bloqués chez la Béate et ils n'ont pas mis un pied dehors depuis leur arrivée. Dans mon souvenir ce n'est pas ce qui avait été prévu.

– La liberté de manifester est un droit inaliénable et les pouvoirs de police administrative appartiennent au maire qui a obligation d'agir. Nous on a les mains liées. Voyez avec lui.

– Lætitia, fais un effort, crénom ! Il est sympa Courtil, mais il a autant d'audace et de volonté qu'un paquet de linge mouillé. À vous de nous aider, vous avez remué ciel et terre pour nous les refiler, assumez votre leadership et stoppez ce bordel ! C'est intolérable et d'une mesquinerie crasse.

– Laisse tomber, ça répond à des intérêts supérieurs dont tu n'as pas à te mêler.

– Et si une bagarre éclate avec les Syriens exaspérés, qu'ils en viennent aux mains, et qu'il y ait des blessés, tu feras quoi ?

– Vous commencez à nous les brouter, vous autres à Dorlange, à nous pleurnicher sur les seins en permanence ; vous êtes incapables ou quoi, les Syriens sont chez vous, démerdez-vous, papa et maman sont plus là pour vous donner la becquée ! Y a des adultes là-haut ou juste une bande de trisomiques ?

– Tu n'es pas constructive, Lætitia. Je vais écrire ma chronique sur cette affaire, les lopettes qui assiègent la Béate il faut les dénoncer, tout comme votre incurie.

– Antoine, je disais ça, c'était manière de causer, et toi tu t'emportes ! Je vais voir ce que je peux faire. D'ici là, ne bouge pas.

– À la bonne heure.

Dans l'après-midi la place était évacuée sans le moindre trouble par la gendarmerie départementale, les manifestants silencieux ayant vraisemblablement reçu des consignes de retenue. Le FLIC avait-il orchestré ces provocations ? Antoine obtint de Lætitia la réponse habituelle : « On s'active pour dépister les meneurs, chou blanc pour l'instant. »

La vie reprit à Dorlange. Les demandeurs d'asile purent émerger à l'air libre et explorer leur nouvel espace vital. Camille et Antoine les accompagnaient partout. Pour leur première échappée hors du village, on les emmena visiter les cinq églises romanes du chef-lieu. Les cours furent relancés, les Syriens s'y engagèrent avec courage et, sur une instruction du maire ragaillardi, des repas halal furent cuisinés à Monfray par une association qui ne se sentait pas investie d'une mission de sabotage.

La nuit Camille était délivrée : elle avait du temps pour jouir de sa relation avec Antoine. Le jour, c'était plus compliqué : les Syriens n'étant pas encore autonomes, même lorsqu'ils étudiaient dans les champs, il fallait continuer de pourvoir aux traductions en arabe et en anglais. Mais elle était heureuse bien sûr : ils étaient ensemble, elle et Antoine.

Christophe s'aperçut que les Syriens ayant suivi ses deux cours d'initiation ne lui seraient d'aucune utilité dans son atelier de menuiserie. Il n'insista pas pour donner le troisième, alléguant des commandes pressantes qu'il ne pouvait, à son immense regret, différer. Il avait néanmoins remarqué Sayid, l'ingénieur. « Un travailleur manuel, tout compte fait. J'aurais besoin d'une petite main pour m'épauler avec le boulot que j'ai, Camille tu lui traduis, on dit quoi, neuf heures-midi, deux heures-six heures ? »

Au tout début le cours d'arts plastiques remporta un vif succès. Or il fallait se procurer les fournitures : pinceaux, toiles, couleurs, mais sans argent de la mairie ou de la préfecture, on s'en remettait à votre bon cœur si bien que Léa dut, à son corps défendant, mettre un terme, provisoire j'espère, à l'exercice.

« Mon matos me coûte la peau des fesses et je ne suis pas assuré contre les pannes ou les dysfonctionnements, c'est trop risqué pour moi qu'ils fassent joujou avec, expliqua Clément ; mais si la municipalité souhaite acquérir ou louer du matériel, je reprendrai les cours avec plaisir, tu leur dis bien Camille. » Elle ne connaissait pas le vocabulaire adéquat. Antoine traduisit en anglais.

Natalie les jugea raides comme des piquets et peu dynamiques ; « mais surtout la période est mal choisie, je suis en pleine haute saison, je n'ai pas une minute à leur consacrer ».

Les maris syriens refusèrent avec véhémence que Jean-Noël s'attaque à leurs épouses, même pour leur apprendre les prises de base au judo. Quant à l'apprentissage des premiers secours (compression thoracique, bouche-à-bouche) il plaisait aux hommes, mais Roxana n'apprécia pas qu'ils y voient là l'occasion d'un libertinage, aussi décida-t-elle très vite d'arrêter les frais.

Les deux couples de retraités (les Courtil et les Drevois) étaient montés au créneau et se dévouaient avec ferveur. Pour eux pas d'hésitation possible : il fallait s'engager. Ils avaient du temps, de l'expérience, des compétences, l'envie de partager et celle de contribuer à l'assimilation ; alors promenades en forêt, jardinage avec la création d'un petit potager derrière la Béate, découverte des grands classiques de la cuisine française. Une belle satisfaction aussi les cours de langue dispensés par Catherine et Mathilde, surtout avec les enfants qui progressaient beaucoup plus vite que leurs parents !

Des esprits chagrins ricanèrent méchamment, ces pioupious, entre les randonnées, la cueillette des champignons et la lecture ils s'emmerdent et ils feraient n'importe quoi pour donner un sens à leurs existences !

Le Florimond les prenait une heure ou deux trois fois par semaine et leur enseignait les savoirs ancestraux qu'il avait déjà inculqués à François. Antoine les escortait pour les traductions, sans Camille qui dormait encore. Le Florimond était fier de diffuser ses connaissances, « Elles ne se perdront pas, disait-il à Antoine, c'est une chance qu'ils soient venus à Dorlange ! »

Les Landron, Lafarge et consorts se félicitaient eux aussi. Les activités agricoles faisaient recette. Était-ce parce qu'une fois la menace évacuée, n'étant plus séquestrés, les Syriens en âge d'étudier purent collaborer intensivement aux travaux des champs pendant tout le mois, sauf deux heures au moment du déjeuner les lundis et jeudis pour leurs cours de français ? Les alternatifs de Dorlange se réjouissaient d'avoir proposé

« une intronisation à la vie paysanne » qui leur fournissait une main-d'œuvre disciplinée et ne rechignant pas à *se former* : qui au nettoyage de l'écurie et des ânes de la ferme équestre des Lafarge ; qui aux récoltes de légumes, qui aux semis, qui au bêchage et au paillage, qui à la récupération des graines chez Harmony et Marin ; qui à la nourriture des poules, à l'entretien du poulailler et de la porcherie chez les Landron ; qui au ménage et à la plonge aux Quatre-Chemins.

Antoine et Camille avaient parfois des difficultés pour interpréter les tensions qui semblaient les perturber. Les bouches cousues n'étaient pourtant plus là pour les tourmenter. Vers la fin du mois, Antoine découvrit par hasard une erreur d'interprétation commise par Camille après une réunion avec Jean Courtil début août : elle leur avait traduit que les cours étaient obligatoires et la délivrance des attestations de demandeur d'asile, tributaire de leur assiduité. Antoine les avait apaisés sur ce point, mais ils n'étaient déjà plus sûrs de rien.

XXIII

Au-delà de la dimension purement charnelle de leurs rapports, la complicité totale qu'ils éprouvaient était ce qui bouleversait le plus Camille. C'était une découverte : pour la première fois quelqu'un l'écoutait quand elle parlait, l'encourageait, répondait à ses interrogations, à ses doutes ou à cette mélancolie douce qui l'étreignait depuis longtemps : il l'écoutait et cette banalité décuplait sa fougue pour le rejoindre et demeurer près de lui alors qu'elle aurait dû s'occuper de sa maison, de son quotidien, de sa famille en vacances au loin.

Ce comportement aurait-il dû la choquer ? La faire réfléchir ? De la mère indigne ne commençait-elle à présenter certains symptômes ? Il aurait fallu que la culpabilité insinue son lent poison et entreprenne son travail de sape, ce qui, pour l'instant, n'était pas d'actualité.

Partout où ils se trouvaient seuls – et non plus entourés par les voisins, mais qui aurait pu se douter de leur intimité ? – ils s'embrassaient comme si chaque fois était la toute première.

Pour Camille il s'agissait d'une révolution mentale qu'elle n'était pas sûre de pouvoir maîtriser tant ses pensées, son corps ne tendaient plus que vers Antoine, comme si les élans qui la portaient dans ses bras lui venaient d'instinct, comme si son libre-arbitre avait de lui-même abdiqué. Lorsqu'elle se précipitait vers lui, elle était hors contrôle, mais n'y était pour rien, poussée, conduite, dirigée par une femme qu'elle contemplait avec ébahissement quand, une fois de retour à la maison, elle semblait redescendre d'un ciel inconnu vers la réalité de sa vie et de ses obligations journalières. Une autre personne, un nouveau moi. Elle souriait sans s'en rendre compte, éclatait de rire et s'interrompait en pleine activité pour fermer les yeux et revivre les derniers moments avec lui. La nuit, retenue par nul frein, dégagée des liens qui l'enserraient, elle lâchait prise, sans arrière-pensées. Elle riait, chantait, ne répugnait plus à donner du plaisir, se déplaçait nue dans la chambre et la maison d'Antoine, elle n'avait plus peur de rien ni du regard de l'autre, l'orgasme n'était pas une notion abstraite, la fusion des corps complétait celle des âmes.

On aurait pu la prendre pour une folle.

Qu'elle pût chérir un homme qui n'était pas son mari ne la tourmentait plus : il avait cessé d'exister.

Personne selon elle ne pouvait soupçonner la nature de sa relation avec Antoine, sauf peut-être la petite Bahia qui du haut de sa candeur lui dit un jour « Kamélia, il est gentil ton mari ». Ce jour-là, on était le 13 août. Camille fut épouvantée : enfer et damnation, dans deux jours je dois être au Lavandou ! Elle n'avait pas conscience de la vitesse à laquelle le temps file quand on s'aime. Fracasser ses amours après seulement deux semaines de bonheur ? Tout abandonner en pleine euphorie ? Elle téléphona à Bruno pour lui soumettre une argumentation en acier trempé : « Je suis l'interprète à plein-temps des Syriens, je ne peux pas m'absenter sinon ce sera la débâcle totale, tu comprends, comment pourront-ils s'insérer dans notre communauté sans moi pour aplanir les difficultés, et quinze jours avec tes filles, elles seront contentes d'avoir leur papounet pour elles toutes seules. » Il objecta, mais lorsque Camille lui suggéra d'emmener sa mère, il ne tarda pas à saisir l'aubaine : elle s'occupera des filles et les gardera la nuit tandis qu'il mènera ses passades estivales avec le sérieux de rigueur.

Quelques jours plus tard, François mangeait chez le Florimond. Il en revint troublé. Antoine et Camille se cachent mal, ils devraient être plus prudents, lui avait confié Florimond, et faire attention aux mauvaises langues et aux cafardeurs professionnels.

Comment être ensemble sans éveiller les suspicions ? La nuit il faut savoir être discret ; dans le grand silence, les voix portent.

Camille ne voulait pas qu'Antoine vienne chez elle, l'idée de faire l'amour avec lui dans le lit matrimonial la rebutait. Pourquoi prendre un amant si c'était pour se conduire avec lui comme avec un mari, se disait-elle, il pourrait emprunter son pyjama ou ses pantoufles et s'endormir à sa place habituelle, pendant qu'on y était. Pour Antoine c'était mieux ainsi : c'est lui qui avait exclu de dormir dans le 180×200 cm conjugal, ça empestait le couple adultère se dépêchant de copuler entre midi et deux, la pause-baise, pendant que le conjoint est au bureau et les enfants demi-pensionnaires. Le cul clandestin, quelle misère. Camille et Antoine s'aimaient et le passage à l'acte n'était qu'un élément de cet amour, pas le seul et l'unique.

Un samedi matin, ils partageaient leur petit déjeuner quand ils entendirent frapper à la porte. Camille courut se réfugier dans la salle de bain du rez-de-chaussée. Antoine s'habilla et alla ouvrir à Léa.

– Bonjour, Antoine, j'espère que je ne dérange pas ?

– Du tout, du tout.

– Est-ce que tu pourrais prévenir Camille, s'il te plaît, hier Jean a reçu un appel du consulat de Chine à Lyon : une équipe de journalistes chinois doit venir en fin de journée pour interviewer les Syriens, il faudrait qu'elle soit là pour l'interprétation et toi aussi, par la même occasion, puisque tu parles anglais.

– Demandez à Bertille, elle parle chinois.

– Elle réclame quatre cents euros pour la prestation. On a transmis l'info au consulat, ils ont refusé. Par contre les journalistes parlent anglais, d'où l'importance de ta présence.

– Pourquoi tu ne préviens pas Camille toi-même, lui demanda-t-il, tu fais partie du conseil municipal, si le consulat organise cette rencontre par votre intermédiaire, c'est votre prérogative de communiquer ce genre d'informations, non ?

– Parce qu'à mon avis, Camille, tu la verras avant moi, répondit-elle avec un sourire malicieux.

François lui non plus n'était pas aveugle, mais s'il ne sous-entendait rien – ce n'était pas son style – l'idée de conserver pour lui seul ses prémonitions le taraudait : il fallait qu'il les expose. Il s'y résolut un soir où il était venu dîner chez Antoine tandis que Camille interprétait pour une délégation de l'association La Main Tendue.

– Je n'ai pas envie de t'écouter, je sais ce que tu vas dire et d'ailleurs tu me l'as déjà dit.

– Écoute quand même.

– Ça te démange !

– Trois mots : adultère, voisins, village.

– Je pas comprendre *french*.

– Je te donne ton premier cours : le village n'ignore rien de vos relations, ceux qui l'ignorent le sauront bientôt et dès que le mari aura réapparu, méfie-toi : la France, cent habitants, cent délateurs ; puisqu'on parle de Bruno, les vacances se terminant, il sera de retour pour…

– François, arrête, tu n'es pas drôle.

– Je n'ai pas à être drôle, mais lucide et je préfère ne pas avoir à te ramasser à la petite cuillère quand cette histoire aura pris la fin qu'elle doit prendre i-n-é-l-u-c-t-a-b-l-e-m-e-n-t. Je vois bien que tu es heureux avec elle, plus que tu ne l'as jamais été, c'est la femme de ta vie, m'as-tu dit, mais à la rentrée des classes, que fera-t-elle à ton avis ? Elle ne viendra pas concubiner avec toi et s'installer ici avec ses filles, élimine cette hypothèse d'emblée. Elle ne tiendrait pas trois jours. Quand elle montera en famille à la Toussaint ou pendant les vacances de Noël elle ne dormira pas dans ton lit. Tu n'iras pas à Lyon pour l'inviter à déjeuner avant de vous envoyer en l'air dans un Lovotel à cinquante euros de l'heure, le sexe sordide ça la rendrait dingue. Aujourd'hui elle est transfigurée et l'intérêt de la relation, sa magie, celle des amours en dehors du cadre conjugal, c'est-à-dire les mensonges proférés avec un aplomb imperturbable, la peur d'être surpris qui décuple l'intensité, la double vie, la platitude du quotidien qui s'estompe, ça l'enflamme, ça la soulève, mais soudain patatras, alors qu'elle croyait qu'il s'était effacé de lui-même pour la laisser vivre sa vie, son mari réapparaît ! Que fait-elle ? Elle ne peut pas cumuler deux existences à vingt mètres l'une de l'autre dans un village où les secrets sont connus à peine énoncés. La réalité lui saute à la figure et la réalité c'est quoi ? Elle n'en a qu'une seule, la sienne et tu n'en fais pas partie. Très vite elle ne se souviendra plus de toi et arrivera à se persuader qu'il n'y a jamais rien eu entre vous, les capacités d'oubli des femmes sont illimitées, Antoine, et puis un jour, dans une semaine, dans un mois, dans un an, si dans un accès de démence tu évoques vos amours passées, elle te regardera avec des yeux ronds, « De quoi parles-tu, Antoine, le vin t'est monté à la tête, au cas où la chose t'aurait échappé je suis mariée et j'aime mon mari, je préfère me dire que je n'ai rien entendu, mais tu veilleras à garder tes distances avec moi dorénavant » ;

oublie-la Antoine, et vite, choisis-en une qui soit libre et non pas cette bourgeoise qui t'aura zappé à la minute où elle t'aura tourné le dos. Fuis-la pendant qu'il est temps, mets des kilomètres, que dis-je, des continents entre toi et elle. Camille te quittera littéralement du jour au lendemain sans plus te donner signe de vie, et tu t'enfonceras dans la dépression, rappelle-toi Estelle et Ashley.

– Quelle sublime plaidoirie à charge. Coupable, Votre Honneur, et sans procès ! Au gibet, tout de suite ! J'ai du mal à concevoir ton animosité envers elle, comme si elle n'était qu'un succube et moi une victime innocente.

– Je veux t'éclairer sur une situation avant qu'elle n'explose dans tes mains.

– L'avenir je m'en fous, seul compte le présent. Ton divorce à toi s'est mal terminé et tu n'as des femmes qu'une piètre opinion : pourquoi voudrais-tu que Camille soit comme les autres ?

Cette démone, Antoine l'avait emmenée à plusieurs de ses concerts et même à Landivet pour son entretien avec le fondateur d'un MOOC dédié à la permaculture à l'échelle d'un balcon d'immeuble. Antoine voulait en faire le sujet de sa chronique. Il l'écrirait à la veillée pendant que Camille se ferait dorloter dans le spa du luxueux relais-château où ils avaient loué une suite. Après l'interview ils s'étaient reclus deux jours, éloignés de tout et de tous. Les Syriens s'instruisaient dans les champs ou les étables six jours sur sept, leurs enfants jouaient avec ceux du village et, de fait, Camille et Antoine n'étaient plus indispensables à leurs côtés, « ils mettent en pratique leurs connaissances sans qu'on ait besoin d'être derrière eux pour tout répéter», raison pour laquelle ils n'hésitaient pas à se déplacer ou, le plus souvent, à rester ensemble chez Antoine, passionnés, sereins, détendus.

Ils se reposaient sur la terrasse après une longue séance de natation lorsque Camille reçut un appel affolé de Catherine lui enjoignant de revenir immédiatement à Dorlange, toi et Antoine, il y a eu du grabuge cette nuit. Antoine et moi ? Natalie t'a vue monter dans sa voiture hier matin et comme vous n'êtes pas rentrés, lui répondit Catherine tandis que Camille, bouche bée, ne sut quoi lui répliquer.

– Que se passe-t-il, lui demanda Antoine, tu as l'air toute désemparée ?

– C'était Catherine, elle voudrait que nous retournions maintenant à Dorlange.

– Nous ?

– Oui, elle sait que nous sommes ensemble.

– Tu as envoyé des photos sur les zéros sociaux ou ton compte WhatsApp ?

– Tu es fou, jamais je ne ferais une bétise pareille !

– Bah, alors c'est pas grave, elle va pas le chanter sur les toits.

– Si elle est au courant, tu peux gager que le village l'est aussi.

– Bon, et sinon qu'est-ce qu'elle voulait notre brave Catherine ?

– Les Syriens sont partis pour Doves hier en fin d'après-midi pour leur journée des formalités administratives et, pendant la nuit, c'est-à-dire cette nuit, des ensuqués ont muré la porte d'entrée et les deux fenêtres du rez-de-chaussée de la Béate. Elle m'a dit que la gendarmerie arrivait avec le sous-préfet ; Jean a fait venir deux maçons pour démolir les parpaings, mais ils attendent le feu vert et elle voudrait que je parle aux Syriens dès qu'ils reviendront.

– Pour leur dire quoi ? Qu'est-ce que tu peux faire pour eux ?

– Les rassurer je pense, en espérant que les murs aient été démontés avant leur retour, je ne sais pas, il faudra en discuter avec les autorités.

– Décidément, les malheureux, installés au milieu d'enflures qui veulent les chasser à tout prix : entre les tags, les têtes de porc et maintenant le béton, les manifestations silencieuses le mois dernier, ils vont supplier qu'on les renvoie en Syrie.

– Ne dis pas des choses pareilles, Antoine : ils ont vécu bien pire, ce n'est pas la veulerie de quelques forcenés bas de plafond qui va les terroriser. Ce qui me dérange c'est comment se fait-il que la police n'ait arrêté aucun coupable ?

– Elle n'a peut-être pas envie de créer des martyrs ?

– Des martyrs ? Des lâches sans cervelle ?

– On a les héros qu'on mérite.

Ainsi donc tout se détraquait à Dorlange. À Rougereuse aussi où, profitant de l'absence pour les mêmes raisons qu'à Dorlange des neuf familles syriennes logées dans l'ancienne école, des héros avaient brisé à coups de pierre les vitres des fenêtres sans que personne, lorsque les gendarmes vinrent enquêter, ne se souvienne avoir vu ou entendu quoi que ce soit.

Pourquoi ce nouveau déchaînement ?

Était-ce parce que Bertille et Ghislain avaient accueilli leurs premiers *guests*, deux couples de Chinois du Shaanxi, une province à majorité musulmane, qui avaient vite sympathisé avec les Syriens (malgré les difficultés de communication) et prié avec eux pendant leur séjour aux Balcons de Dorlange ?

Était-ce après avoir vu leurs Syriens prier *en public* devant l'école de Rougereuse que des esprits mal embouchés s'étaient concertés pour déclencher des opérations plus radicales dans les deux communes ?

La situation se dégrada par la suite, mais les signes avant-coureurs avaient été sous-estimés :

Il y avait bien eu ce tag tout en élégance sur le mur sud de la Béate « Les Cyriens dehors » nettoyé le surlendemain par l'équipe verte de Pontbrac. Les deux têtes de porc sanguinolentes et ignoblement maquillées trouvées un matin devant la porte d'entrée ? Emportées dans la journée, mais pas avant que les Syriens ne les découvrent en sortant de la maison pour aller aux champs.

La préfecture et la gendarmerie, alertées par Jean Courtil, avaient jugé irresponsable de communiquer sur ces actions déshonorantes. Après un appel de Lætitia, laisse pisser inutile de donner d'autres idées aux fiottes du coin, Antoine n'avait pas informé le stagiaire des pages locales.

Les autorités n'auraient-elles pas dû intervenir le jour où Mathilde Drevois les avertit que les quatre pneus de sa voiture avaient été tailladés, ou lorsque le potager de la Béate fut saccagé de main d'homme (et non par des sangliers) ? Lorsque le distributeur automatique de boissons fut vandalisé, ou même après que les panneaux de signalisation « Dorlange » aux entrées du village furent arrachés et remplacés par « Damas » ? Et ces écriteaux plantés au bord des routes « Battues en cours/Lâchers de migrants » ? Elles auraient dû, ces autorités, mais dans le souci d'éviter une psychose au sein de la population, au risque d'empoisonner davantage l'atmosphère, elles préférèrent garder la tête dans le sable, posture commode tant qu'on ne connaissait pas les fautifs. François en discuta avec Antoine, un soir où Camille était de réunion en mairie, « ça puait le FLIC à plein nez, non ? » Antoine approuva. Qui étaient-ils ? Personne ne le savait. Ils agissaient avec une redoutable productivité et on était bien en peine de suspecter chefs ou disciples.

Un matin tôt, Christophe vint frapper à la porte de la véranda d'Antoine. Il mit du temps à émerger de son lit, et de la fenêtre, l'interrogea du regard. Descends et viens voir. Il lui fit signe qu'il arrivait.

– C'était qui ? demanda Camille.
– Christophe, il doit être arrivé quelque chose, il a sa tête des mauvais jours.
– Attends-moi, je descends avec toi.

Une fois habillés ils sortirent ensemble dans la véranda. Christophe ne parut nullement étonné, mais il conseilla à Camille de rester là: «Ne te dérange pas, on en a pour trois minutes. — Non, non, je viens avec vous», lui répondit-elle. Il les conduisit à la fontaine. «J'avais fini mon jogging matinal et je voulais m'asperger le visage, mais regardez plutôt.» L'eau du bassin était rouge.

– Qu'est-ce que c'est que ça? s'écria Camille, l'eau coule rouge maintenant?

– Non, quelqu'un a versé de la teinture dedans, tu vois, il a oublié les pots.

– Il faut vidanger tout de suite, c'est dangereux pour les enfants, dit Camille, Antoine, tu peux t'en occuper?

– Ce n'est pas tout, murmura Christophe à l'oreille d'Antoine, suis-moi, je vais te montrer.

Ils s'éloignèrent en direction du chemin communal longeant l'un des murs du parc Vancelle.

– Vous allez où? s'écria Camille en les rattrapant.

– Il vaut mieux que tu ne viennes pas, Camille, rentre et tu nous feras un café.

– Pourquoi, il y a quelque chose que tu ne veux pas que je voie? répondit-elle à Christophe en riant, si tu me dis que je ne dois pas venir, je ne peux pas ne pas venir!

– Je suis aussi tombé là-dessus, leur dit-il en désignant un énorme graffiti peint en rouge sur le mur de la propriété.

CAMILLE VANCEL = PUTE.

Camille hurla et faillit s'évanouir dans les bras d'Antoine. Seigneur, pensa-t-elle, je suis perdue, tout le monde sait, et si les filles voient ça. Elle s'effondra en larmes.

– Camille, je te ramène à la maison ; je vais chercher mon Kärcher pour nettoyer cette merde.

– Et moi le mien, à deux on ira plus vite et ce sera plus propre.

– Qui nous a dénoncés ? leur demanda Camille en sanglotant, je ne comprends pas, on ne fait de mal à personne.

– Vous n'avez pas été dénoncés, lui répondit Christophe en souriant, regarde, c'est signé.

En bas du mur avait été peint l'acronyme détestable : FLIC.

– Tu es l'interprète des Syriens, ça ne plaît pas aux poltrons, alors ils injurient, c'est l'arme des faibles.

– Me traiter, moi, de prostituée alors que je suis une simple intermédiaire pour faciliter le dialogue. Il faut effacer cette abomination avant que quelqu'un vienne se promener par ici.

Ils acquiescèrent.

– Je vais récupérer mon outil, on se retrouve dans cinq minutes, Antoine, le temps de raccorder les tuyaux.

Antoine raccompagna Camille et lui prépara un café.

– Recouche-toi, sèche tes larmes et n'y pense plus, te tracasse pas pour si peu, on va régler ça et personne n'en saura rien.

– Comment veux-tu que je ne me tracasse pas, mon petit chou, c'est odieux ce qui a été écrit, lâche, méprisable et faux, tellement faux, ça me rend folle, j'en tremble encore, aujourd'hui je n'irai pas travailler, je ne pourrai pas dans ce cloaque, tu leur diras, d'accord ?

Une voix en elle lui chuchota que ça ne pouvait plus durer, que ça finirait mal et qu'elle en paierait le prix.

– Si c'était toi et moi que ces toquards dénonçaient, rien ne prouve que c'est mon travail avec les Syriens, ça signifierait que toute la commune est au courant pour nous deux, et quand Bruno reviendra de vacances avec les filles qu'est-ce qui va se passer ? Il recevra des lettres anonymes, des photos compromettantes, on découvrira d'autres graffitis sur nos murs ou sur les tiens, c'est horrible, autant tout arrêter là sinon ça va nous retomber dessus.

– Tu t'inquiètes pour des bricoles, ils visent les Syriens, ce n'est pas ta personne qui les choque, ces cons hystériques, c'est la présence d'étrangers ; que des gens les aident à s'intégrer, voilà ce qu'ils ne supportent pas, qu'ils soient du FLIC ou de n'importe quelle meute d'enragés.

– Non, c'est moi qui suis visée, j'en suis sûre, pas l'interprète, et toi aussi par ricochet.

– Écoute, pour l'instant repose-toi, je m'en occupe avec Christophe et on avisera ensuite, je t'aime, Camille, ne te laisse pas abattre par ces débilités.

– Je t'aime aussi ; je t'attends, reviens-moi vite.

Il revint avec Léa et Christophe. Léa réussit à la consoler, tu réalises que sans toi pour que chacun puisse comprendre et se faire comprendre ce serait la faillite complète et leur séjour une défaite, pour eux comme pour nous ?

Avec cet épisode à la fontaine, les habitants se perdaient en conjectures. « Pourquoi ces primates n'ont-ils pas encore été appréhendés ? — La police ne sait rien, c'est ahurissant. — Ils sont parmi nous, peut-être pas au village même, mais dans les hameaux. En fouillant, on mettrait vite des noms sous les cagoules ! » Ils avaient des doutes sérieux sur certaines personnes, mais sans preuves comment les accuser ? Aucun média ni aucune administration n'avaient mentionné en public l'existence du FLIC mais tout le monde était au courant. « Antoine, tu n'as pas une théorie sur la question ? » Non, il n'en avait pas et n'avait pas envie d'en avoir une. « Je ne veux plus me mêler de politique, j'ai mieux à faire. » Chacun dans la pièce savait à quoi il faisait allusion et d'ailleurs elle rougit.

Ils étaient réunis ce soir-là chez les Courtil pour plancher sur les derniers détails de l'organisation de la fête annuelle. L'heure n'était pas aux réjouissances ; ils étaient préoccupés par l'atmosphère poisseuse qui stagnait autour du village. Camille leur avait révélé quelques-unes de ses conversations avec les familles syriennes. Ils n'étaient pas stupides et se rendaient bien compte de l'attitude hostile de la population. Tous les dimanches matin, un minibus affrété par la préfecture les descendait au marché de Pontbrac pour leur donner l'occasion de se mêler à la communauté locale afin de démentir les préjugés sur leurs mœurs ou leur état d'esprit. L'initiative préfectorale n'était pas sans mérite, mais ils étaient les premiers à dire à Camille que ça ne fonctionnait pas. «Les signes ne les trompent pas, vous voyez tous de quoi je parle, nous ne sommes pas les bienvenus me répètent-ils et beaucoup des compatriotes rencontrés à la Journée des formalités n'ont plus envie d'attendre l'obtention du statut de demandeur d'asile: ils veulent s'évader et tenter de gagner l'Angleterre, l'Allemagne ou la Suède; eux aussi commencent à y songer et c'est la petite Aisha qui, en français je vous prie, m'a résumé leur impression générale: “Kamélia, les gens ici ils nous veulent pas?”»

Une fois n'était pas coutume Bertille et Ghislain souhaitèrent s'exprimer sur cette problématique syrienne. Une amie blogueuse leur envoyait souvent des liens avec des articles dans la presse chinoise en langue anglaise sur la manière avec laquelle les Français traitaient les étrangers. Ces articles pointaient les multiples violences à l'encontre des migrants. Le dernier en date était virulent. Il accusait le gouvernement français de double langage, donneur de leçons sur les droits de l'homme chez les autres, mais incapable de s'en soucier sur son propre sol. En Chine, pays du nationalisme le plus paroxystique, la presse dénonçait le racisme des

Français, conseillant aux touristes d'éviter de se rendre dans un pays pareil, cette soi-disant démocratie en état de mort cérébrale sermonnant à tout-va, mais ne balayant pas devant sa porte et qui serait bientôt en proie à la guerre civile avec son système de valeurs nécrosé. «Voilà ce qu'on lit sur nous là-bas ; il faudrait en finir avec ces agressions méthodiques contre les Syriens, ça nuit à l'image de marque et le racisme, c'est pas bon pour nos affaires.»

– Vous les invitez à la fête les Saints-Syriens ? demanda Annie Rastaing.

– Ce genre d'insulte gratuite ne fait rire que toi, Annie. Évidemment qu'ils sont invités. Je te rappelle qu'elle a lieu sur la place de l'église, en face de la Béate, tu nous vois la faire avec eux derrière leurs fenêtres ? lui répondit Catherine. C'est une fête pour tous, pas une réunion du Rotary.

– En cas de troubles on fera quoi ? poursuivit Marc Rastaing.

– En cas de troubles, répondit Jean Courtil, nous ferons appel au calme et à l'esprit civique et nous jouerons la carte de…

– Comme le 14 juillet dans l'église ? le coupa Clément.

– Clément, il n'y aura aucun désagrément, je m'en porte garant ; nos Syriens se familiarisent très bien et personne ne leur demandera de partir ; les manifestations d'inimitié, vous l'avez noté, ont diminué depuis que j'ai…

– Toutes les humiliations depuis leur arrivée, comment tu les expliques, s'enquit Camille, moins angélique que le maire remplaçant.

– Vulgaires escarmouches d'étourdis sans soutien. Le racisme ne passera pas à Dorlange sous mon mandat.

– Tu vas te présenter aux municipales ! s'exclamèrent en même temps Camille, Roxana et Michèle.

– J'y compte bien.

Léa et Manon firent rapidement connaître leur décision de ne pas figurer sur la liste que Jean s'efforcera d'établir. Les raisons de ce refus ? L'accouchement prochain de Manon. Les peintures de Léa. Deux jours avant la fête du village circula une liste concurrente de seniors cacochymes et composée de noms, dont celui d'Annie Rastaing, ne laissant planer aucun doute sur la tonalité politique, les idées identitaires et les tendances nationalisto-xénophobistissimes de ses membres. Rien ni personne ne saurait les détourner de leur ligne ségrégationniste. Cette liste de combat et de rejet pouvait l'emporter dès le premier tour, même sans les voix des habitants déchus de leurs droits civiques après les incidents du 14 juillet. Il faudrait qu'à Dorlange intra-muros, ils s'arrangent pour inscrire les morts ou les animaux sur les listes électorales. Après tout, pourquoi pas ? Laurent Martial, Annie Rastaing, Luc Gersant, Bertrand Mandicourt, Hubert Dangeon, Émilien Lacran et David Faunier avaient bien le droit de vote, eux. Leur liste de discrimination loupera de peu la victoire. Au dépouillement celle de Courtil (constituée in extremis avec Pierre Drevois, Roxana, Natalie, Catherine Courtil, Agnès Lafarge et Arnaud Landron, une quasi-parité femmes-hommes – et une surreprésentation du Dorlange intra-muros) s'emparera de la mairie avec 51,2 % des suffrages exprimés malgré les abstentions et rien à boire.

Dimanche 2 septembre à Dorlange

GRANDE FÊTE DE LA FONDATION

Commémoration de la naissance du village en 1076

À partir de 11 h 30 jusqu'au plus tard de la nuit
Sur la place de l'église Saint-Étienne
Apéritif gratuit : jus de fruits, boissons gazeuses, vin des Enfers, bières et liqueurs locales
Méchoui géant
Une journée conviviale en famille avec les voisins, les amis et nos invités syriens
Ateliers jeunesse
Initiation à la calligraphie
Danses en ligne
Bal trad
Animation musicale avec le groupe Rednecks and Hillbillies Country Folks
Réservation obligatoire auprès de la mairie au 04 71 77 31 03
10 euros par personne
(Moitié prix pour les enfants de moins de douze ans)
Parkings aux entrées du village

Venez nombreux

XXIV

Bruno et ses filles arrivèrent le jeudi 30 août, à temps pour la fête du village (les flyers de Léa avaient été imprimés, distribués et mis en ligne sur le site Internet de la mairie, conçu presque gratis par Clément) avant de repartir en famille à Lyon puisque la fin des vacances approchait.

Incapable de se gouverner – une journée sans voir Antoine lui aurait paru interminable, une attente au-delà de ses forces –, Camille cavalait chez lui sous n'importe quel prétexte, je n'ai plus de beurre, de pain, de fruits, de sopalin, de louche, de ciseaux, l'embrassait sauvagement et retournait chez elle en riant comme une possédée. La présence de son mari, loin de l'obliger à la modération, lui donnait au contraire des ailes : elle en aimait un autre ! Sous ses yeux ! Quel bon tour elle lui jouait là. Bruno ne vit rien, ne devina pas, ne s'alarma point. Lui d'abord. Seule Astrid parut curieuse et lui demanda pourquoi elle allait si souvent chez Antoine. Absorbée par le souvenir de leur dernier baiser, elle répondit plusieurs fois à côté ; Astrid n'y vit rien de suspect. Elle était trop jeune pour comprendre les emportements d'un cœur amoureux et encore moins ceux de sa maman.

Bruno était inapte à mettre un nom sur le bonheur de sa femme. Y aurait-il prêté attention, il aurait été persuadé que la simple grâce de son retour expliquait cet air comblé et il s'en serait flatté. Pourtant, il finit par remarquer qu'elle avait changé. En mieux. Épanouie, rayonnante. Une révélation ! Pétillante, spirituelle. De la repartie comme il n'en avait jamais entendu. Elle s'efforça d'être naturelle. Elle misait gros. Son va-tout. Elle le fit rire au dîner, raconta des drôleries sur les Syriens, mit les filles en joie. Une soirée familiale flottant sur un nuage de félicité. Ils étaient heureux de se retrouver ensemble. Un mois d'absence. C'était long. Ou pas assez. Les trois enfants étaient aux anges ; Camille les cajolait ; Bruno réalisa l'évidence : elle ne peut pas cacher son allégresse à me revoir. Il en fut attendri. Il se dit qu'il pourrait s'éprendre d'elle à nouveau. Pourquoi ne l'ai-je pas fait plus tôt, s'interrogea-t-il.

Pendant la nuit des retrouvailles, en revanche, il lui parut qu'elle manquait d'entrain. Elle se montra inattentive. Il fut surpris. « N'y vois pas malice, lui répondit-elle, je suis é-pui-sée, tu ne te rends pas compte, mais nerveusement interpréter dans les deux langues sept jours sur sept sans pouvoir sortir la tête de l'eau, c'est passionnant, certes, mais je suis sur les rotules, vivement qu'on retourne à Lyon, je ne tiendrai pas une semaine de plus à cette allure. »

*

Vendredi 31 Jean Courtil envoya des SMS à ceux du village dont il avait les coordonnées, insistant pour qu'ils viennent en mairie où il tiendrait permanence à 18 heures : il aurait « des informations d'importance à communiquer ».

– Bonjour à tous, je voulais vous prévenir que j'ai reçu des menaces la semaine dernière, pas moi personnellement, je ne suis pas visé, mais des menaces explicites à l'encontre de qui vous savez ; je n'ai rien révélé pour conjurer un effet panique, vous auriez réagi comme moi, par respect pour mon électorat, je veux dire, mes administrés, et surtout parce que je ne voulais inquiéter quiconque.

– De quel genre de menaces parles-tu ? lui demanda-t-on, intrigué.

– Là n'est pas la question. J'en ai fait part à monsieur Vilder, le sous-préfet de Monfray, qui m'a adressé une mise en demeure dont je n'ai pas tenu compte afin de ne pas altérer davantage un climat, disons, nuageux et ce matin j'ai été contacté par madame Paillet, la secrétaire générale de la préfecture. Elle m'a averti qu'un arrêté d'interdiction pour risques de débordement et troubles à l'ordre public sera diffusé cet après-midi.

– Quel rapport avec nous ? le questionna-t-on, insistant. Sois simple et précis.

– La fête de la fondation est annulée.

Ceux qui avaient craint des exactions du FLIC au cours des festivités furent soulagés, pas de fête, hélas, c'est triste certes, mais au moins le pire aura été évité.

S'il en avait eu l'intention Antoine aurait pu leur raconter que rien ne se serait produit puisque les meneurs avaient été arrêtés et que le groupuscule, décapité, ne créerait plus d'emmerdements. La reine de la manip lui avait téléphoné pour lui apprendre que les chefs et leurs affidés avaient été identifiés par les agents du SRT :

– Du boulot aux petits oignons, Antoine ; on les a interrogés ces cerveaux percés et on les a semoncés : soit ils conservent profil bas et ne font plus chier personne, soit ils se retrouvent devant les tribunaux avec des ennuis fiscaux aux fesses, ça leur a flanqué une de ces pétoches à nos vaillants croisés, retiens ça, Antoine, le chantage au fisc on n'a jamais trouvé mieux question dissuasion pour mater les navets.

– Le préfet n'a pas exigé d'inculpations ?

– *Nope*, toujours sa marotte de ne pas en faire des martyrs de la cause, mais à Dorlange, nom de Dieu, Antoine, tu ne devineras jamais qui étaient les dirigeants de cette coterie.

– Je ne veux pas le savoir.

– On en était sur le cul, putain, y en a qui sont roués par chez toi !

Antoine avait raccroché dès qu'elle lui avait donné un premier indice parfaitement clair.

– Jean, pourquoi la fête est-elle interdite ?

Il ne savait pas. On m'a demandé d'informer, j'informe, mais je ne suis pas dans le salon des courtisans, Antoine, peut-être, en saurait plus que moi ? Antoine ?

– Désolé, pas la moindre idée.
– Tu sais pas ou tu veux pas nous dire ?
– Jean, je te promets, je ne suis au courant de rien ; il y a forcément une raison sinon le préfet n'aurait pas pris cette décision, mais je ne vois pas laquelle.
– Qui va rembourser les frais engagés pour les boissons, les moutons, les pains, les fromages, les tartes ? Au comité des fêtes on a déjà tout payé.
– Et la location des couverts, des tables, des chaises, des tentes, des estrades, des rôtisseries ? On nous les livre demain matin !
– Le coût de mes flyers ?
– Ma sono, mes musiciens ?
– Le temps perdu à tout organiser ?
– Appelez les fournisseurs en vous excusant et envoyez-moi les factures, je verrai ce que je peux négocier avec la préfecture.
– Toutes ces dépenses pour rien !
– Quel gaspillage !
– Je n'ose pas imaginer la tristesse de nos amis syriens, ils étaient si heureux de présenter l'atelier de calligraphie et les spécialités culinaires de leur pays, Catherine, Mathilde, vous aviez aidé les femmes, elles en étaient où ?

– C'était tout prêt, Manon.

– Quel gâchis, mais quel gâchis, c'est du grand n'importe quoi maintenant.

– On leur donne une éblouissante image de la France rurale.

– On n'est pas obligés de leur révéler la vérité.

– Antoine, quand tu les verras, pas la peine de rentrer dans les détails.

– La fête on ne peut pas la faire quand même, entre nous ?

– J'ai posé la question, bien sûr, à madame Paillet.

– Elle a accepté ?

– Non, elle a confirmé l'interdiction totale et si on la maintient, la préfecture nous poursuivra pour « entrave à la circulation sur la voie publique ».

– C'est elle qui t'a dit ça ? demanda Léa.

– Oui, texto.

– Cette décision ressemble furieusement à un camouflet, poursuivit-elle.

– Antoine, tu dis quoi toi ?

– Camouflet, oui, c'est évident, mais aussi je pense, une punition.

– Nous n'avons pas été à la hauteur des enjeux avec les Syriens ; la préfecture nous sanctionne, observa Catherine.

– Oui, on a vraiment pas de quoi être fiers à Dorlange, compléta Mathilde, vraiment pas de quoi.

Camille ne s'était pas rendue à la mairie, elle était chez elle avec Zineb venue lui apporter des cèpes qu'elle avait cueillis avec le Florimond entre midi et deux, pendant sa pause. Camille lui présenta ses filles et Bruno.

– Kamélia, s'exclama-t-elle en arabe, c'est lui ton mari, je croyais que c'était le grand aux yeux verts !

– Maman, qu'est-ce qu'elle a dit la dame, qu'est-ce qu'elle a dit ? demanda Héloïse.

– Elle a dit que papa était très beau, ma chérie.

Concentrée sur ses amours elle n'avait jamais imaginé à quoi pourrait ressembler le futur et celui-ci s'étalait sous ses yeux : Bruno était de retour. Hier elle n'avait pas perçu le danger, occupée qu'elle était à chercher des subterfuges pour courir chez Antoine. Elle prit conscience de sa folie. Qu'allait-elle devenir ? Même Zineb s'en est aperçue. Tout le village est au courant, bon sang, qui va me trahir le premier ? Elle était horrifiée. La rumeur qui enfle. Les indiscrétions calomnieuses. L'interrogatoire préliminaire. Je n'avouerai jamais. Oui, mais. La défense qui prend l'eau. Alors aveu, confession : un petit flirt estival, une amitié intellectuelle, platonique, mimis-ci mimis-là, rien de conséquent. On m'a laissé entendre que tu étais tout le temps fourrée chez lui, c'est du flirt ça ? On t'aura menti, la corporation des jaloux et des impuissants. Et ces photos ? Colère, bravades, chaos, destruction, retour à la case départ. Comment éviter le grand déballage qui ruinerait sa vie, ses filles, sa famille ? Un avenir avec Antoine ? Séparation, divorce, une vie à Dorlange ? Dorlange en automne, tous les jours de la semaine, dans le froid, sous la neige, pesant à la longue, pesant, pesant. Ses devoirs de mère et d'épouse ? Ses scrupules ? La raison ? Et voilà que le mot Pute résonnait à nouveau dans sa tête. Pute, pute, pute. Peu importait après tout qu'elle ait été insultée pour son rôle auprès des Syriens : elle n'arriverait jamais à oublier cette injure peinte sur son mur. On l'avait outragée, meurtrie au plus profond de son cœur. Pute : le mot ignoble dont elle ne pouvait se défaire. Non, elle n'était pas responsable. Tout cela était de sa faute à lui. Elle se sentit freinée soudain dans ses élans vers lui. Il l'avait séduite pour l'égarer sur le sentier bordé d'à-pics de l'infidélité. Elle n'aurait pas dû le suivre. Abusant de sa faiblesse, il l'avait entraînée à son corps défendant dans une histoire sans lendemain. Honte à lui. À partir de dorénavant, tout rentrerait dans l'ordre et ses moments d'aliénation et de fureur amoureuse se dissiperaient comme une brume matinale sous la chaleur du soleil. Mais avant cela, se demandait-elle, puis-je encore profiter à fond de mes dernières heures de bonheur avec lui ? Elle était désemparée. Une femme empêtrée dans ses contradictions, débordée par son désir, écartelée entre le confort de la routine familiale et l'appel du large. Schéma classique. Un mari, un amant : pourquoi devrais-je trancher ? Il faudra en abandonner un sur le chemin. Bruno avait été le premier à emporter la place. Seul pendant quinze ans. Au titre de l'ancienneté, il était prioritaire. Un mois contre quinze ans ? Combat inégal, résultat connu d'avance. Elle opterait pour la sécurité, la vie bien au chaud au coin du poêle, les pantoufles, les patins dans l'entrée, mais pas avant d'avoir feint le remords, les regrets pour le restant de ses jours, son sacrifice. Ça n'était pas raisonnable, pas durable, pas prudent. Un mari et un amant ? Et ou bien ou ? L'un et l'autre. Lui ou l'autre. L'amour ou la famille ? Pas de place pour les raisonnements tarabiscotés. Oui ou non. Blanc ou noir. Thé ou café. Avec ou sans sucre. Prête pour un virage à 180° ? Je retourne d'où je viens, je n'aurais jamais dû partir.

La fête ayant été annulée, Bruno n'avait pas l'intention de s'encroûter à Dorlange et tes Syriens doivent apprendre à faire sans toi, ils travaillent du matin au soir et ils parlent en anglais avec Antoine, c'est lui qui reste, pas toi, et puis le bénévolat c'est gentil tout plein, mais ça ne rapporte rien.

En sirotant son café, il contemplait Camille qui s'activait dans la cuisine. « Pourquoi tu me regardes comme ça, tu voudrais quelque chose ? – Non, non, tout va bien. » Il lui souriait. La reconquérir ? C'est absurde, elle m'appartient déjà. Il découvrait sa femme et son attirance s'en trouvait renforcée. Elle était belle, désirable, sûre d'elle, au sommet de sa féminité. Il avait l'air sincère. C'était touchant. Pas question de la laisser vagabonder avec ces Syriens à la noix. De la journée il ne la quitta d'une semelle. Ils se promenèrent dans leur propriété, à travers le village, dans la forêt des Esprits, enlacés, bras dessus bras dessous, main dans la main, discutant le tout et le rien avec les voisins qu'ils rencontrèrent. Tout rentre dans l'ordre, se dit-on. Il poursuivit son offensive de charme : « Ce soir on va au cinéma et ensuite je t'invite au restaurant. — Mais les filles ? — Assez grandes pour rester seules. » À 18 heures, ils partirent pour Doves. Grand seigneur, il lui ouvrit la portière de la voiture, attendit qu'elle soit installée pour la refermer. Au Cinescapade de Doves il conserva sa main sur sa cuisse pendant toute la séance. À la Jaffe ! il fit assaut de prévenances. Elle en eut le tournis. Entre le duo de la mer, les bouchées à la reine et le risotto aux morilles, il ne cessa de la complimenter sur sa robe, sa coiffure, sa beauté, sa mine radieuse. «Tu m'as manqué, Cam, je n'ai pas arrêté de penser à toi.» Il était catégorique. Plus il en parlait, plus il y croyait, emporté par son inspiration. Il évoqua l'avenir: «Devine de quoi nous aurions besoin ma chérie? — Je ne sais pas, nous n'avons pas déjà tout? — Nous devons réinjecter de la passion dans notre couple. — De la passion?» Elle était interloquée. «Oui, celle du début de notre mariage, je te propose de la revivre ensemble.» Quelle mouche l'a piqué? s'alarma-t-elle.

Conquis par sa propre verve, il s'enfiévrait pour des destinations de rêve en amoureux, un week-end à Venise, trois jours à Capri, une semaine à Ibiza, des réservations dans les restaurants trois-étoiles de la région, «profitons de la vie, Cam, Saint-Valentin chaque semaine!»

Étourdie par ces envolées, Camille se rendit aux toilettes avant l'arrivée de sa mousse de poire à l'anis. Ça veut dire quoi tout ça? Elle était perplexe. Elle envoya un SMS: «Tu penses à moi?» La réponse lui parvint au bout de cinq secondes: «Oui, mais pourquoi plus de nouvelles de toi?» «Bruno est accroché à mes basques.» «Il sait, pour nous?» «Non.» «Alors on se voit quand?» «J'essaie de venir chez toi demain.»

– Tu réfléchissais à mes propositions? lui demanda-t-il lorsqu'elle revint s'asseoir.

– Tout à fait, tout à fait, il y a du grain à moudre, comme on dit, mais tu penses si je m'attendais! Il nous reste quelques jours de vacances, on considère tout ça et on en reparle à Lyon?

– La passion ne se commande pas, Cam, elle est là ou elle n'est pas là, pourquoi tergiverser? Nous deux, depuis que nous sommes ensemble, on devrait mieux savoir, non?

– Oui oui bien sûr qu'on sait mieux, c'est pourquoi il ne faut pas se précipiter, tu comprends, prenons le temps de la réflexion.

Il était stupéfait que Camille ne lui ait pas sauté au cou, submergée par l'émotion, je suis romantique et baigné d'amour et elle me répond comme si j'étais un représentant de commerce en train de lui fourguer le dernier modèle d'aspirateur, se dit-il en faisant un signe au serveur pour avoir l'addition.

Sur le parking du restaurant, au moment de lui ouvrir la portière, il tenta de l'embrasser, «Allons Bruno, ne nous donnons pas en spectacle, c'est moi qui vais conduire, ce sera plus prudent.»

Antoine ne l'avait pas vue de tout le lundi. Mardi, il erra entre sa chambre, le salon, la cuisine et son verger. Reçut le Florimond pour le café, Clément pour une bière, Léa pour le thé qui comprit son désarroi et lui conseilla de patienter, mets-toi à sa place, elle est en famille, elle a besoin d'espace pour se réadapter, elle trouvera une solution. C'est ce qu'il craignait. Une solution, c'était à ses dépens. Que fait-elle, où est-elle? Pourquoi ne m'appelle-t-elle pas? Elle ne lui donna aucune nouvelle, sinon un SMS vers 19 heures: «On part demain en fin d'a-m». Mais encore? Mais encore rien, ce fut tout. Il sortit vers 22 heures pour s'asseoir à la fontaine en espérant qu'elle vienne vider ses poubelles. Espoir déçu. Ce fut Astrid qui s'en chargea. Il rentra chez lui, la mort dans l'âme, que se passe-t-il, mais que se passe-t-il? Il s'en doutait, mais ne voulait pas l'admettre. Il ne dormit pas de la nuit.

«Si on faisait la grasse matinée? demanda Bruno à Camille le mercredi au réveil. — Toi oui, moi non, je dois ranger la maison et j'ai les valises à préparer. — Recouche-toi un moment, je t'aiderai après. — Et mes Syriens, déjà hier et avant-hier je ne m'en suis pas souciée. (Mardi non plus, Bruno ne l'avait pas lâchée une seule seconde.) — Je t'ai dit que tu avais trop sué pour leur cause, pense à toi, et à nous, c'est plus solide.»

Ils descendirent à l'hyper de Monfray pour les courses, sinon les placards et le frigo seraient vides en arrivant à Lyon dans la soirée. Au déjeuner, il l'invita à La Panse en Fête, l'auberge de Bellegarde-en-Dillon. Cam, j'ai une surprise pour toi. Ah? répondit-elle, sur ses gardes. J'ai réfléchi cette nuit, que dirais-tu d'une semaine aux Maldives à la Toussaint, hôtel cinq-étoiles, plage privée, piscine? Ce serait merveilleux, réagit-elle sans enthousiasme exagéré. Je suis invité à un congrès là-bas, tu pourrais m'accompagner. Les épouses légitimes sont du voyage? s'étonna-t-elle intérieurement. Devait-elle éclater de rire, ou rester impassible?

Ils arrivèrent devant leur portail à 16 heures. Leurs filles jouaient dans le parc. Pas de temps à perdre, on est déjà en retard. Bruno transporta les bagages dans le coffre. En voiture les filles. Camille partit couper l'eau, le gaz, l'électricité et vérifier qu'elle ne laissait rien derrière elle. Sans adieu Dorlange, merci et à tantôt. Je n'ai rien oublié ? se demanda-t-elle.

Si, mais c'est trop tard, c'est trop tard.

Antoine rentrait chez lui après avoir dû jouer les pompiers médiateurs dans une altercation entre Marin, Rifat et Nadim lorsque la voiture des Vancelle s'avança sur la place. Bruno s'arrêta et abaissa sa vitre. Antoine marcha vers lui.

– Salut Antoine, on s'en va quand tu arrives !

– Je vois ça.

– C'est le jour du grand départ !

– Le retour vers la civilisation.

– Après l'été dans la nature sauvage !

– Tout le monde rentre à la maison, les vacances sont terminées.

– Hélas, je ne les ai pas vues passer cette année, elles ont été si courtes !

– Toute chose a un début et une fin.

– À qui le dis-tu ! Tout va bien chez toi ?

– À peu de chose près.

– On se reverra à Noël !

– Pas avant ?

– Nous allons réduire la voilure, on séjourne trop souvent à Dorlange, si on continue à ce rythme on va se putréfier !

– Les résidences secondaires, il faut y habiter à l'année.

– Pas demain la veille, mon vieux, pas demain la veille ! De toute façon nous allons changer d'air !

– Changer d'air ?

– J'emmène Camille aux Maldives à la Toussaint !

– Aux Maldives, diable, on ne se refuse rien, répondit-il avec un sourire tendu.

– En amoureux oui, rien n'est trop beau ! Les week-ends, on ira visiter les capitales européennes en famille au lieu de venir s'enterrer dans ce bled !

Tandis qu'ils échangeaient les banalités d'usage, Camille sur le siège passager regardait de l'autre côté, vers la fontaine, Antoine s'en aperçut, il en aurait pleuré, elle ne dit rien et lorsqu'il leur souhaita « Bonne route soyez prudents », elle se retourna vers lui, le fixa quelques secondes, les yeux brillants, et lui fit un petit signe de la main difficile à interpréter. Salut porte-toi bien ? C'était super nous deux, mais ça n'ira pas plus loin ? Oublie-moi ça vaudra mieux ? Je pense à toi tu me manques déjà ? Je reviens à lui je ne peux pas faire autrement il était là le premier ? Je le connais ça lui passera d'ici peu il aura repris ses bonnes habitudes ?

Elle aurait pu lui faire le signe Je t'appellerai de mon portable, mais non, même pas.

La voiture s'éloigna sur le communal, Antoine la regarda partir et disparaître au virage. Il rentra chez lui. Claqua la porte. Jeta le panier de fruits par terre, renversa une chaise d'un coup de pied, brisa un vase en le lançant sur une armoire et s'ouvrit le front en se tapant la tête contre un mur.

*

Après la rentrée, toujours aucune nouvelle. Il n'osait pas la contacter. Si elle me raccrochait au nez ? La peur de la vérité. Manon et Léa venaient souvent le voir. « Ne fais rien pour l'instant, pense à autre chose, travaille, cours, sors, rappelle tes ex. » Des prénoms, des ombres, des fantômes, des souvenirs sans regrets, oubliés, loin, morts. Camille. Impossible d'imaginer une vie sans elle. Catherine s'invitait elle aussi. Il se sentit moins seul. Pas moins désespéré pour autant. Très vite, il s'isola, ne voulut plus voir personne. Même François (qui avait prédit le dénouement, mais n'en tira aucune satisfaction). La déchirure avait été trop brutale. Elle l'avait brisé net. Comment manger, dormir, se laver, s'habiller, partir travailler ? Travailler, il le fallait, il n'était plus en vacances. Les Syriens ? Ça n'était plus son problème, plus son problème. Après deux interviews bâclées il songea à demander un congé sans solde : il était incapable de se concentrer. La rédaction l'avait convoqué : « Comment se fait-il qu'on ne reçoive pas tes chroniques ni aucun pépié, tes vacances sont pourtant terminées ? » Il prit rendez-vous avec son médecin traitant qui lui signa un arrêt maladie de trois semaines.

Camille avait mué en un été ; elle-même aurait dû être éblouie par sa métamorphose. Se serait-elle aguerrie ? N'ayant plus peur de rien et mieux armée pour affronter les années à venir ? Force de son caractère, solidité de ses nouvelles certitudes. Elle aurait pu en remercier les

Syriens (un peu) et Antoine (beaucoup), mais elle avait une vie, une vraie, bien réelle et conforme, à poursuivre avec Bruno, Astrid, Diane et Héloïse. Ce qui n'entrait pas dans ce cadre ne la concernait plus. Nous sommes des adultes n'est-ce pas, chacun sa vie, chacun sa voie. La mienne c'est par là. La tienne ? Je ne sais pas, derrière ? Moi je vais de l'avant. Nostalgie ? De qui, de quoi ? Nul remords. Début, milieu, fin, comme dans un livre. Merci pour la récréation. Volte-face ? Non, juste la prise en compte, certes soudaine, peut-être un peu précipitée, de la réalité : Bruno n'était pas parfait, mais il assurait l'essentiel.

Camille n'appelait toujours pas. Pourquoi l'avait-elle traité comme un chien ? Lente et implacable descente aux enfers. Hier, on s'aime. Aujourd'hui, rien. Demain, on se connaît ? Plus de désir. Plus de rires. La vie ? La quoi ? Le cœur en sous-régime, la respiration défaillante, les mains qui tremblent. Le souffle coupé. Sensation d'écrasement. Des crises de larmes soudaines. Il hurlait son nom Camille, Camille, Camille. Un jour, n'y tenant plus, il l'appela sur son portable. « Bonjour Camille, Antoine à l'appareil, j'espère que tu vas bien, tu pourrais me rappeler s'il te plaît ? » Il réessaya plusieurs fois dans la journée. Le lendemain. Le surlendemain. Sans résultat. Envoya des SMS, des SMS, des SMS ; trois, quatre, cinq, dix mails. Il voulait aller à Lyon pour la guetter devant son immeuble. Altération de son jugement pensa Léa lorsqu'elle réussit à le faire parler. Elle le lui déconseilla formellement, elle pourrait t'accuser de harcèlement si tout est fini entre vous.

Il lui arrivait parfois de se demander si elle n'allait pas se repentir un jour de l'avoir maltraité de la sorte : plus de nouvelles, plus d'appels, plus de messages, plus de rencontres. Il était là, elle avait décidé qu'il n'y était plus. Elle avait claqué la porte, franchi le seuil, retrouvé la bonne direction. C'est elle qui s'envolait. Que restait-il au sol ? Pas son problème, pas son problème.

Il maigrissait. Se plaignait du dos, des épaules, de la nuque. Les maux de tête, il ne les calmait qu'à grand renfort de Doliprane. Il s'enfermait dans la salle de bain, prenait des douches pendant des heures, ressortait rouge et transpirant : il gagnait du temps, le laissait s'écouler. Ensuite affalé sur le canapé. Puis debout, agité, courant à travers la maison. Sur un coup de sang il partait marcher dans la forêt, revenait à la nuit noire. Rien n'y faisait : elle était sans cesse au centre de ses pensées. Il allait couper du bois, s'arrêtait au bout d'une minute, elle était là. À la cuisine, au verger, dans le potager, aux toilettes, en voiture, dans le bain, au lit, dans le noir ou en plein jour, en lisant ou en regardant la télévision, elle était là, encore là, toujours là. Camille le rongeait de l'intérieur. Comment faire pour ne plus penser ? Boire ? Il avait déjà commencé. Dormir ? Le Lexomil n'était pas suffisant. Le Rohypnol ? Dormir vingt-quatre heures d'affilée, pour en ingérer deux autres au lever ? « Oublie-la, Antoine, votre idylle n'a duré qu'un mois, rien de sérieux ni d'éternel, vis ta vie », lui préconisait Catherine.

Quelques semaines après son départ de Dorlange, elle s'était rendu compte que Bruno était reparti sur son ancienne route de l'infidélité bien ordonnée. Une fois mordu, mille fois vacciné. Quoi de plus normal : il avait besoin de se ressourcer, du sang neuf, des chairs fraîches, c'était plus fort que lui. Elle savait à qui elle avait affaire pourtant, elle aurait dû se montrer plus circonspecte devant le réveil de sa flamme amoureuse. Elle allait reprendre ses bonnes vieilles habitudes d'avaler des couleuvres par containers entiers. Bien sûr il l'aimait. Ne le répétait-il pas matin et soir ? « Bonne journée mon amour, ne m'attends pas pour dîner, je rentrerai tard. — Amour, s'il te plaît, passe-moi le sel. — Je suis crevé, allons nous coucher, mon amour que j'aime d'amour. » Bruno, lapin d'amour, homme à femmes, homme affable, homme à fables, des fables, des tromperies, des mensonges, des impostures au kilomètre. Mon amour-là, mon amour-ci. Moi, mon nom c'est Camille. À trop le dire l'amour perdait toute sa valeur. Ça n'était plus qu'un mot.

Elle était partie sans adieu. Congédié comme un laquais. Silence complet. Débrouille-toi, pense ce que tu veux. Des questions sans réponses. Inventer ses propres conclusions. Il aurait mieux fait d'écouter François. L'oublier. Facile à dire. Rien de sérieux ? Un jour, un mois, un an, dix ans, la durée importe peu, c'est l'intensité qui compte. Vivre sans mémoire, était-ce possible ? Hier n'a jamais existé. Seuls aujourd'hui et demain, mais sans elle.

Avec Antoine c'était un enchantement, un sentiment de plénitude. Si je retournais auprès de lui, m'accepterait-il ? s'interrogeait-elle en ne plaisantant qu'à demi. Elle avait pris une décision, c'était la mauvaise, tant pis pour elle. Assume, Camille, assume. Le train-train quotidien, lénifiant et sans inspiration. Bruno la trompait ? Oui, bon. Après tout, elle avait été dressée à intérioriser ses chagrins, ses peines, sa détresse, ses joies aussi. On lui avait appris *le sens du devoir* : faire ce qu'on attend d'elle et ne rien accomplir qui puisse troubler la belle harmonie de la fiction familiale et de leur relation de cloupe, de plouque, de COUPLE. C-O-U-P-L-E.

Devant les exhortations de Manon et de Léa qui le voyaient avec anxiété s'enfoncer dans la dépression il accepta de consulter le psychiatre de Monfray. Il n'était pas en état de conduire. Christophe va t'accompagner. Outre une ordonnance longue comme le bras, le docteur lui obtint un authentique arrêt de travail de douze semaines, à renouveler. Douze semaines ? Il m'en faudrait vingt, cent, mille. Le traitement produisit rapidement ses effets. Le psy lui avait prescrit de quoi assommer un bœuf.

La revoilà ma vie, endurer ce destin d'épouse bafouée. Elle se souvenait de la première fois. C'était il y a bien longtemps. Au petit matin, il était arrivé en dispersant dans son sillage une odeur de parfum bon marché qu'elle ne se connaissait pas. Dans la chambre où elle se rongeait les sangs depuis des heures, elle allait lui demander des explications et les raisons de ce retard, mais il s'était engouffré dans la salle de bain, elle l'avait entendu se déshabiller, trafiquer les boutons de la machine à laver, claquer le hublot. Puis il avait pris une douche interminable. Une réunion de travail avec la direction de l'hôpital et les syndicats qui s'était prolongée. Camille avait eu *d'instinct* la bonne réaction : jouer celle qui ne voyait rien.

Un jour, vers 4 heures du matin, il prit sa voiture malgré les risques et, en arrivant à Lyon, se rendit quai des Célestins où il se gara à proximité du 14, son adresse. Il patienterait le temps nécessaire. Elle sortit avec ses filles et monta dans sa voiture stationnée en bas de chez eux. Antoine les suivit. Après les avoir déposées devant leur école, elle revint se garer au pied de son immeuble. Il retrouva une place plus loin. Camille téléphonait en marchant. Si elle téléphone, c'est que son portable fonctionne, observa-t-il avec justesse. Il la fila. Quand elle eut terminé sa conversation, il composa son numéro, fébrile. Il la vit prendre son portable, regarder le numéro qui s'affichait et le remettre dans son sac. Il se sentit défaillir, ses genoux plièrent sous lui. Il y avait un bar au coin de la rue. Il y courut en tremblant et s'engouffra à l'intérieur. Il s'assit sur une banquette, à court de souffle, des larmes plein les yeux. « Vous ne vous sentez pas bien, monsieur ? » lui demanda le serveur. Il fit signe que non. Il attendit que sa respiration redevienne normale pour commander une vodka, double et sans glaçons. Il la vida d'un trait. « La même chose, s'il vous plaît. » Il en était à sa cinquième lorsqu'à travers la vitrine, il distingua Camille sur le trottoir d'en face, avec le pain, les journaux et un sac de provisions. Elle était accompagnée d'une femme âgée qui avançait en s'appuyant sur elle. Antoine voulut se lever pour la héler. Il dut se rasseoir, il avait les jambes coupées. À la septième le serveur refusa d'honorer sa commande. «Vous n'êtes plus en état, monsieur, souhaitez-vous que nous appelions un taxi pour vous ramener à la maison?» «Non, non, je ne suis pas saoul, bafouilla-t-il, apportez-moi l'addition.» Il paya et parvint à se lever puis à regagner sa voiture en clopinant. Il lui restait une dernière bouffée d'esprit qui lui intima l'ordre de ne pas conduire. Il bascula par-dessus son siège et s'étala sur la banquette arrière où il s'endormit aussitôt.

Et moi, pourrais-je encore être aimée? Où est-il celui qui voudra de moi, me courra après, m'emportera dans ses bras, dis-moi, où es-tu? Est-ce qu'il m'aime encore? Oui, bien sûr, évidemment. Et s'il ne m'aime plus? Comment me faire pardonner? Je ne lui voulais aucun mal. Simplement l'éprouver, le tester. Son amour tiendrait-il la route? Était-il sincère? Je ne cherchais pas de l'éphémère. L'a-t-il compris? Rien n'est perdu, je vais me rattraper. Je l'appelle et je lui dis que j'arrive. Et s'il ne me répond pas? Tant mieux pour lui, je monte aussi sec et je l'adjure: tu m'aimes oui ou non?

Il se réveilla en entendant des coups frappés contre la vitre. Il reconnut Camille. Elle ouvrit la portière et le poussa pour s'asseoir à côté de lui. Qu'est-ce que tu fais là, Antoine? Rien de spécial, j'étais fatigué, je me suis assoupi. Pourquoi es-tu à Lyon et en bas de chez moi ? Je suis ici pour affaire me concernant, réussit-il à bredouiller. Elle sourit. Je te manque n'est-ce pas ? Il hocha la tête. Toi aussi tu me manques. Pourquoi tu ne me réponds jamais quand je t'appelle ? Il me surveille, je dois faire attention maintenant. Il te surveille, mais pourquoi ? Annie Rastaing lui a envoyé une lettre et des photos. La salope, je vais aller lui briser les genoux avec ma batte de base-ball. Ne dis pas de bêtises, Antoine, nous devons réfléchir à une solution. Mais tu m'aimes quand même ? Antoine, je ne cesse de penser à toi, tu me manques tellement, j'en ai mal au ventre toute la journée, je meurs chaque jour de ne pouvoir être avec toi, je meurs chaque jour de ne pouvoir être avec toi, je meurs chaque jour de ne pouvoir être avec toi, je meurs chaque jour de ne, Antoine se réveilla d'un bond. Où suis-je ? Il avait mal à la tête. Il se redressa sur la banquette, étonné de ne pas voir Camille. Il regarda autour de lui. Le quai était désert et il avait une contravention sur son pare-brise. Il sortit de la voiture pour vomir dans le caniveau. Il avisa une pharmacie. Je vais acheter du Doliprane et demander un verre d'eau, ensuite je remonte à Dorlange. Quelle heure était-il ? 13 heures. Il avait dormi trois heures. Il alla déjeuner dans un restaurant sur le quai. Peut-être y rencontrerai-je Camille ? Il commanda un tablier de sapeur et une cervelle de canut. Après trois cafés il reprit la route pour Dorlange. Il se sentait mieux, physiquement. Les vapeurs de la vodka s'étaient dissipées pendant le repas. Il ne se ferait pas arrêter pour conduite en état d'ivresse. Rien n'était résolu. Qu'espérait-il ? Ma vie c'est quoi désormais ? Partir ? Oui, mais où ? Loin, loin, loin. Marcher devant, ne jamais plus se retourner.

Camille reçut un appel de Thierry Vilder un matin vers 9 heures en revenant de l'école :

– Madame Vancelle, je suis confus de vous importuner de si bonne heure, mais pourriez-vous monter à Dorlange aujourd'hui, nous nous heurtons à un petit souci.

– Un petit souci ?

– Votre aide nous serait précieuse pour le résoudre.

– Vous pourriez m'en dire plus ?

– Non ; vous comprendrez pourquoi en arrivant, c'est à propos des Syriens.

Elle coordonna sa journée avec Sabrina, la babysitter. Les détails réglés, elle partit pour Dorlange, un peu anxieuse. À son arrivée elle rentra la voiture dans leur parc et marcha jusqu'à la Béate où l'attendaient (ils s'étaient téléphoné entre-temps) Jean Courtil et le CM ainsi que le sous-préfet, Catherine et les Drevois. Elle se demanda ce que faisaient les deux voitures de la gendarmerie devant le monument aux morts.

La maison était vide. Elle s'assit avec eux autour de la table du salon.

– Vous m'expliquez ?

– Les Syriens ont disparu, lui apprit Jean Courtil.

– Disparu, quand, pourquoi ?

– Probablement ce week-end, ils étaient attendus chez les Landron et les Lafarge, mais ne les voyant pas se présenter au travail ils sont venus nous prévenir, nous sommes allés ensemble à la Béate et ils n'étaient plus là, plus de valises, plus de traces, plus rien, sinon que le ménage avait été fait, et cette enveloppe. Elle ne peut être que pour vous, ce sont des caractères arabes, lui dit le sous-préfet en la lui donnant.

Camille lut son nom, Pour Kamélia, puis la décacheta.

– Oui, elle est écrite en arabe, vous voulez que je traduise ?

– Volontiers, lui répondit Thierry Vilder.

– Que la paix d'Allah soit avec toi, Kamélia – Kamélia c'est mon prénom en arabe –, où tu diras vous serez... Aïe, c'est compliqué, je vais la lire d'abord, la traduire par écrit et ensuite je vous en donne lecture, ça vous convient ?

– Parfait, répliqua le sous-préfet, tenez, voici de quoi écrire.

Il lui tendit son calepin et un crayon à papier.

Un quart d'heure plus tard, Camille lit :

Que la paix d'Allah soit avec toi, Kamélia, quand tu liras cette lettre nous serons loin. Nous avons mis notre confiance en Allah en décidant de partir car ce n'était plus tenable, tu sais pourquoi, tu l'avais bien vu et nous en avions souvent parlé. Si Allah le veut nous espérons gagner l'Angleterre ; Zineb et Sayid sont partis vers l'Allemagne. Nous ne voulons pas attendre les résultats de nos demandes d'asile. Ici les gens ne nous aiment pas, ils nous traitent comme des chiens, sauf toi, bien sûr, les deux dames (Catherine et

Mathilde, je suppose ?) *et ton ami, mais les autres ce sont des barbares. Nous étions d'accord pour travailler, même beaucoup, ça ne faisait peur à personne, mais tu crois que nous avons tout quitté pour vivre dans ces conditions ? J'ai ton numéro de portable ; dès que nous serons sains et saufs, je t'appelle. Puisse Allah te récompenser pour tout ce que tu as fait pour nous, et les deux dames aussi et ton ami. Que le Salut soit sur toi.*

– Voilà, vous savez tout, je n'ai rien omis et j'ai traduit fidèlement ; il n'y a pas grand-chose à ajouter et si ça ne vous ennuie pas, je n'ai pas envie de rester ici, je préfère rentrer chez moi, bonne journée.

Elle se leva et quitta la maison, sans les regarder.

Catherine la rattrapa.

– Tu sais qu'Antoine a eu beaucoup de problèmes, lui aussi, après ton départ ?
– Quels problèmes ? Il ne m'a rien dit.
– Tu n'as jamais reçu d'appels de lui ?
– Non, enfin, si, mais je n'étais pas disponible pour lui répondre. J'ai essayé ce matin en montant, mais il ne répondait pas. Il est dans les parages ?
– Pas à ma connaissance.
– Il y a quelque chose que je devrais savoir ?
– Cette évasion, le mot n'est pas trop fort, ça les tétanise à la préfecture ; je vais appeler des journalistes, on ne peut pas étouffer une affaire de cette amplitude.
– On s'en doutait, Catherine, tu te souviens, la honte qu'on avait de les voir accueillis de la sorte ?

Les pleutres qui les haïssaient, toutes ces agressions, ces grossièretés, ces abjections, ces méchancetés gratuites. Le nombre de fois où on a dû les réconforter? Les femmes et les enfants qui pleuraient, les hommes qui avaient envie de se battre!

– Antoine qui s'arrachait les cheveux pour les convaincre de ne pas s'enfuir! Au début pourtant, ils étaient contents, rappelle-toi, ils faisaient des moije dans tous les sens pour les envoyer à leurs familles, ça aussi ils ont vite arrêté. On a quand même vécu quelques bons moments avec eux malgré tout.

– Toi et Mathilde vous n'avez pas monnayé votre peine. Je vous admirais sincèrement.

– Je me rappelle quand Nawal et Shadia ont demandé à Antoine comment effacer la mémoire: il leur a répondu que les souffrances physiques ou morales il ne fallait jamais les garder pour soi, mais au contraire en parler, pour s'en libérer.

– Oui, quand elles lui racontaient les snipers qui les tiraient comme des lapins, les bombardements matin et soir, les enfants qui explosaient sous leurs yeux, ceux qu'elles entendaient hurler ensevelis sous les décombres.

– Le jour où ils se sont précipités sous la table de la salle à manger en entendant le bruit d'un avion! Le temps qu'il a fallu à Antoine pour les rassurer!

– Leur terreur dès qu'ils voyaient des gendarmes en tenue, ils croyaient qu'ils venaient pour les arrêter et les jeter en prison.

– Soit dit en passant, chez la Béate ils étaient comme dans une prison.

– Plutôt un camp de travail!

– Tu parles d'une réussite. Quel bilan déplorable.

– Quel échec, pour nous tous, pour toi, pour moi, pour eux.

– Nous pourrions en parler pendant des heures, Camille, mais il faut que je retourne à la réunion ; je te laisse, à bientôt peut-être.

Camille rentra chez elle et s'endormit sur son lit. Son portable la réveilla : un message de Sabrina confirmant que tout allait bien. Elle se recoucha. Elle n'arrivait plus à fermer les yeux. Si j'allais voir chez Antoine, il a dû revenir. Elle sortit de la maison pour aller frapper à sa porte. Personne. Pour l'instant. S'il n'ouvrait pas c'est qu'il n'était pas là. Si j'attendais son retour ? Elle revint chez elle et en profita pour aérer les pièces du rez-de-chaussée. Bien, et maintenant ? Je vais mettre un mot dans sa boîte aux lettres. Elle alla chercher du papier et un stylo dans le tiroir de son secrétaire. Elle s'assit à la table de la salle à manger.

Antoine,

J'étais à Dorlange ce matin. Je voulais te voir. Catherine m'a dit qu'elle ne savait pas où tu étais. Ces derniers mois n'ont pas été faciles, je ne te le cache pas, et j'aurais aimé qu'on en discute ensemble, mais je dois redescendre à Lyon où, hélas, le devoir m'appelle… Je ferai mon possible pour revenir, en espérant te voir, téléphone-moi pour confirmer, pas le soir, dans la journée. 0691821040. Je pense à toi. Camille.

Elle relut sa lettre, la trouva satisfaisante, informative, mais pas trop, amicale, pas implorante, intrigante juste ce qu'il fallait. Quelle heure était-il ? 15 heures, il faut que je file. Avant de monter en voiture elle déposa sa missive dans la boîte aux lettres d'Antoine.

Si j'allais dire adieu à la Béate ? Les voitures du sous-préfet et des gendarmes étaient reparties et il n'y avait plus âme qui vive. Porte et volets clos, la maison était à nouveau retombée dans l'oubli. Elle s'aperçut que le portail de l'église était entrouvert. Elle entra pour s'assurer qu'un intrus n'était pas en train de voler le tabernacle et fut ébahie d'y trouver François en contemplation devant les fresques murales.

– Bonjour François, que faites-vous là ?
– Bonjour Camille, je pourrais vous poser la même question.
– Vous n'aviez jamais vu les fresques ?
– Si. Elles sont extraordinaires, mais je voulais les revoir une dernière fois.
– Vous partez ?
– Oui, à Paris.
– Vous avez fini d'écrire votre livre ?
– La première mouture.
– Antoine m'avait raconté que c'était sur le village et les relations entre habitants, les querelles de clans, les rivalités entre le vieux et le nouveau ! Il y a aussi une histoire d'amour, je crois ? Comment se termine-t-elle ?
– Vous le saurez en lisant le livre.
– Allez, dites-moi !
– Je n'aime pas parler de mes travaux d'écriture avant d'avoir signé un contrat avec un éditeur.
– Un indice, ça finit bien, ça finit mal ?

– Je n'ai pas encore écrit la conclusion, mais donnez-moi vos coordonnées, je vous enverrai un exemplaire. Ah, j'entends mon taxi, je vous quitte, adieu. Asseyez-vous un moment et profitez-en pour admirer la fresque, surtout cette représentation de la Mort avec un visage de femme ; elle décoche des flèches sur les hommes, intéressant, non, à votre avis l'artiste a voulu exprimer quoi ?

Là-dessus il se hâta vers la sortie, son taxi ayant klaxonné deux fois.

Camille resta seule, mais ne prit pas le temps d'admirer la fresque, elle devait rentrer à Lyon où son devoir l'attendait.

Un matin, elle se réveilla d'un coup et se redressa sur son lit, hagarde, les yeux embués, comme si elle venait d'être frappée par une illumination. Bruno n'était pas rentré dormir. Non, non, ce n'est pas possible, ce n'est pas possible, c'est lui et personne d'autre, mon Dieu, mais qu'est-ce que j'ai fait, qu'est-ce que j'ai fait ? Elle se leva et courut à travers l'appartement, expédia les affaires avec un empressement inaccoutumé et après avoir emmené ses filles à l'école, au lieu de retourner chez elle au triple galop pour se consacrer à ses activités quotidiennes, prit la direction de Dorlange qu'elle atteignit deux heures plus tard, record battu. Sur la route, en conduisant elle avait laissé un message téléphonique à Bruno : « Bruno, je monte au village, j'ai rendez-vous avec le ramoneur et si le plombier est disponible je lui demanderai de venir calfeutrer les tuyaux pour que nous n'ayons pas les mauvaises surprises de l'année dernière, ma mère est au courant pour aujourd'hui et demain si je ne suis pas rentrée Sabrina emmènera les filles et s'occupera d'elles, je t'embrasse.»

Elle arriva sous une pluie froide qui se transforma en neige en fin d'après-midi. Dehors, pas un chat. Le village comme mort. Elle se hâta de faire du feu pour réchauffer la maison glaciale et d'allumer les radiateurs du bas et celui de sa chambre, mais il faudrait plusieurs heures avant qu'ils donnent à plein. Son objectif, si Antoine n'était pas là de la journée, était de patienter jusqu'à son retour. Il rentrerait bien chez lui à un moment ou à un autre. Allongée sur le canapé du salon, elle tendit une main molle pour attraper la télécommande, mais ne tarda pas à s'endormir.

Elle se réveilla à la nuit tombée. Elle n'avait rien mangé de la journée. Il neigeait toujours. Elle regarda par la fenêtre de la salle à manger : le lampadaire près de la fontaine émettait son pâle éclairage. Tiens, se dit-elle, ses volets sont fermés et il n'y a pas de lumière chez lui. Elle voulut en avoir le cœur net, chaussa ses bottes fourrées, enfila une doudoune. Dehors la neige voltigeait en bourrasques. Elle se dirigea vers l'arrière de sa maison. Il a fermé les volets sur la façade pour conserver la chaleur, mais derrière tout doit être ouvert. La porte du jardin était cadenassée, les rideaux de la véranda tirés. Il a dû partir en vacances pour avoir tout barricadé ! Mais ça m'étonne, d'habitude il ne ferme jamais rien. Elle n'osa pas frapper chez Manon ni chez

Léa pour s'informer. Je verrai demain, je ne vais pas les déranger ce soir. Une fois blottie devant son poêle elle appela Antoine à partir du fixe. Sonneries. La ligne de votre correspondant a été interrompue, votre appel ne peut aboutir. Je comprends pourquoi il était injoignable. Il a changé de numéro ! Il aurait pu me prévenir.

Le lendemain matin, soleil, ciel bleu et le chasse-neige avait déblayé la place. Elle alla frapper chez Manon. Pas de réponse. Les volets étaient pourtant ouverts. Chez Léa ? Christophe parut sur le seuil.

– Camille.

– Salut Christophe ! Ça me fait plaisir de te revoir, comment vas-tu ?

– Très bien.

– Juste un petit coucou rapide ! Tout va bien chez vous, Léa, les jumelles ?

– Tout va bien.

– Figure-toi que je suis arrivée hier en coup de vent, je viens je repars, j'aère, je vérifie tout, ce genre de choses et je me demandais, on dirait qu'il n'y a personne au village ! Ils sont où, tous ? Les Courtil, Manon et Clément, Antoine, par exemple ?

– Les Courtil sont là, comme d'habitude ; quant à Manon, Clément l'a emmenée hier à l'hôpital.

– Et Antoine ? Ses volets sont fermés !

– Il est parti.

– Il est parti ? Comment ça il est parti ? Il est parti où ? Quand ?

– Je ne sais pas. Il est parti, c'est tout.

– C'est bizarre, il ne t'a pas dit quand il revenait ?
– Non. Ce ne serait pas plutôt à toi de lui demander ?
– J'appelle sur son portable et son numéro n'est plus attribué. Il en a un nouveau ? Tu le connais ? Tu peux me le donner ?
– Non je ne le connais pas. Camille, je suis désolé, j'ai des clients avec moi, je dois te laisser, à plus tard, je dirai à Léa que tu es passée.

Il referma la porte. Elle demeura un long moment interdite et désorientée. Il est parti où ? Il ne m'a rien dit. Elle retourna chez elle à pas lents, confuse et pleine d'interrogations.

Elle appela successivement : « Natalie, c'est Camille, tu vas bien, bon, c'est l'essentiel, moi ça va, merci, dis-moi, je ne te dérange pas au moins, ok, je voulais te demander, tu saurais comment contacter Antoine, tu es pressée, ah je suis désolée, ton cours de yogasme, encore maintenant, je croyais que c'était uniquement en été, toute l'année, super, et complet en plus, bon, bon, je te rappellerai tantôt, bonne journée, c'est ça, moi aussi. »

« Bonjour Catherine, Camille à l'appareil, oui, je te dérange, non, très bien très bien, pourquoi je t'appelle, mais pour prendre de vos nouvelles, Jean est fatigué, rien de grave au moins, ouf ça me soulage, je voulais aussi savoir si par hasard tu avais le nouveau numéro de portable d'Antoine, comment, Jean t'attend, sa piqûre, je vous laisse alors, rappelle-moi si tu peux, à l'occasion, d'accord, à l'occasion, oui, merci, à bientôt j'espère. »

À la clinique des Platanes de Doves Manon avait donné naissance à une prématurée : « Comment, inopportun, mille excuses, plus tard, bon, au rev... »

Et puis ?

Toujours aucune nouvelle de lui.

Et puis ?

Et puis, rien. Rien. Le temps qui passe. La vie qui avance, qui chancelle, qui titube, se redresse et chancelle à nouveau.

Un jeudi elle remonta à Dorlange. Elle arriva tard et se coucha immédiatement sous trois couettes avec deux bouillottes. Elle venait pour le ramoneur, « je te l'ai dit, Bruno, la dernière fois il m'a fait faux bond et j'en profiterai pour purger les canalisations, je préfère m'y atteler moi-même, mon chéri, au moins je suis sûre que ce sera fait. »

Pendant la nuit, elle dormit à peu près bien, quelques cauchemars, mais les mêmes que d'habitude et qui ne la traumatisaient plus lorsqu'elle se réveillait en hurlant.

Elle se leva tôt. Nuit noire. Elle prit une douche, se lava les cheveux et les brossa méticuleusement. Elle s'habilla en songeant qu'elle ôterait pour lui ses oripeaux, comme une chrysalide dont je vais me libérer pour découvrir mon vrai moi, sourit-elle. Ensuite elle descendit préparer le petit déjeuner après avoir refait le lit, plié les couettes et vidé l'eau des bouillottes.

Elle n'ouvrit pas les volets du rez-de-chaussée. Mon petit déjeuner d'abord, ses cadeaux ensuite. Les cadeaux, oui, ses cadeaux. Elle en avait longuement discuté avec le vendeur chez Vivre Livre : cadeau pour votre mari, un ami, une relation, dites-moi, cela m'aidera dans mes propositions. Elle lui avait dit que c'était pour l'homme de sa vie, mais qu'il ne le savait pas, qu'il vivait dans la montagne et qu'il aimait écouter les gens, les faire parler, et qu'il l'aimait elle, mais qu'il ne l'avait pas compris, et qu'elle l'aimait, oui, elle l'aimait, et qu'elle partait le retrouver pour le lui dire, qu'elle ne l'avait pas oublié, qu'elle lui demanderait pardon, qu'elle n'était rien sans lui, qu'il était au début et à la fin de tous ses rêves, qu'elle n'y pouvait rien, que c'était plus fort qu'elle, que rien d'autre ne comptait, qu'elle se perdait sans cesse dans cet univers où il n'était pas et qu'elle n'en pouvait plus d'être séparée de lui, elle n'en pouvait plus, elle n'en pouvait plus.

Elle avait terminé son petit déjeuner. Il était temps d'emballer les huit livres. Huit, son chiffre porte-bonheur, le sien aussi. Elle ouvrit la fenêtre qui donnait sur la place. D'énormes flocons s'abattaient pesamment, brouillant la visibilité et les distances. Une épaisse couche de neige couvrait le sol. On n'entendait aucun son, aucun bruit, le silence ouaté des jours de blanc.

La vie était belle. Elle était heureuse, ils allaient se revoir.

8 heures à sa montre. 8 ? Une coïncidence ?

Elle attendait avant de sortir, on ne voyait pas à cinq mètres avec cette neige qui tombait, inlassable. Elle ferma les yeux, portée par son imagination à travers les moments qu'elle s'apprêtait à vivre : courant vers sa maison, ouvrant la porte sans bruit et se déshabillant dans le salon puis gravissant l'escalier pour le surprendre dans sa chambre : il dormait encore, elle se glissait contre lui, elle murmurait qu'elle était revenue et qu'elle ne repartirait plus et leurs corps s'étreignaient, son corps blanc et laiteux qui illuminait la chambre de ses ardeurs, elle le lisait dans ses yeux comme il la fixait de son regard fiévreux, il l'embrassait, elle était nue contre lui, sa bouche sur sa joue, son oreille, qui descendait sur son cou, son épaule, ses mains sur ses cuisses, elle aimait ses caresses, elles se précisaient, un cri bref, il la pénétrait sans effort et elle le sentait au fond d'elle, c'était chaud, c'était bon, c'était soyeux, il était lent et mesuré, elle aimait ça, et puis rapide et violent, ne t'arrête pas, ne t'arrête pas, c'était le plaisir qui venait, il disait non, pas encore, pas maintenant, elle passait outre et criait sa joie, elle avait envie d'une longue possession qui ne faiblirait pas et elle ouvrit les yeux en pensant j'ai envie de lui à l'intérieur de moi, à l'intérieur de moi tout le temps.

Elle referma la fenêtre et partit éteindre la lumière dans la cuisine ; puis elle sortit. Il neigeait toujours autant.

Elle marchait vers lui, silhouette solitaire sur la petite place, distinguant mal son décor familier avec la neige qui tourbillonnait sur son visage, dans ses yeux. Elle arriva devant la porte. Elle sentait la jubilation monter en elle, ce sentiment si douloureux d'un bonheur absolu.

Mince, j'ai oublié le sac avec ses cadeaux. Tant pis. Plus tard.

Elle sortit la clé de sa poche et l'introduisit dans la serrure. Elle l'avait retrouvée dans une valise à Lyon : il la lui avait donnée en signe de confiance, « Chez moi c'est chez toi ».

Elle regarda autour d'elle. Impossible de dire si Léa et Christophe l'épiaient derrière leurs fenêtres ou s'ils étaient en train de danser autour de la fontaine. Les Courtil ? Que craignait-elle ? Qu'ils la filment ? Visibilité zéro ! Elle pouffa, une vraie gamine, allez Camille, plus d'hésitations, arrête de fuir ton avenir.

Son attention fut attirée par une grande pancarte sur les volets d'une fenêtre du salon d'Antoine, au rez-de-chaussée. Qu'est-ce que c'est que ça ? Lâchant la clé elle s'approcha. Un panneau était affiché. Elle essuya son visage trempé avec sa main.

À VENDRE
Agence Campagnes Immobilier
3 rue de la Gare MONFRAY
04 78 54 65 21

Elle est rentrée chez elle, elle a ouvert la porte, elle a verrouillé la porte, elle est montée dans sa chambre, elle s'est allongée sur le lit, elle a fermé les yeux, elle s'est enfoncée dans le noir, elle n'a rien dit, elle n'a pas pleuré, elle n'a pas crié, le téléphone a téléphoné, le réveil a sonné, le carillon a carillonné, le lustre a éclairé, le grille-pain a grillé, le presse-agrumes a pressé, le four a cuit, la casserole a débordé, la plaque a chauffé, la poêle a brûlé, la hotte a aspiré, le frigo a réfrigéré, la glace a fondu, la poubelle a rempli, la télévision a télévisé, le piano a joué, la table a dressé, le bain a coulé, le feu a flambé, le volet a claqué, la voiture a démarré, le soleil a brillé, le soleil s'est couché, la lune s'est levée, la nuit est tombée, la terre a tourné et sa vie s'est écroulée aujourd'hui et demain qui ne ressembleront plus jamais à rien.

DU MÊME AUTEUR

La Promesse de Shanghai, Bleu de Chine, 2006, Actes Sud, «Babel», 2007.

Caprices de Chine, Éditions de l'Aube, 2008.

Double bonheur, Métailié, 2011.

Une Chinoise ordinaire, Métailié, 2014.

Camarade Wang achète la France, Phébus, 2016.

LITTÉRATURE FRANÇAISE

(extrait du catalogue)

DANIEL ARSAND
La Province des Ténèbres, roman
En silence, roman
Lily, roman
Que Tal, récit

Et aussi en collection « Libretto »
Un certain mois d'avril à Adana, roman

ÉTIENNE BARILIER
Dans Khartoum assiégée, roman

MARCEL BÉALU
Journal d'un mort, roman
Présentation de Georges-Arthur Goldschmidt
Contes du demi-sommeil, récits
Commentaire d'Antonin Artaud
L'Aventure impersonnelle, roman
Mémoires de l'ombre, récits
L'Expérience de la nuit, roman
La Vie en rêve, récits
L'Araignée d'eau, récits
Préface d'André Pieyre de Mandiargues

DAVID BORATAV
Portrait du fugitif, roman

OLIVIER BORDAÇARRE
Accidents, roman
Le Sexe du ministre, roman

ALEXIS BROCAS
Un dieu dans la machine, roman

CHRISTOPHE CARLIER
Singuliers, roman
Ressentiments distingués, roman
L'eau de rose, roman

JEAN LUC CATTACIN
À travers ciel, roman
Îles flottantes, roman
Éclipses, roman

CHRISTIAN CHAVASSIEUX
L'Affaire des vivants, roman
La vie volée de Martin Sourire, roman

FRANÇOISE CLOAREC
Séraphine. La Vie rêvée de Séraphine de Senlis, biographie
Storr. Architecte de l'ailleurs, biographie
De père légalement inconnu, roman

PATRICK DECLERCK
New York vertigo

RAIA DEL VECCHIO
Hôtel Receptor, roman

ALEXANDRE DUMAS
La Guerre des femmes, roman
Texte établi, annoté et préfacé par Claude Schopp
Les Blancs et les Bleus, roman
Texte établi, annoté et préfacé par Claude Schopp
Les Compagnons de Jéhu, roman
Texte établi, annoté et préfacé par Claude Schopp
Le Chevalier de Sainte-Hermine, roman
Texte établi, annoté et préfacé par Claude Schopp
Le Chevalier d'Harmental, roman
Texte établi, annoté et préfacé par Claude Schopp

En société avec CLAUDE SCHOPP
Le Salut de l'Empire : Hector de Sainte-Hermine, roman

STÉPHANE FIÈRE
Camarade Wang achète la France, roman

SERGE FILIPPINI
La Vie en double, roman
L'Aquarium, roman
L'Homme incendié, roman

Comœdia, roman
Haut Mal, roman
Deux testaments, roman
J'aimerai André Breton, roman

ROLAND GARROS
Mémoires, suivi de *Journal de guerre*
Préface de Philippe Forest
Dossier de Jean-Pierre Lefèvre-Garros

STÉPHANE GILLIER
65-84, roman

EUGÈNE GREEN
L'Enfant de Prague, roman

CHRISTIAN GUAY-POLIQUIN
Le Fil des kilomètres, roman

GIL JOUANARD
Un nomade casanier, roman
La Saveur du monde, récit
Moments donnés : 1965-1995
Les Roses blanches, roman
Celui qui dut courir après les mots, puzzle romanesque

JEAN LODS
Le Dernier Colonel, roman
Conte de cinéma, roman

JÉRÔME MAGNIER-MORENO
Le Saut oblique de la truite, récit

BRICE MATTHIEUSSENT
Identités françaises, roman
Le joueur et son ombre, roman

ANTOINE DE MEAUX
L'Ultime Désert : vie et mort de Michel Vieuchange, biographie
Le Fleuve guillotine, roman

PIERRE PÉJU
E. T. A. Hoffmann. L'ombre de soi-même, biographie

MICHEL QUINT
Apaise le temps, roman
Misérable !, roman
Les Aventuriers du Cilento, roman

ANDRÉ ROLLIN
Je ne sais pas, roman

DANIEL DE ROULET
Légèrement seul, sur les traces de Gall, récit
Tous les lointains sont bleus, chroniques

CLAUDE SCHOPP
L'Origine du monde. Vie du modèle, biographie

MARIANNE ET CLAUDE SCHOPP
Dumas fils ou l'anti-Œdipe, biographie

Cet ouvrage
a été mis en pages par In Folio,
reproduit et achevé d'imprimer
en juillet 2019
dans les ateliers de Normandie Roto Impression s.a.s.
61250 Lonrai
N° d'imprimeur : 1903351

Imprimé en France

Dépôt légal : août 2019